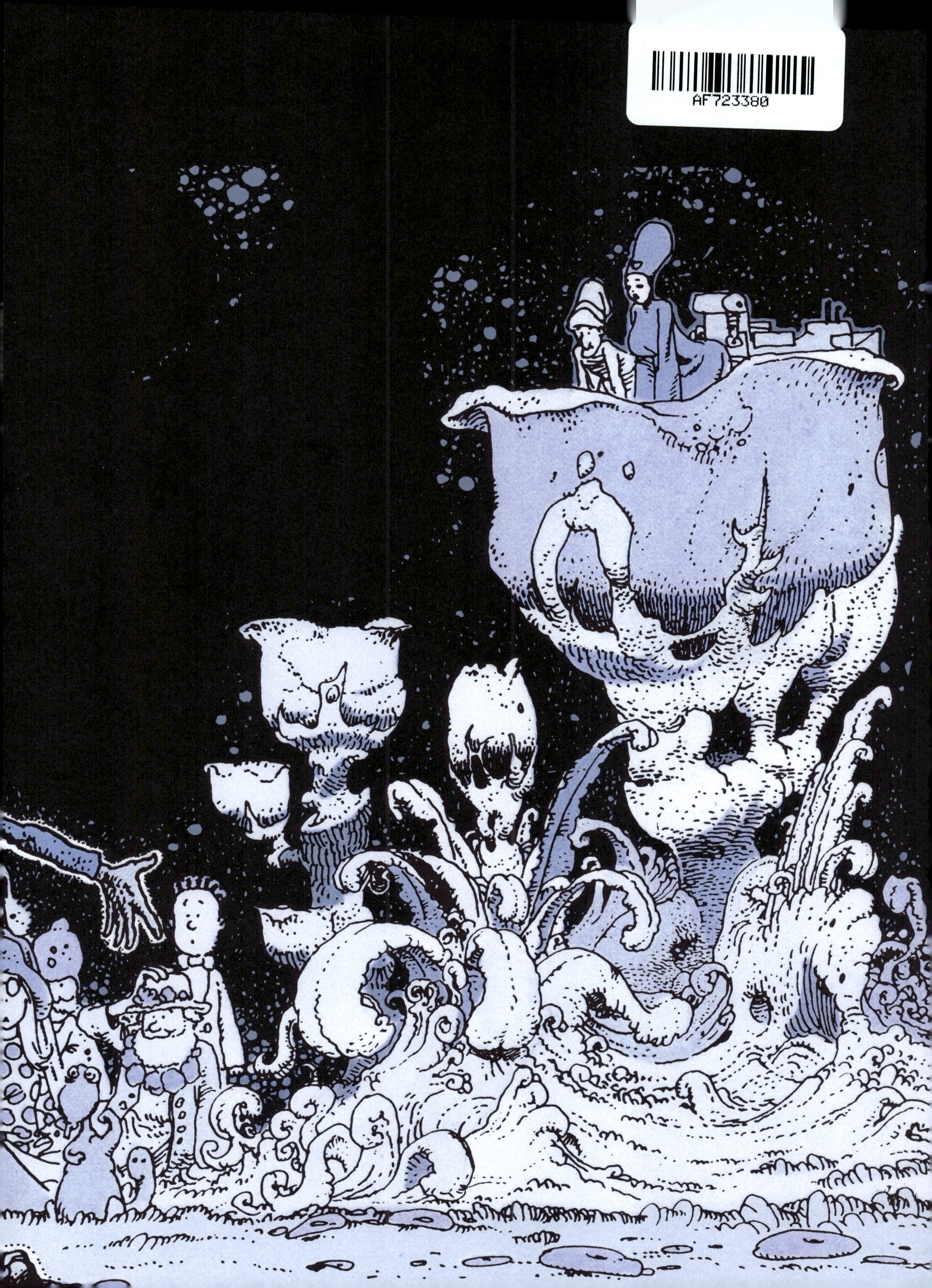

moebius collection

zwischenlandung auf pharagonescia
der irre ständer

SPLITTER
Collectors Edition

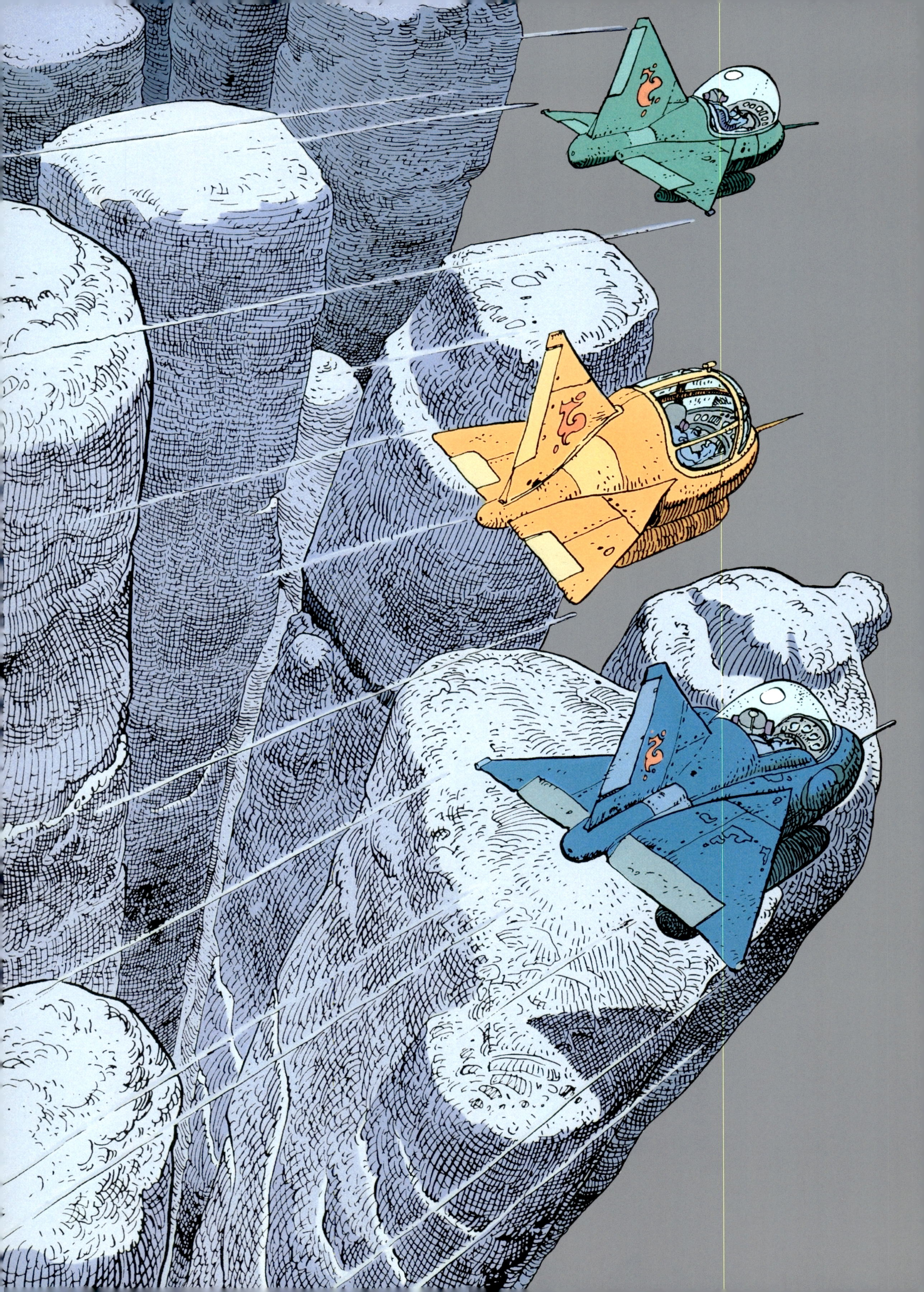

inhalt

zwischenlandung auf pharagonescia

der irre ständer

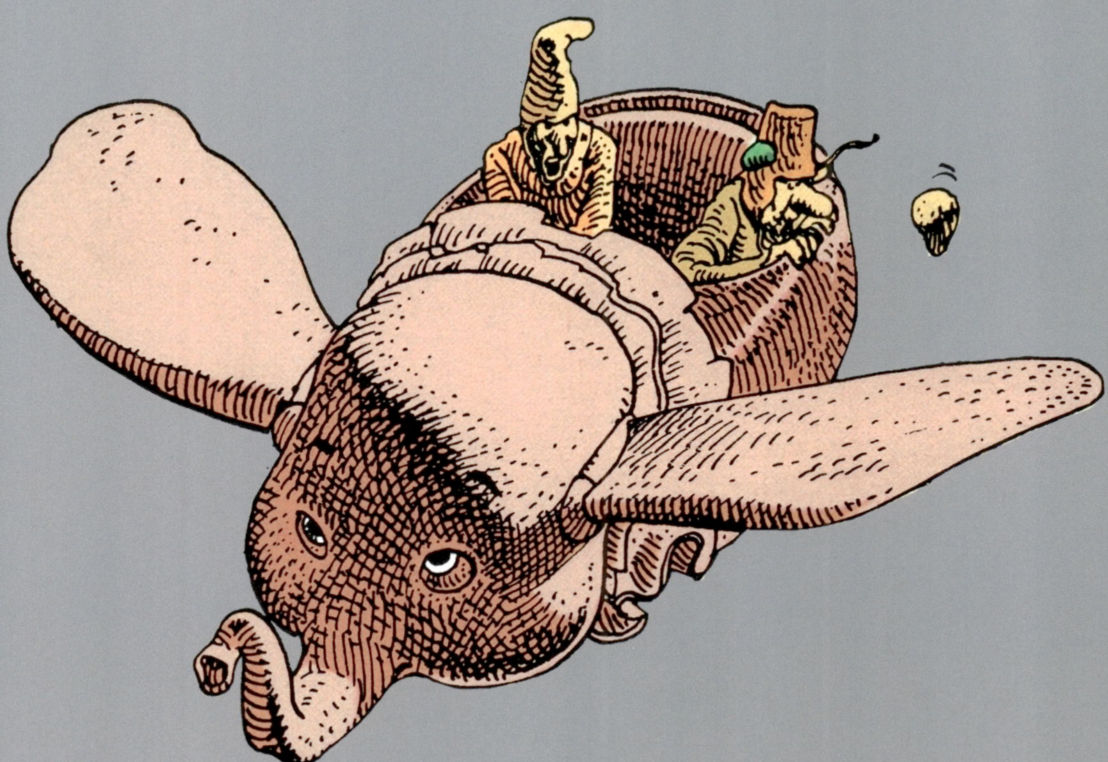

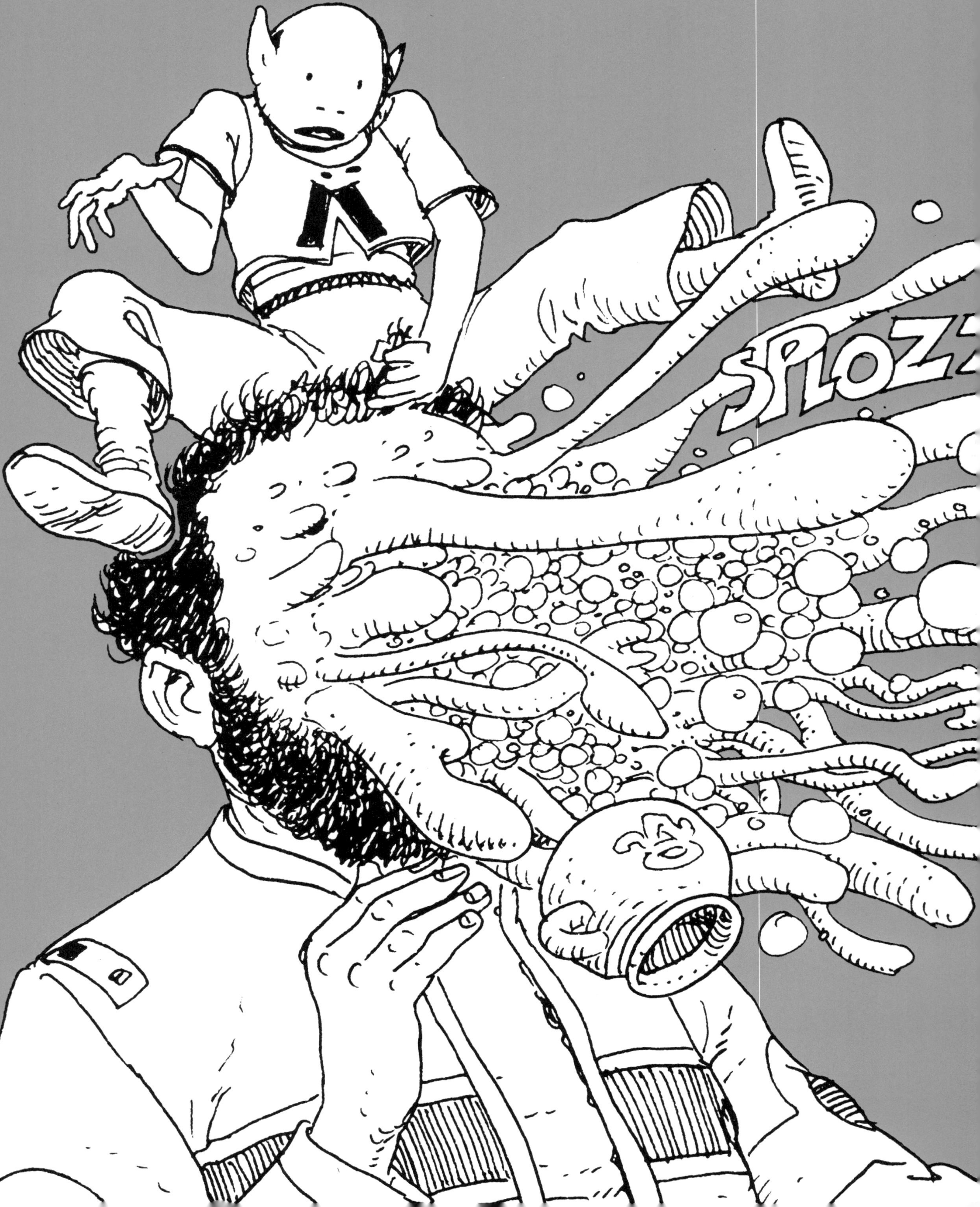
SPLOZZ

moebius collection

zwischenlandung auf pharagonescia

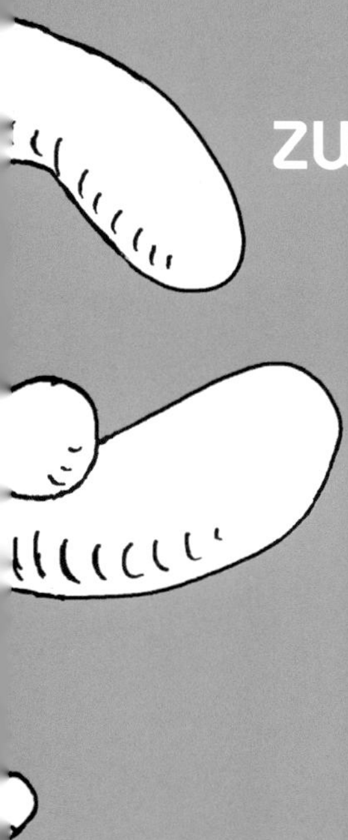

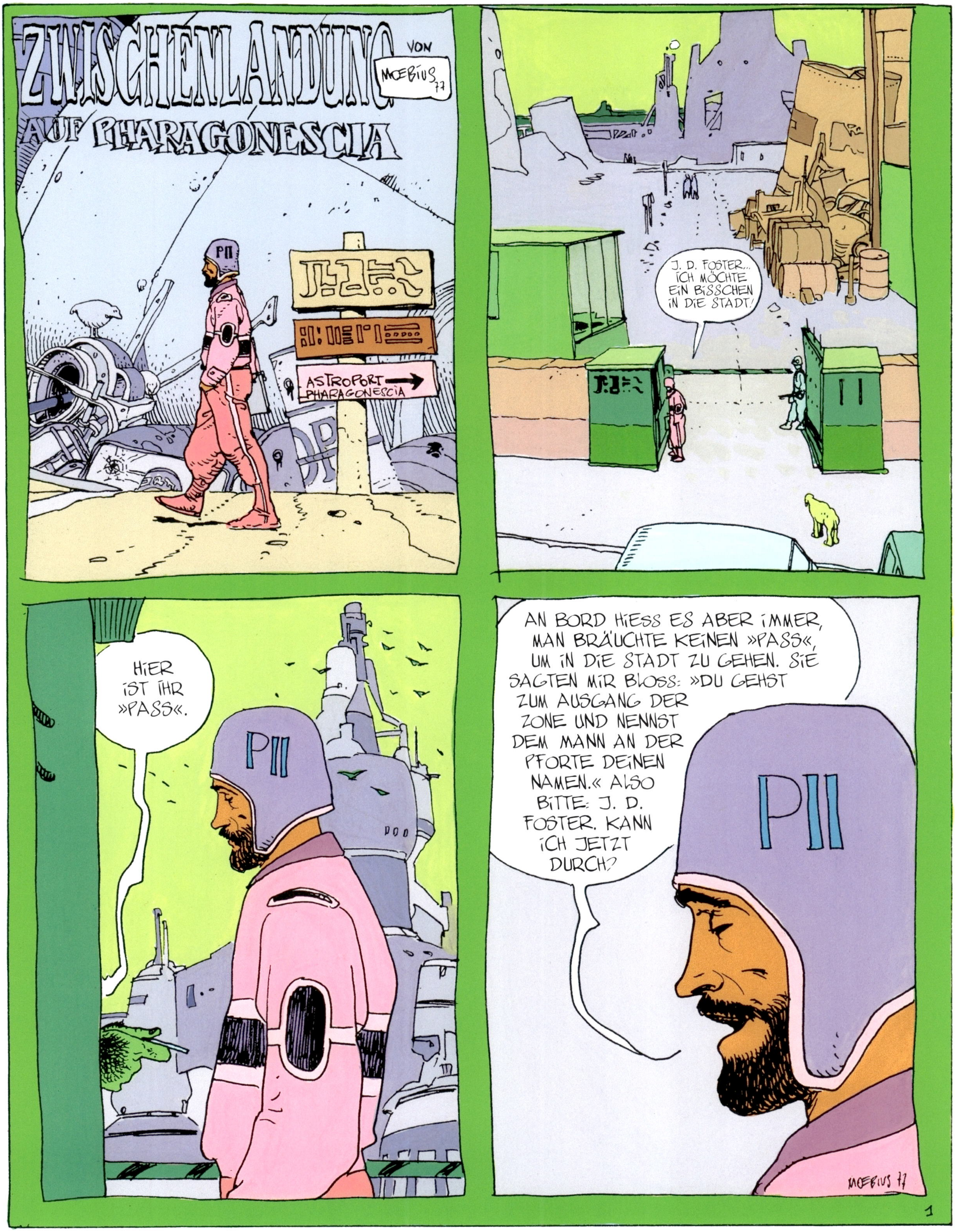
ZWISCHENLANDUNG AUF PHARAGONESCIA
VON MOEBIUS 77
ASTROPORT PHARAGONESCIA
J. D. FOSTER... ICH MÖCHTE EIN BISSCHEN IN DIE STADT!
HIER IST IHR »PASS«.
AN BORD HIESS ES ABER IMMER, MAN BRÄUCHTE KEINEN »PASS«, UM IN DIE STADT ZU GEHEN. SIE SAGTEN MIR BLOSS: »DU GEHST ZUM AUSGANG DER ZONE UND NENNST DEM MANN AN DER PFORTE DEINEN NAMEN.« ALSO BITTE: J. D. FOSTER. KANN ICH JETZT DURCH?
MOEBIUS 77
1

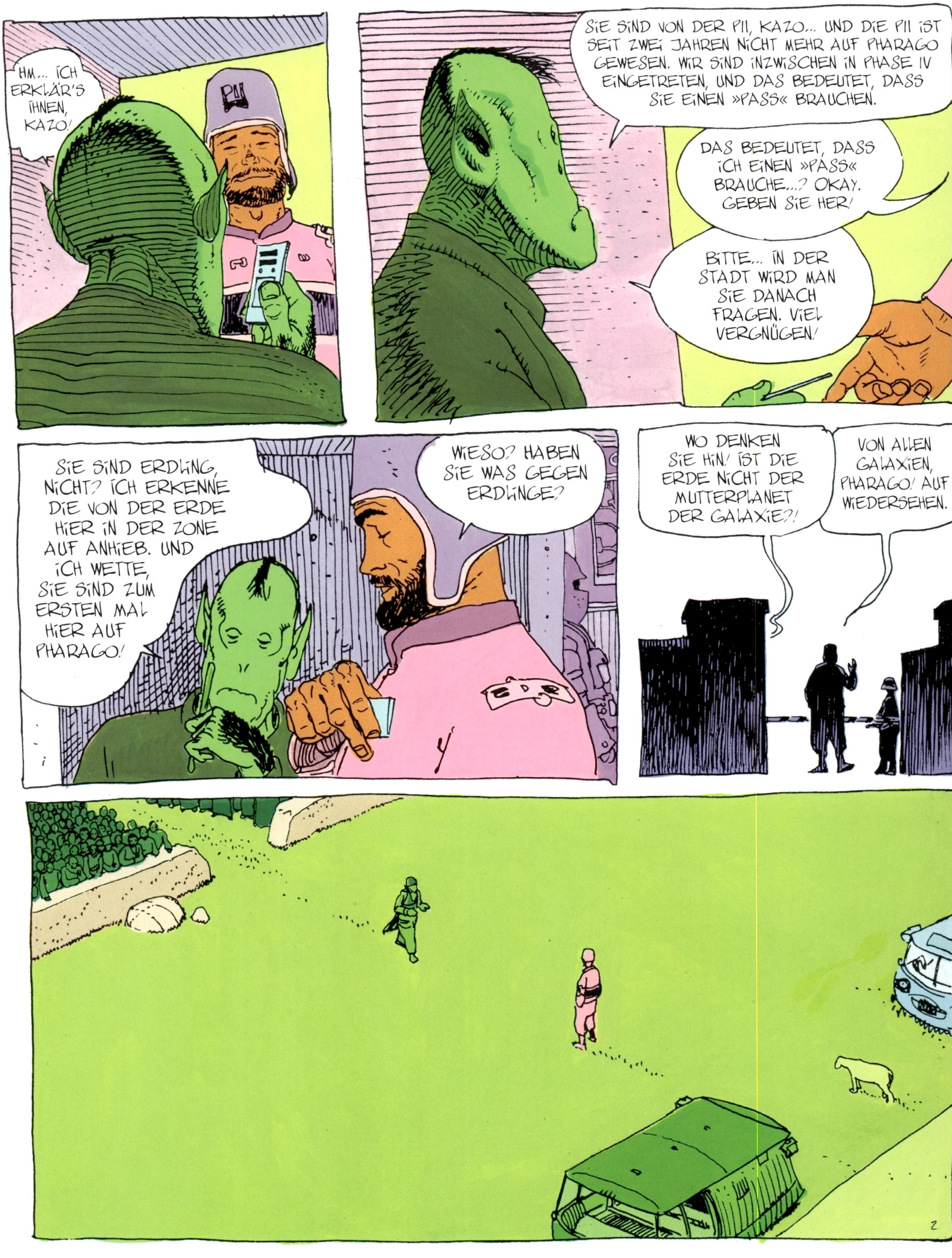
HM... ICH ERKLÄR'S IHNEN, KAZO!
SIE SIND VON DER PII, KAZO... UND DIE PII IST SEIT ZWEI JAHREN NICHT MEHR AUF PHARAGO GEWESEN. WIR SIND INZWISCHEN IN PHASE IV EINGETRETEN, UND DAS BEDEUTET, DASS SIE EINEN »PASS« BRAUCHEN.
DAS BEDEUTET, DASS ICH EINEN »PASS« BRAUCHE...? OKAY. GEBEN SIE HER!
BITTE... IN DER STADT WIRD MAN SIE DANACH FRAGEN. VIEL VERGNÜGEN!
SIE SIND ERDLING, NICHT? ICH ERKENNE DIE VON DER ERDE HIER IN DER ZONE AUF ANHIEB. UND ICH WETTE, SIE SIND ZUM ERSTEN MAL HIER AUF PHARAGO!
WIESO? HABEN SIE WAS GEGEN ERDLINGE?
WO DENKEN SIE HIN! IST DIE ERDE NICHT DER MUTTERPLANET DER GALAXIE?!
VON ALLEN GALAXIEN, PHARAGO! AUF WIEDERSEHEN.
2

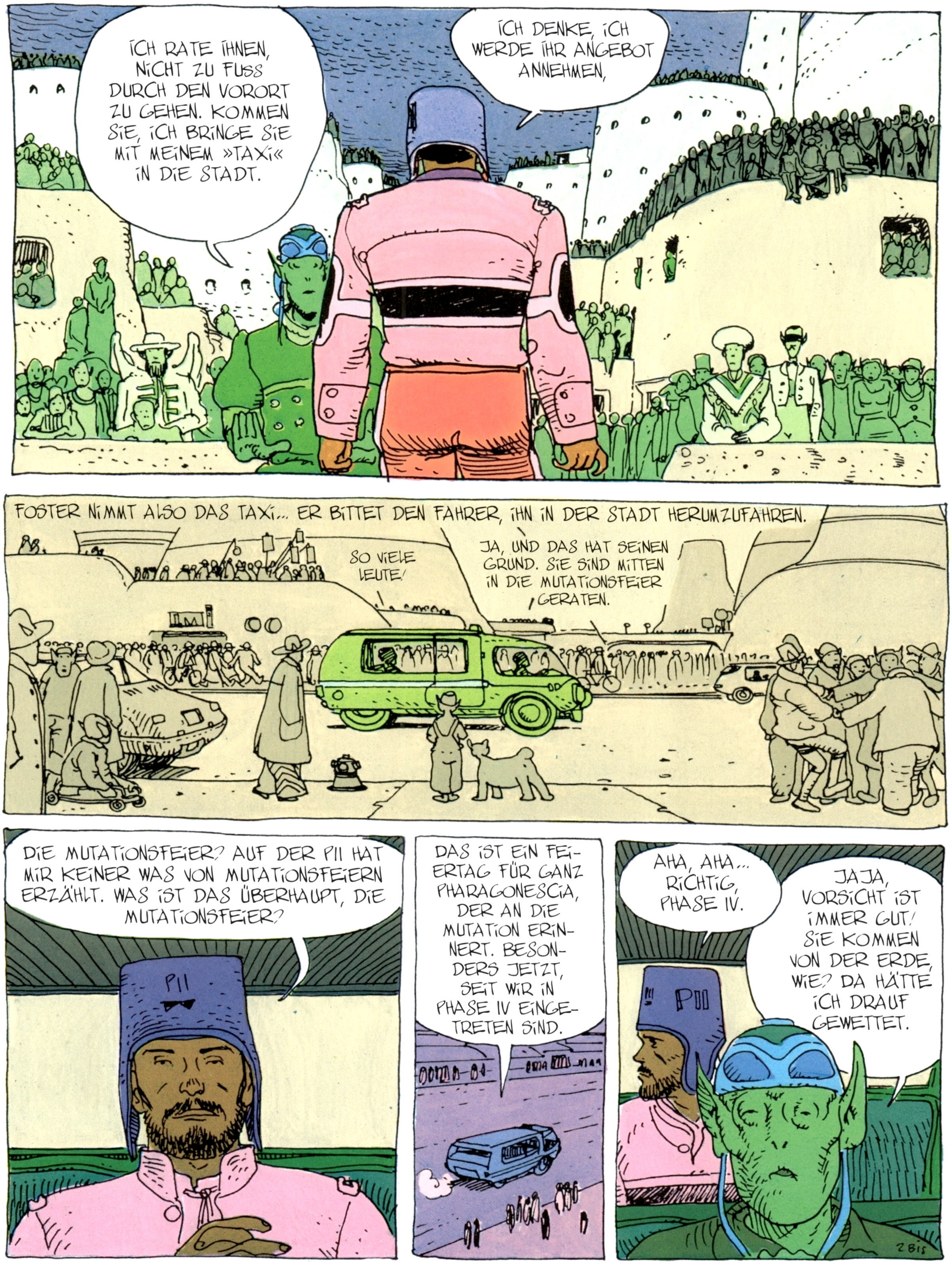

ICH RATE IHNEN, NICHT ZU FUSS DURCH DEN VORORT ZU GEHEN. KOMMEN SIE, ICH BRINGE SIE MIT MEINEM »TAXI« IN DIE STADT.
ICH DENKE, ICH WERDE IHR ANGEBOT ANNEHMEN.
FOSTER NIMMT ALSO DAS TAXI... ER BITTET DEN FAHRER, IHN IN DER STADT HERUMZUFAHREN.
SO VIELE LEUTE!
JA, UND DAS HAT SEINEN GRUND. SIE SIND MITTEN IN DIE MUTATIONSFEIER GERATEN.
DIE MUTATIONSFEIER? AUF DER PII HAT MIR KEINER WAS VON MUTATIONSFEIERN ERZÄHLT. WAS IST DAS ÜBERHAUPT, DIE MUTATIONSFEIER?
DAS IST EIN FEIERTAG FÜR GANZ PHARAGONESCIA, DER AN DIE MUTATION ERINNERT. BESONDERS JETZT, SEIT WIR IN PHASE IV EINGETRETEN SIND.
AHA, AHA... RICHTIG, PHASE IV.
JAJA, VORSICHT IST IMMER GUT! SIE KOMMEN VON DER ERDE, WIE? DA HÄTTE ICH DRAUF GEWETTET.

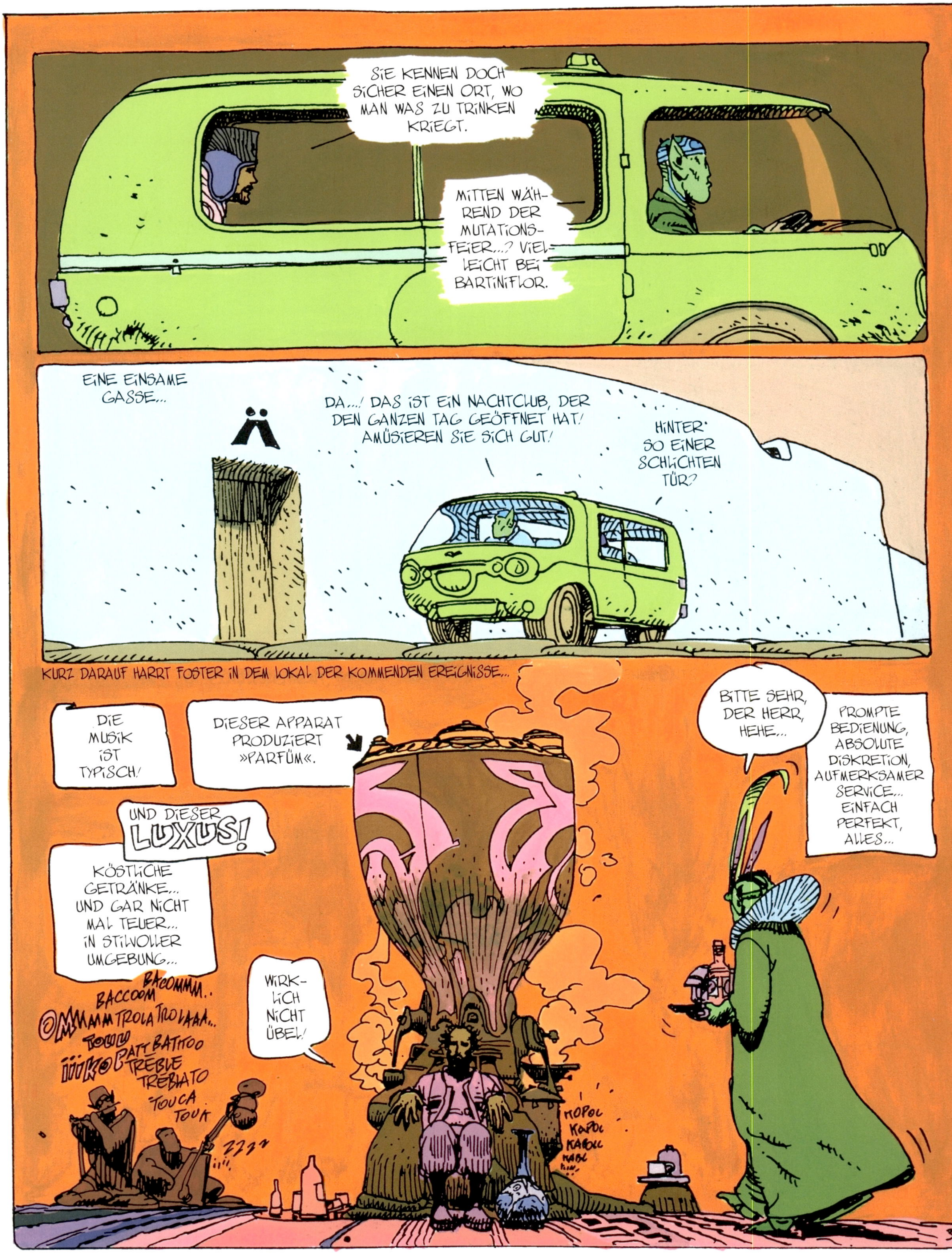
SIE KENNEN DOCH SICHER EINEN ORT, WO MAN WAS ZU TRINKEN KRIEGT.
MITTEN WÄHREND DER MUTATIONSFEIER...? VIELLEICHT BEI BARTINIFLOR.
EINE EINSAME GASSE...
DA...! DAS IST EIN NACHTCLUB, DER DEN GANZEN TAG GEÖFFNET HAT! AMÜSIEREN SIE SICH GUT!
HINTER SO EINER SCHLICHTEN TÜR?
KURZ DARAUF HARRT FOSTER IN DEM LOKAL DER KOMMENDEN EREIGNISSE...
DIE MUSIK IST TYPISCH!
DIESER APPARAT PRODUZIERT »PARFÜM«.
BITTE SEHR, DER HERR, HEHE...
PROMPTE BEDIENUNG, ABSOLUTE DISKRETION, AUFMERKSAMER SERVICE... EINFACH PERFEKT, ALLES...
UND DIESER LUXUS!
KÖSTLICHE GETRÄNKE... UND GAR NICHT MAL TEUER... IN STILVOLLER UMGEBUNG...
WIRKLICH NICHT ÜBEL!
BACOMMM..
BACCOOM
OMMAMTROLA TROLAAA..
TOUU
PATT BATTOO
TREBLE TREBIATO
TOUCA TOUK
ZZZZ
KOPOL KAPOL KAPOL KAPOL

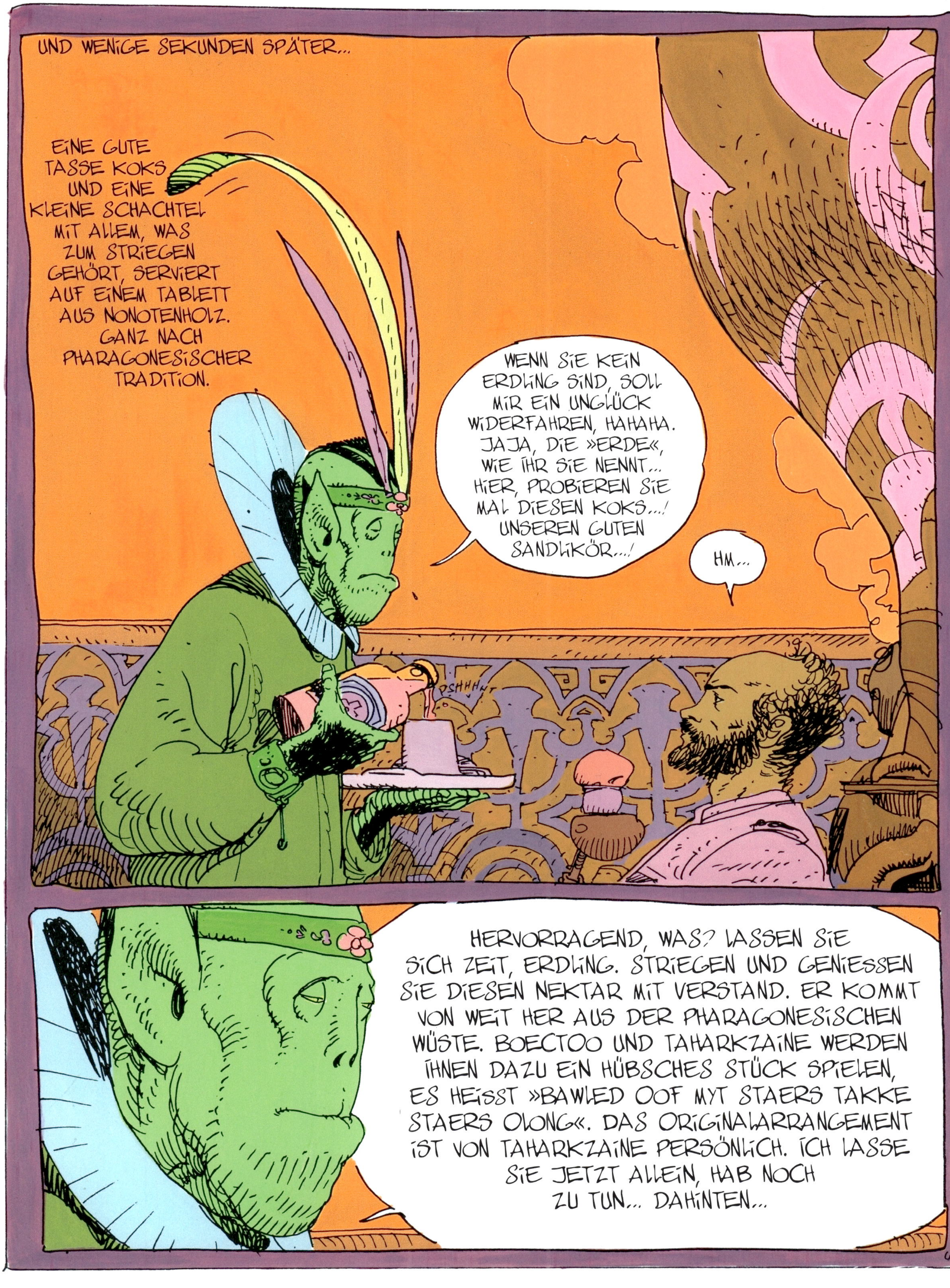
UND WENIGE SEKUNDEN SPÄTER...
EINE GUTE TASSE KOKS UND EINE KLEINE SCHACHTEL MIT ALLEM, WAS ZUM STRIEGEN GEHÖRT, SERVIERT AUF EINEM TABLETT AUS NONOTENHOLZ. GANZ NACH PHARAGONESISCHER TRADITION.
WENN SIE KEIN ERDLING SIND, SOLL MIR EIN UNGLÜCK WIDERFAHREN, HAHAHA. JAJA, DIE »ERDE«, WIE IHR SIE NENNT... HIER, PROBIEREN SIE MAL DIESEN KOKS...! UNSEREN GUTEN SANDLIKÖR...!
HM...
PSHHHHT
HERVORRAGEND, WAS? LASSEN SIE SICH ZEIT, ERDLING. STRIEGEN UND GENIESSEN SIE DIESEN NEKTAR MIT VERSTAND. ER KOMMT VON WEIT HER AUS DER PHARAGONESISCHEN WÜSTE. BOECTOO UND TAHARKZAINE WERDEN IHNEN DAZU EIN HÜBSCHES STÜCK SPIELEN, ES HEISST »BAWLED OOF MYT STAERS TAKKE STAERS OLONG«. DAS ORIGINALARRANGEMENT IST VON TAHARKZAINE PERSÖNLICH. ICH LASSE SIE JETZT ALLEIN, HAB NOCH ZU TUN... DAHINTEN...

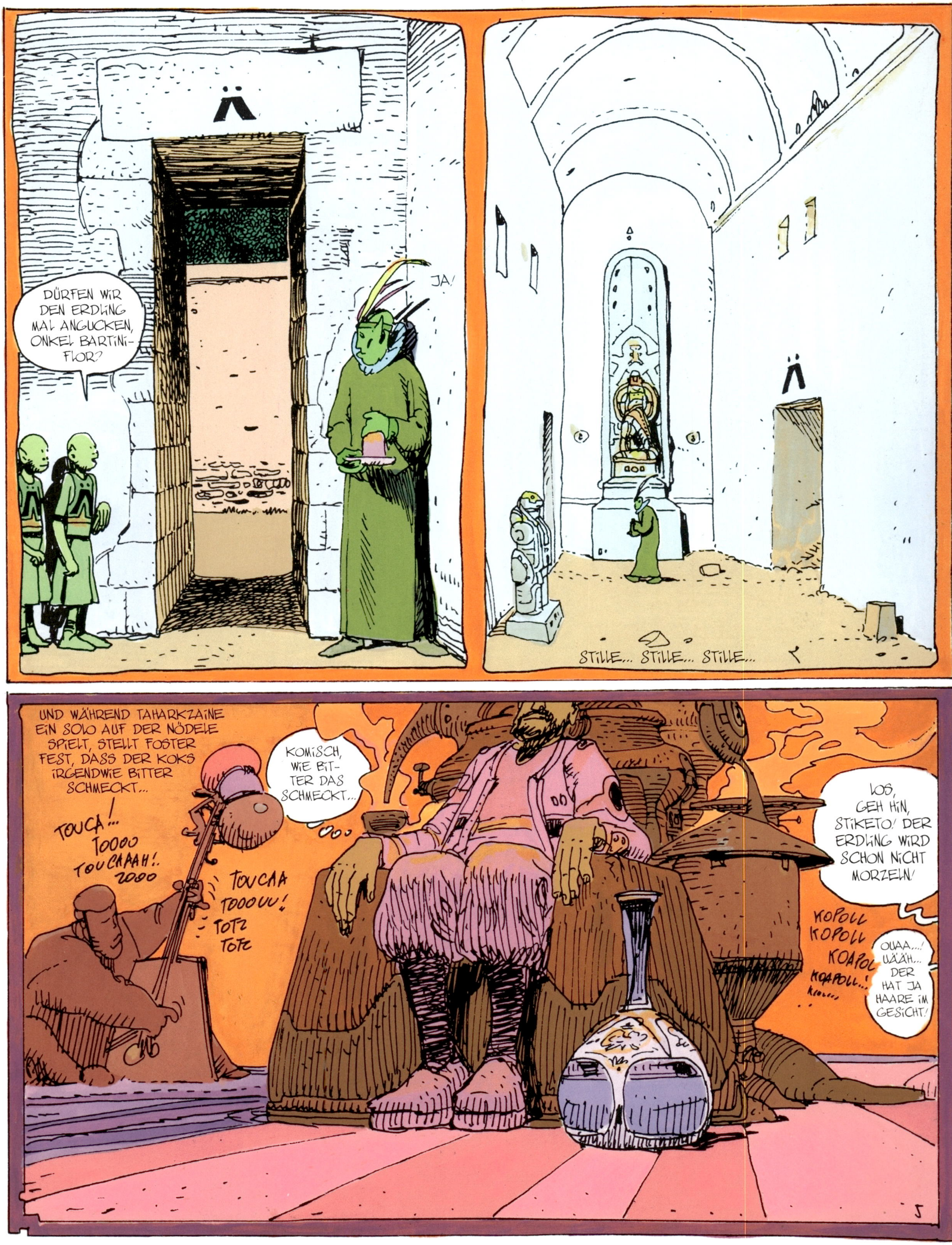
DÜRFEN WIR DEN ERDLING MAL ANGUCKEN, ONKEL BARTINIFLOR?
JA!
STILLE... STILLE... STILLE...
UND WÄHREND TAHARKZAINE EIN SOLO AUF DER NÖDELE SPIELT, STELLT FOSTER FEST, DASS DER KOKS IRGENDWIE BITTER SCHMECKT...
KOMISCH, WIE BITTER DAS SCHMECKT...
TOUCA!... TOOOO TOUCAAAH!.. ZOOO
TOUCAA TOOOUU! TOTZ TOTZ
LOS, GEH HIN, STIKETO! DER ERDLING WIRD SCHON NICHT MORZELN!
KOPOLL KOPOLL KOAPOL KOAPOLL...!
OUAA...! UÄÄH... DER HAT JA HAARE IM GESICHT!

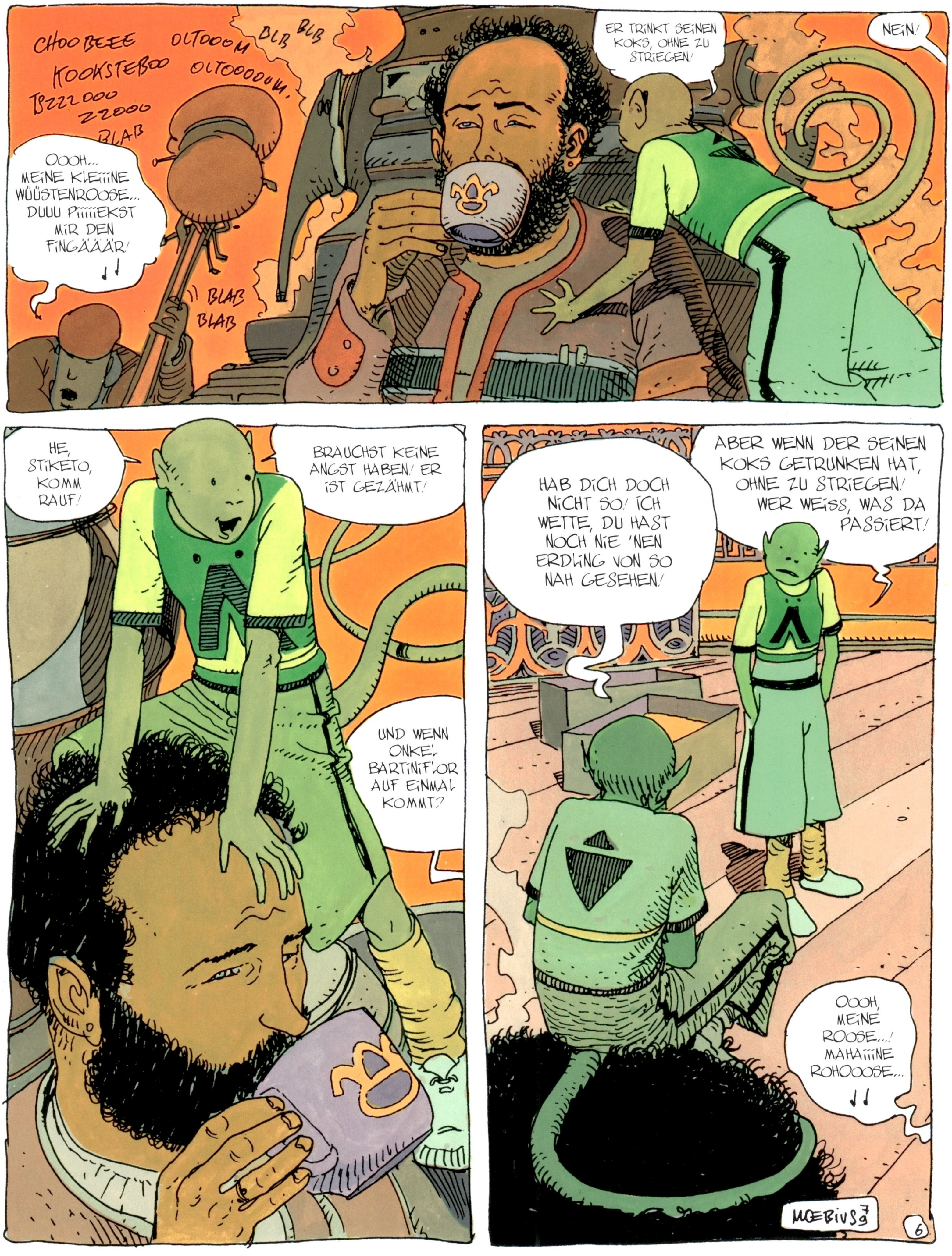
CHOOBEEE OLTOOOM
KOOKSTEBOO OLTOOOOOM.
TSZZZOOO
ZZOOO
BLAB
BLB BLB
OOOH... MEINE KLEIIINE WÜÜSTENROOSE... DUUU PIIIIEKST MIR DEN FINGÄÄÄR!
BLAB
BLAB
ER TRINKT SEINEN KOKS, OHNE ZU STRIEGEN!
NEIN!
HE, STIKETO, KOMM RAUF!
BRAUCHST KEINE ANGST HABEN! ER IST GEZÄHMT!
UND WENN ONKEL BARTINIFLOR AUF EINMAL KOMMT?
ABER WENN DER SEINEN KOKS GETRUNKEN HAT, OHNE ZU STRIEGEN! WER WEISS, WAS DA PASSIERT!
HAB DICH DOCH NICHT SO! ICH WETTE, DU HAST NOCH NIE 'NEN ERDLING VON SO NAH GESEHEN!
OOOH, MEINE ROOSE...! MAHAIIINE ROHOOOSE...
MOEBIUS
6

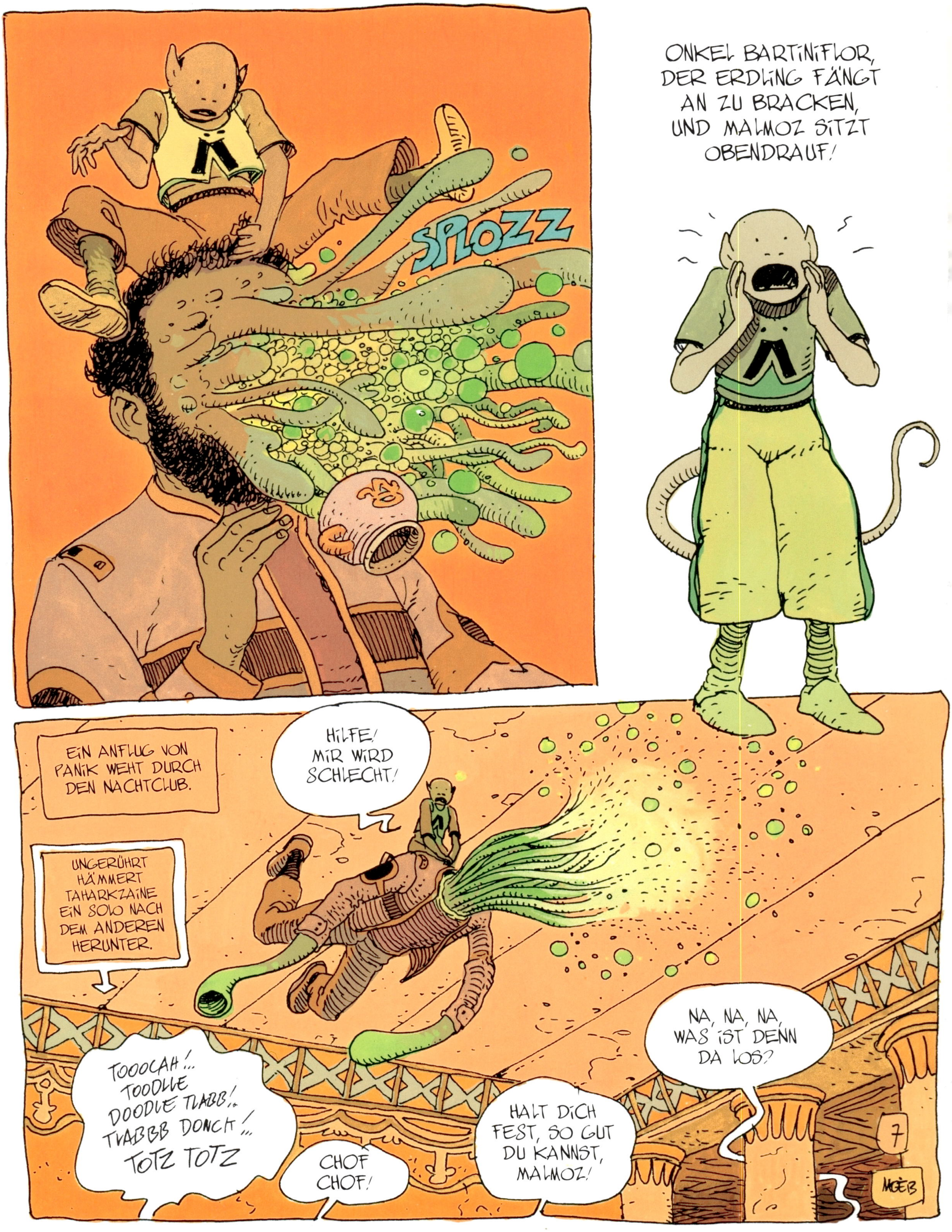
SPLOZZ
ONKEL BARTINIFLOR, DER ERDLING FÄNGT AN ZU BRACKEN, UND MALMOZ SITZT OBENDRAUF!
EIN ANFLUG VON PANIK WEHT DURCH DEN NACHTCLUB.
HILFE! MIR WIRD SCHLECHT!
UNGERÜHRT HÄMMERT TAHARKZAINE EIN SOLO NACH DEM ANDEREN HERUNTER.
NA, NA, NA, WAS IST DENN DA LOS?
TOOOCAH!.. TOODLLE DOODLE TLABB!.. TLABBB DONCK!.. TOTZ TOTZ
CHOF CHOF!
HALT DICH FEST, SO GUT DU KANNST, MALMOZ!
7
MGB

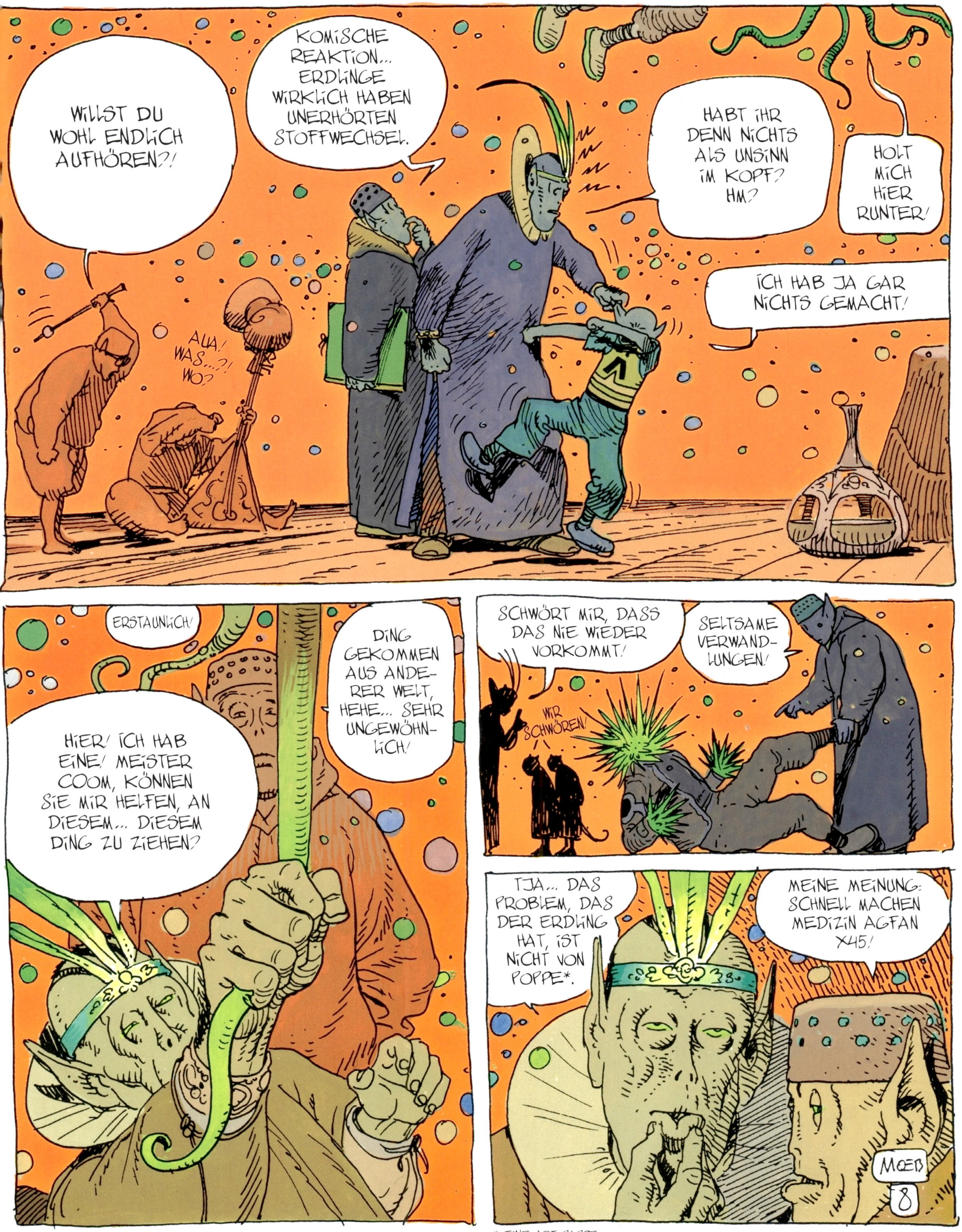

* EINE ART PAPPE.

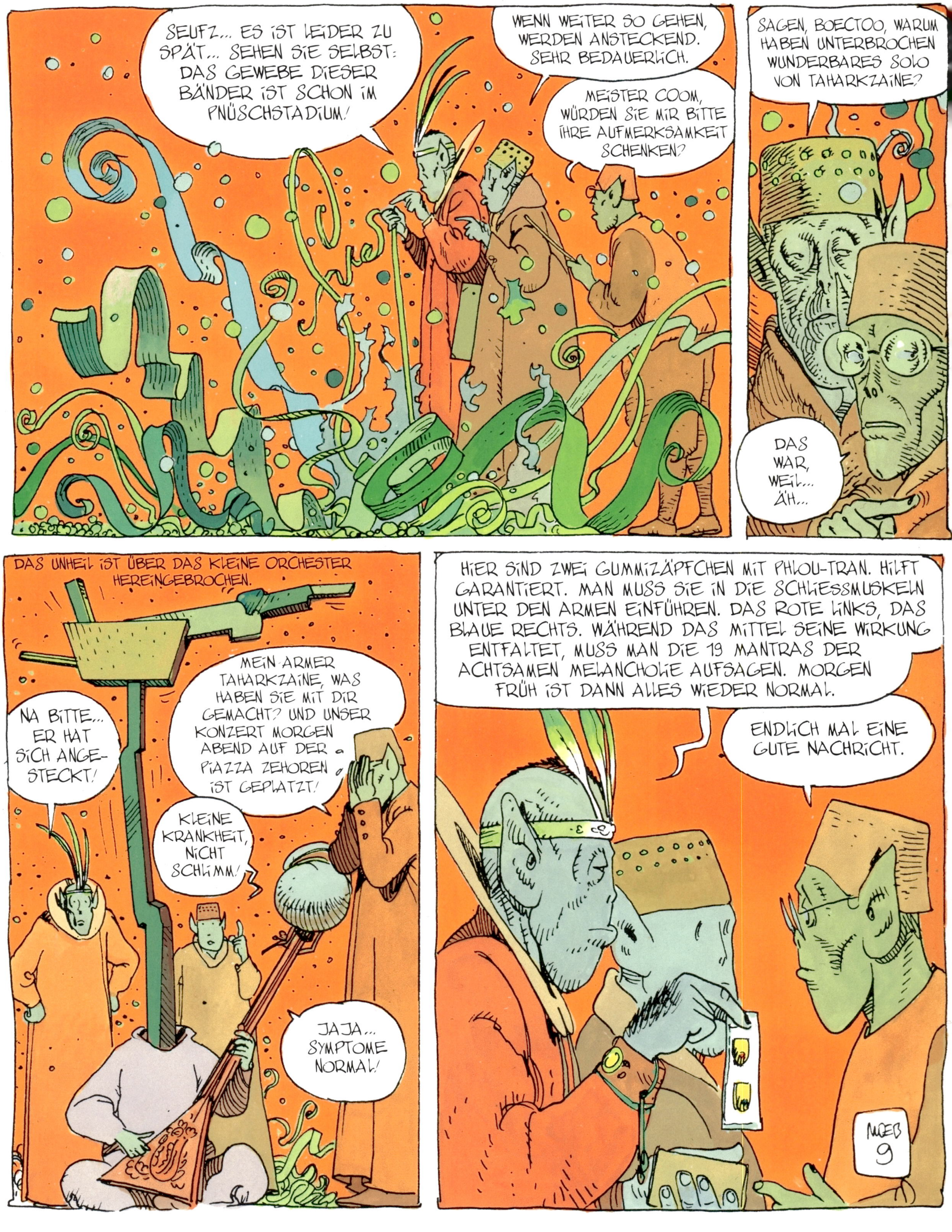
SEUFZ... ES IST LEIDER ZU SPÄT... SEHEN SIE SELBST: DAS GEWEBE DIESER BÄNDER IST SCHON IM PNÜSCHSTADIUM!
WENN WEITER SO GEHEN, WERDEN ANSTECKEND. SEHR BEDAUERLICH.
MEISTER COOM, WÜRDEN SIE MIR BITTE IHRE AUFMERKSAMKEIT SCHENKEN?
SAGEN, BOECTOO, WARUM HABEN UNTERBROCHEN WUNDERBARES SOLO VON TAHARKZAINE?
DAS WAR, WEIL... ÄH...
DAS UNHEIL IST ÜBER DAS KLEINE ORCHESTER HEREINGEBROCHEN.
NA BITTE... ER HAT SICH ANGESTECKT!
MEIN ARMER TAHARKZAINE, WAS HABEN SIE MIT DIR GEMACHT? UND UNSER KONZERT MORGEN ABEND AUF DER PIAZZA ZEHOREN IST GEPLATZT!
KLEINE KRANKHEIT, NICHT SCHLIMM!
JAJA... SYMPTOME NORMAL!
HIER SIND ZWEI GUMMIZÄPFCHEN MIT PHLOU-TRAN. HILFT GARANTIERT. MAN MUSS SIE IN DIE SCHLIESSMUSKELN UNTER DEN ARMEN EINFÜHREN. DAS ROTE LINKS, DAS BLAUE RECHTS. WÄHREND DAS MITTEL SEINE WIRKUNG ENTFALTET, MUSS MAN DIE 19 MANTRAS DER ACHTSAMEN MELANCHOLIE AUFSAGEN. MORGEN FRÜH IST DANN ALLES WIEDER NORMAL.
ENDLICH MAL EINE GUTE NACHRICHT.
MŒB 9

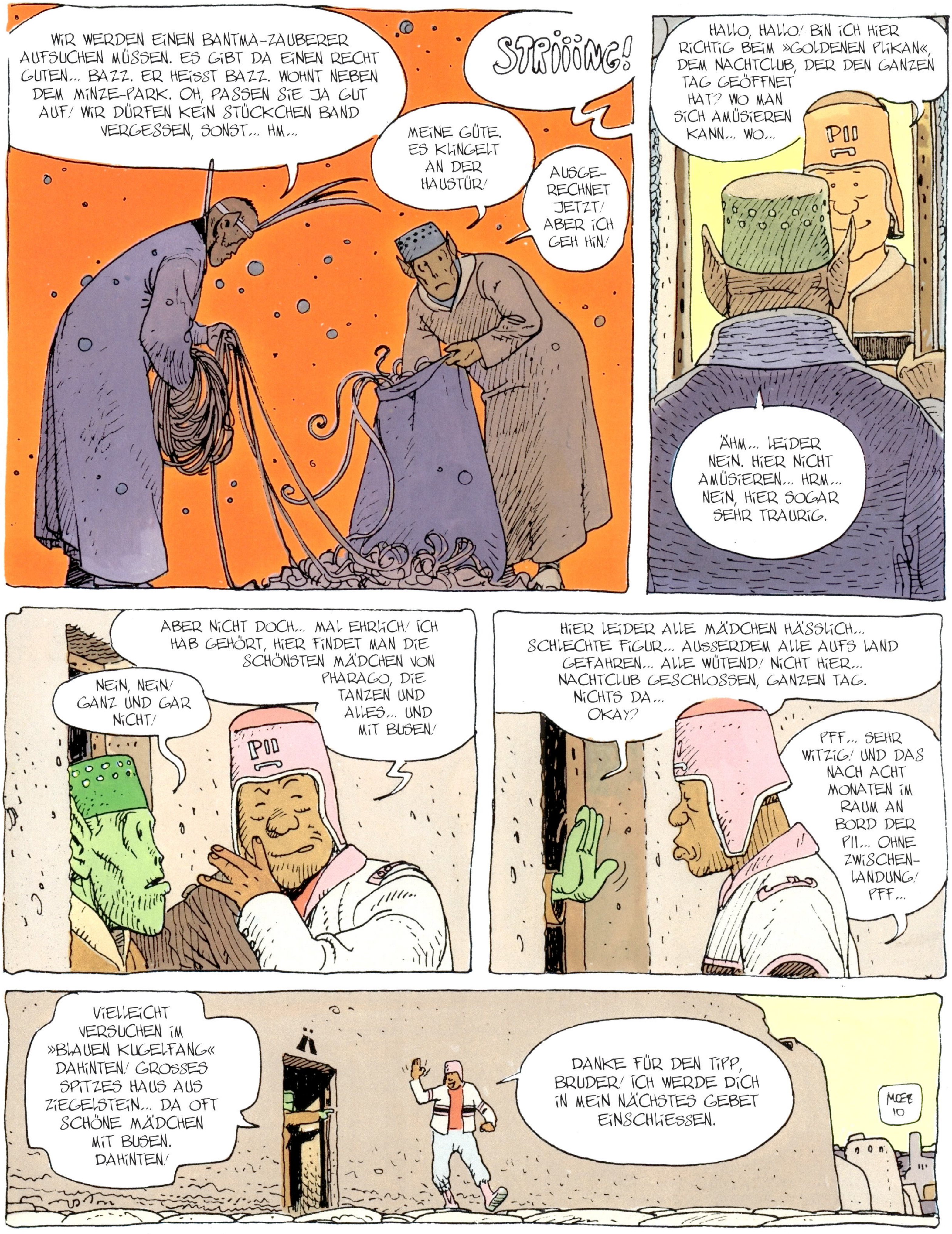
WIR WERDEN EINEN BANTMA-ZAUBERER AUFSUCHEN MÜSSEN. ES GIBT DA EINEN RECHT GUTEN... BAZZ. ER HEISST BAZZ. WOHNT NEBEN DEM MINZE-PARK. OH, PASSEN SIE JA GUT AUF! WIR DÜRFEN KEIN STÜCKCHEN BAND VERGESSEN, SONST... HM...
STRIIING!
MEINE GÜTE. ES KLINGELT AN DER HAUSTÜR!
AUSGERECHNET JETZT! ABER ICH GEH HIN!
HALLO, HALLO! BIN ICH HIER RICHTIG BEIM »GOLDENEN PLIKAN«, DEM NACHTCLUB, DER DEN GANZEN TAG GEÖFFNET HAT? WO MAN SICH AMÜSIEREN KANN... WO...
PII
ÄHM... LEIDER NEIN. HIER NICHT AMÜSIEREN... HRM... NEIN, HIER SOGAR SEHR TRAURIG.
ABER NICHT DOCH... MAL EHRLICH! ICH HAB GEHÖRT, HIER FINDET MAN DIE SCHÖNSTEN MÄDCHEN VON PHARAGO, DIE TANZEN UND ALLES... UND MIT BUSEN!
NEIN, NEIN! GANZ UND GAR NICHT!
HIER LEIDER ALLE MÄDCHEN HÄSSLICH... SCHLECHTE FIGUR... AUSSERDEM ALLE AUFS LAND GEFAHREN... ALLE WÜTEND! NICHT HIER... NACHTCLUB GESCHLOSSEN, GANZEN TAG. NICHTS DA... OKAY?
PFF... SEHR WITZIG! UND DAS NACH ACHT MONATEN IM RAUM AN BORD DER PII... OHNE ZWISCHENLANDUNG! PFF...
VIELLEICHT VERSUCHEN IM »BLAUEN KUGELFANG« DAHINTEN! GROSSES SPITZES HAUS AUS ZIEGELSTEIN... DA OFT SCHÖNE MÄDCHEN MIT BUSEN. DAHINTEN!
DANKE FÜR DEN TIPP, BRUDER! ICH WERDE DICH IN MEIN NÄCHSTES GEBET EINSCHLIESSEN.
MOEB 10

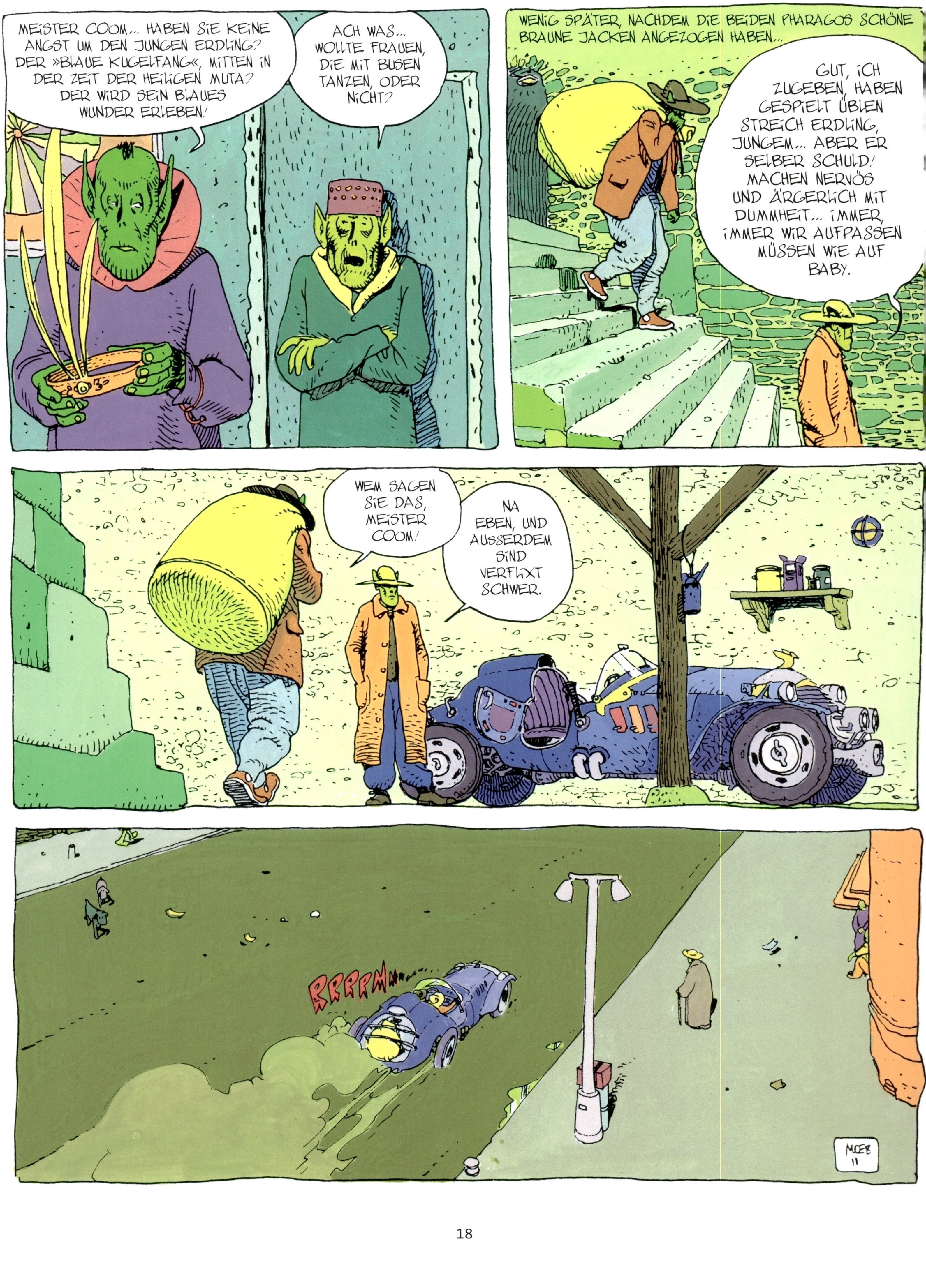
MEISTER COOM... HABEN SIE KEINE ANGST UM DEN JUNGEN ERDLING? DER »BLAUE KUGELFANG«, MITTEN IN DER ZEIT DER HEILIGEN MUTA? DER WIRD SEIN BLAUES WUNDER ERLEBEN!
ACH WAS... WOLLTE FRAUEN, DIE MIT BUSEN TANZEN, ODER NICHT?
WENIG SPÄTER, NACHDEM DIE BEIDEN PHARAGOS SCHÖNE BRAUNE JACKEN ANGEZOGEN HABEN...
GUT, ICH ZUGEBEN, HABEN GESPIELT ÜBLEN STREICH ERDLING, JUNGEM... ABER ER SELBER SCHULD! MACHEN NERVÖS UND ÄRGERLICH MIT DUMMHEIT... IMMER, IMMER WIR AUFPASSEN MÜSSEN WIE AUF BABY.
WEM SAGEN SIE DAS, MEISTER COOM!
NA EBEN, UND AUSSERDEM SIND VERFLIXT SCHWER.
BRRRRM
MŒB

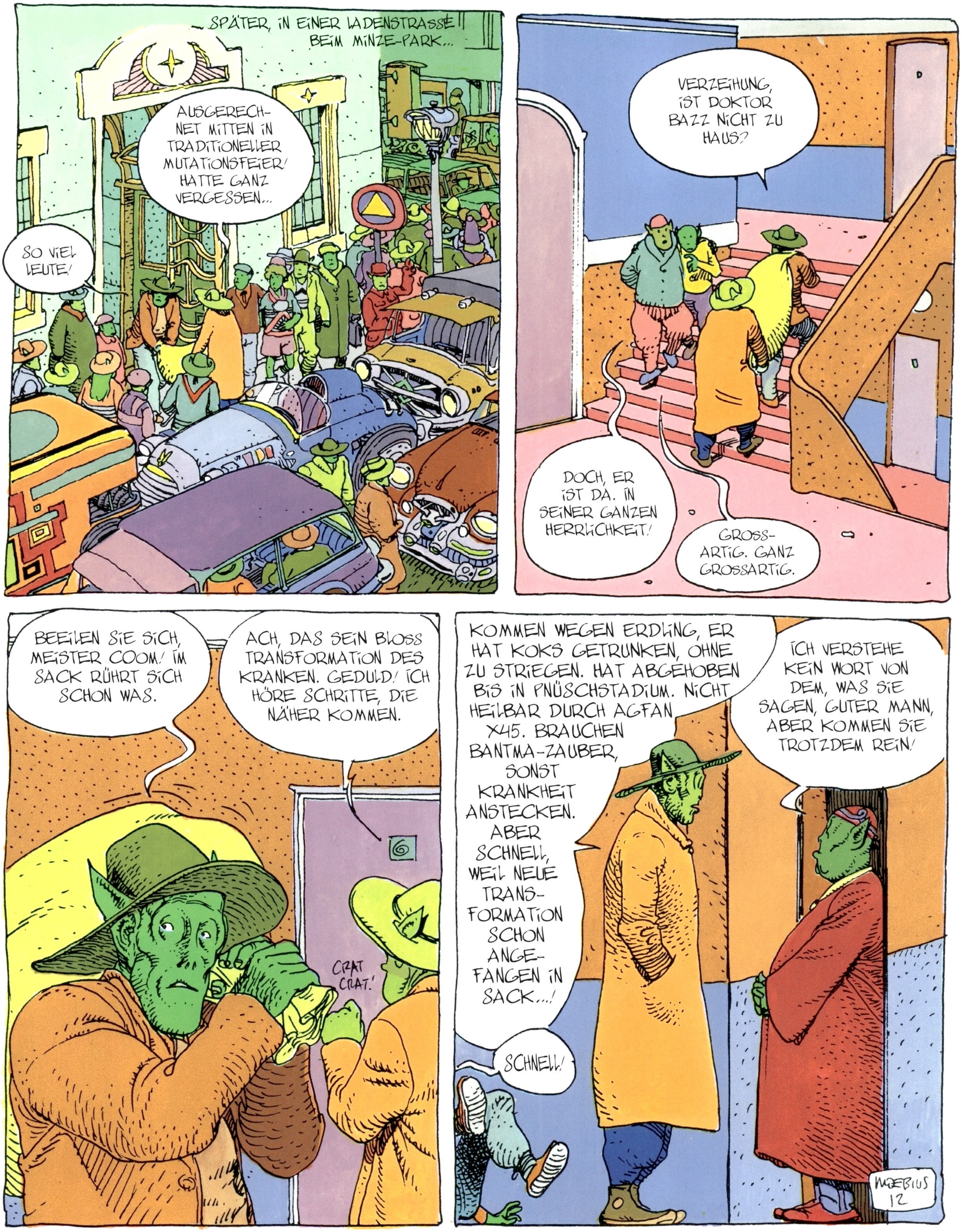
SPÄTER, IN EINER LADENSTRASSE BEIM MINZE-PARK…
AUSGERECHNET MITTEN IN TRADITIONELLER MUTATIONSFEIER! HATTE GANZ VERGESSEN…
SO VIEL LEUTE!
VERZEIHUNG, IST DOKTOR BAZZ NICHT ZU HAUS?
DOCH, ER IST DA. IN SEINER GANZEN HERRLICHKEIT!
GROSSARTIG. GANZ GROSSARTIG.
BEEILEN SIE SICH, MEISTER COOM! IM SACK RÜHRT SICH SCHON WAS.
ACH, DAS SEIN BLOSS TRANSFORMATION DES KRANKEN. GEDULD! ICH HÖRE SCHRITTE, DIE NÄHER KOMMEN.
CRAT CRAT!
KOMMEN WEGEN ERDLING, ER HAT KOKS GETRUNKEN, OHNE ZU STRIEGEN. HAT ABGEHOBEN BIS IN PNÜSCHSTADIUM. NICHT HEILBAR DURCH AGFAN X45. BRAUCHEN BANTMA-ZAUBER, SONST KRANKHEIT ANSTECKEN. ABER SCHNELL, WEIL NEUE TRANSFORMATION SCHON ANGEFANGEN IN SACK…!
ICH VERSTEHE KEIN WORT VON DEM, WAS SIE SAGEN, GUTER MANN, ABER KOMMEN SIE TROTZDEM REIN!
SCHNELL!
MOEBIUS 12

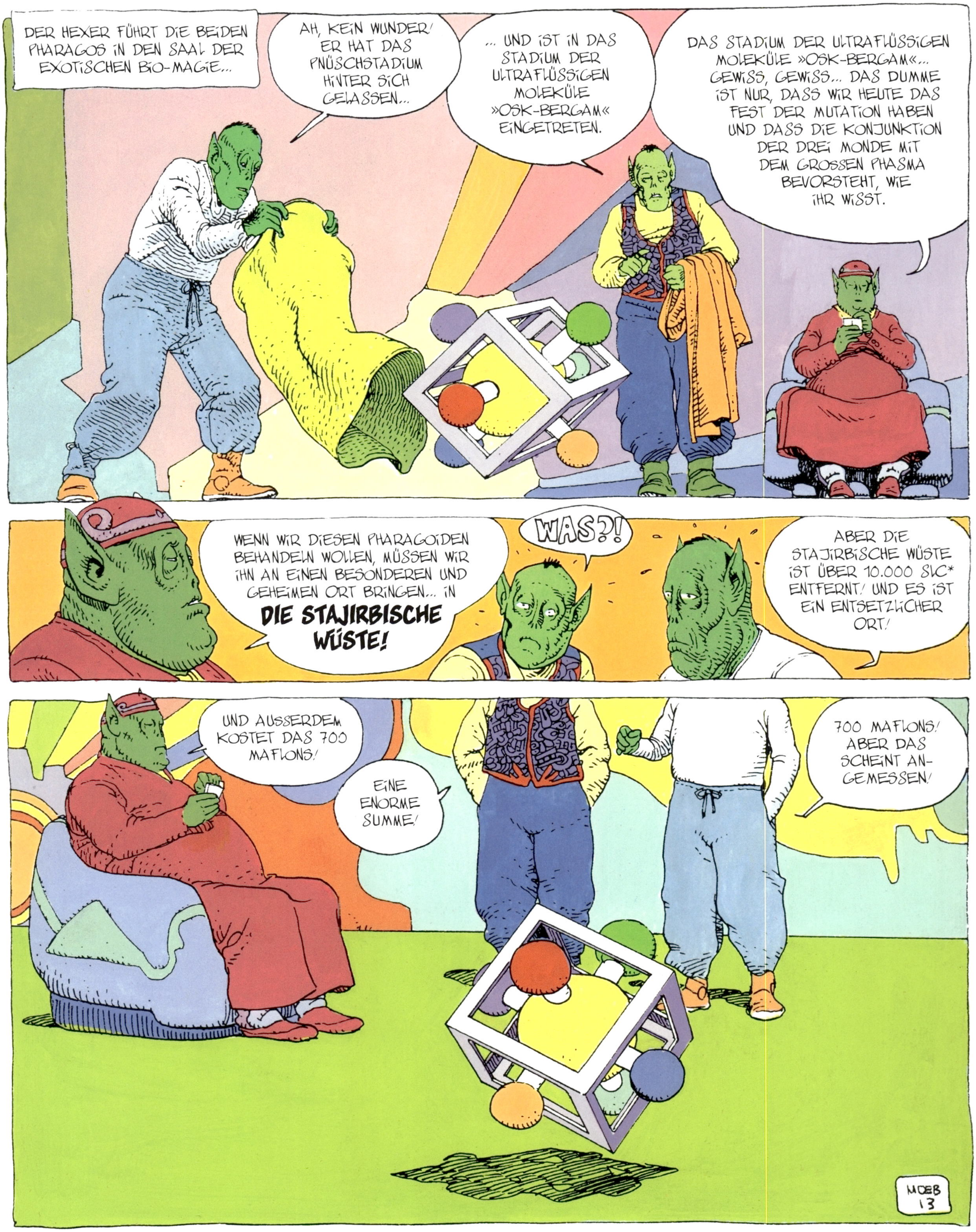
DER HEXER FÜHRT DIE BEIDEN PHARAGOS IN DEN SAAL DER EXOTISCHEN BIO-MAGIE...
AH, KEIN WUNDER! ER HAT DAS PNÜSCHSTADIUM HINTER SICH GELASSEN...
... UND IST IN DAS STADIUM DER ULTRAFLÜSSIGEN MOLEKÜLE »OSK-BERGAM« EINGETRETEN.
DAS STADIUM DER ULTRAFLÜSSIGEN MOLEKÜLE »OSK-BERGAM«... GEWISS, GEWISS... DAS DUMME IST NUR, DASS WIR HEUTE DAS FEST DER MUTATION HABEN UND DASS DIE KONJUNKTION DER DREI MONDE MIT DEM GROSSEN PHASMA BEVORSTEHT, WIE IHR WISST.
WENN WIR DIESEN PHARAGOIDEN BEHANDELN WOLLEN, MÜSSEN WIR IHN AN EINEN BESONDEREN UND GEHEIMEN ORT BRINGEN... IN DIE STAJIRBISCHE WÜSTE!
WAS?!
ABER DIE STAJIRBISCHE WÜSTE IST ÜBER 10.000 SIC* ENTFERNT! UND ES IST EIN ENTSETZLICHER ORT!
UND AUSSERDEM KOSTET DAS 700 MAFLONS!
EINE ENORME SUMME!
700 MAFLONS! ABER DAS SCHEINT ANGEMESSEN!
MOEB 13

* CA. 27.300 KM.

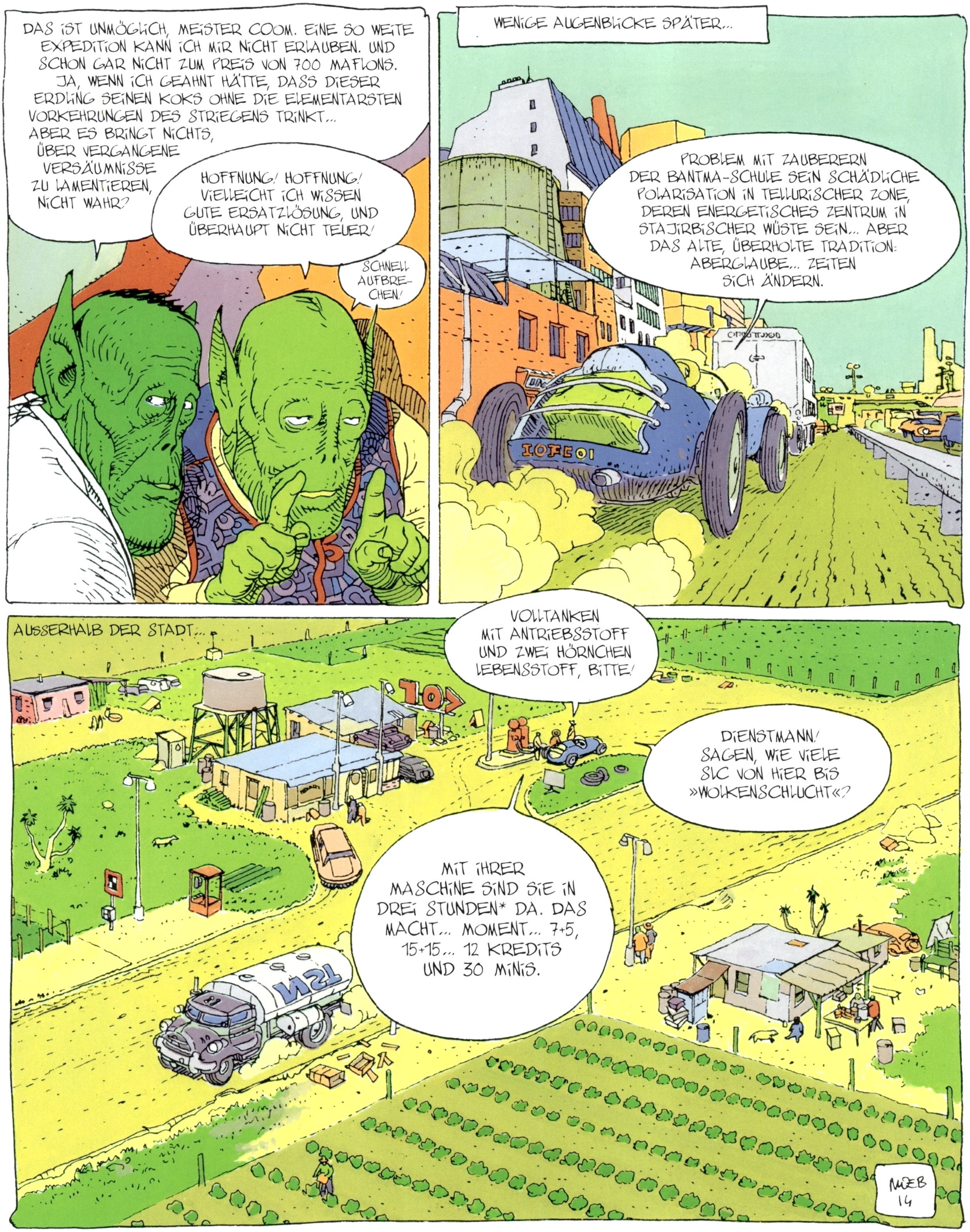

* NACH INTERNATIONALER STANDARDZEIT.

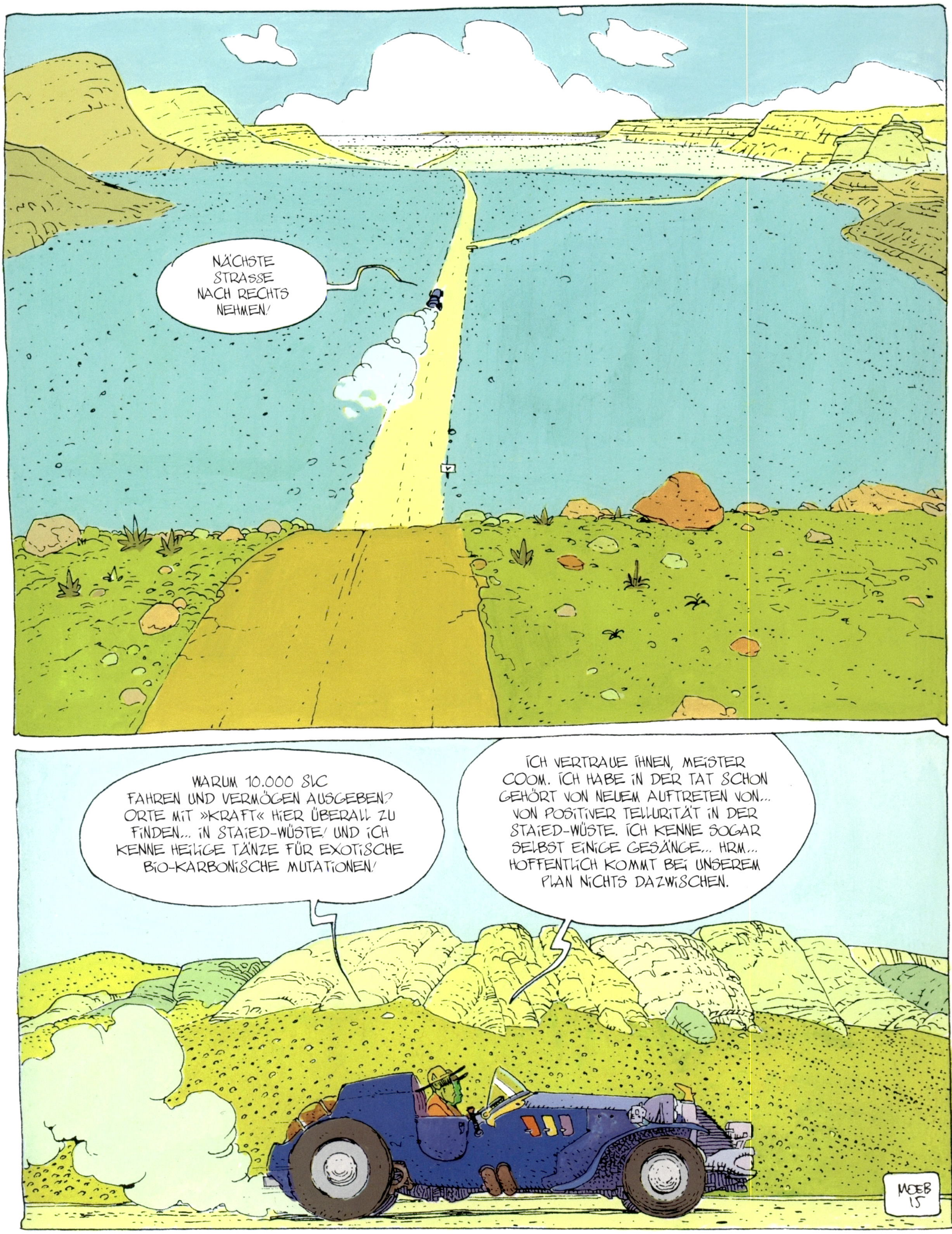
NÄCHSTE STRASSE NACH RECHTS NEHMEN!
WARUM 10.000 SIC FAHREN UND VERMÖGEN AUSGEBEN? ORTE MIT »KRAFT« HIER ÜBERALL ZU FINDEN... IN STAIED-WÜSTE! UND ICH KENNE HEILIGE TÄNZE FÜR EXOTISCHE BIO-KARBONISCHE MUTATIONEN!
ICH VERTRAUE IHNEN, MEISTER COOM. ICH HABE IN DER TAT SCHON GEHÖRT VON NEUEM AUFTRETEN VON... VON POSITIVER TELLURITÄT IN DER STAIED-WÜSTE. ICH KENNE SOGAR SELBST EINIGE GESÄNGE... HRM... HOFFENTLICH KOMMT BEI UNSEREM PLAN NICHTS DAZWISCHEN.
MOEB 15

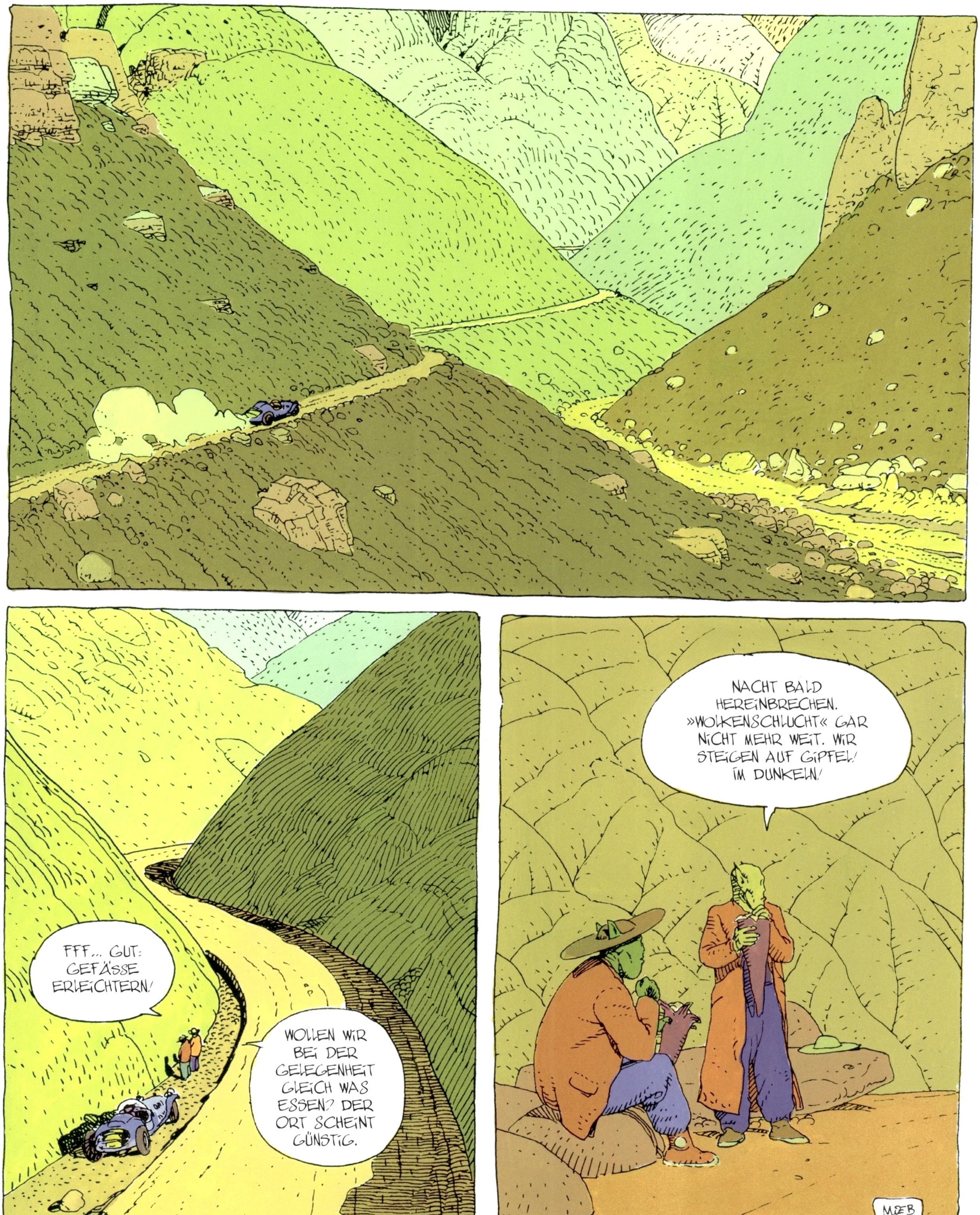
FFF... GUT: GEFÄSSE ERLEICHTERN!
WOLLEN WIR BEI DER GELEGENHEIT GLEICH WAS ESSEN? DER ORT SCHEINT GÜNSTIG.
NACHT BALD HEREINBRECHEN. »WOLKENSCHLUCHT« GAR NICHT MEHR WEIT. WIR STEIGEN AUF GIPFEL! IM DUNKELN!
MŒB 16

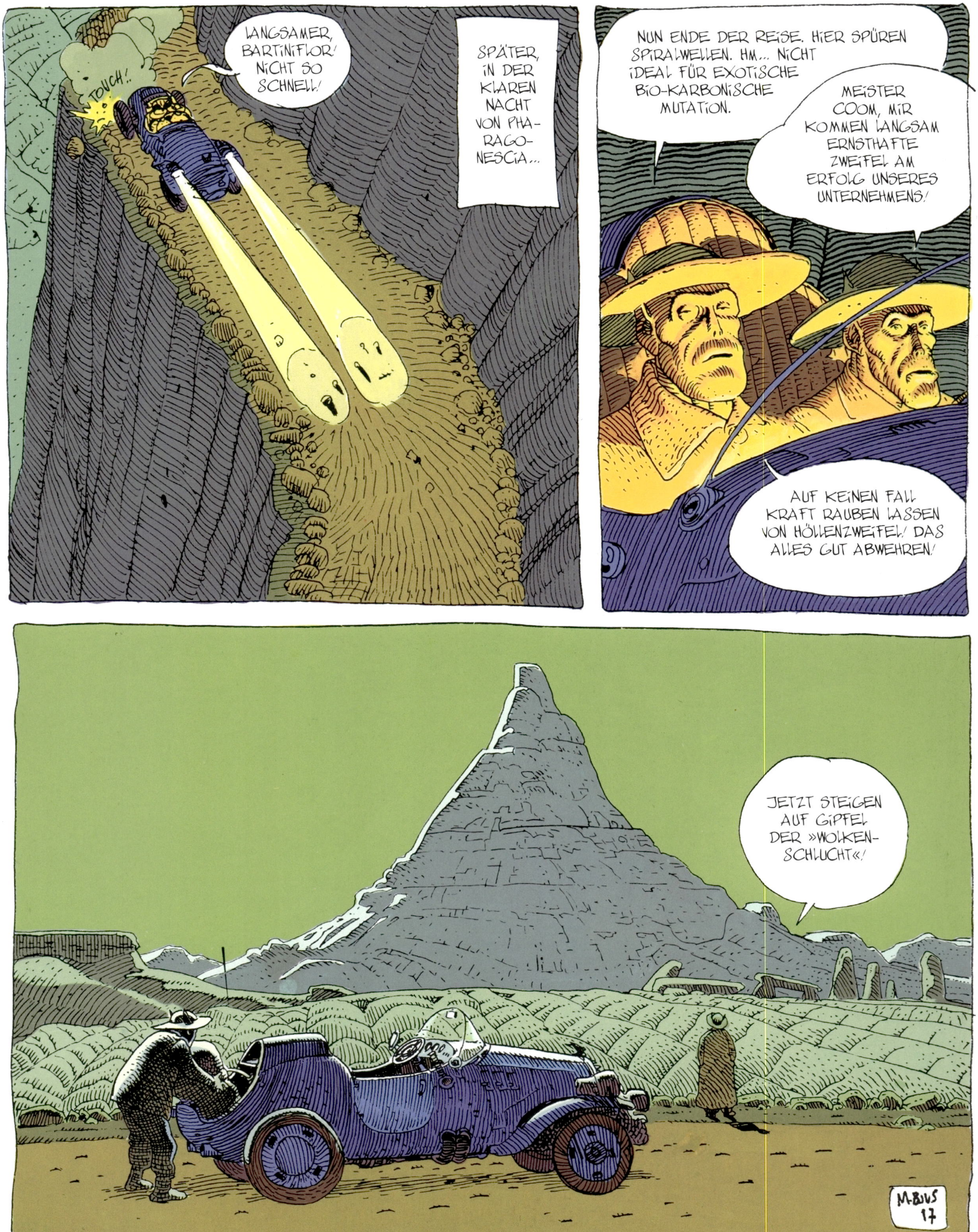
TOUCH!
LANGSAMER, BARTINIFLOR! NICHT SO SCHNELL!
SPÄTER, IN DER KLAREN NACHT VON PHARAGONESCIA...
NUN ENDE DER REISE. HIER SPÜREN SPIRALWELLEN. HM... NICHT IDEAL FÜR EXOTISCHE BIO-KARBONISCHE MUTATION.
MEISTER COOM, MIR KOMMEN LANGSAM ERNSTHAFTE ZWEIFEL AM ERFOLG UNSERES UNTERNEHMENS!
AUF KEINEN FALL KRAFT RAUBEN LASSEN VON HÖLLENZWEIFEL! DAS ALLES GUT ABWEHREN!
JETZT STEIGEN AUF GIPFEL DER »WOLKENSCHLUCHT«!
M.BIUS 17

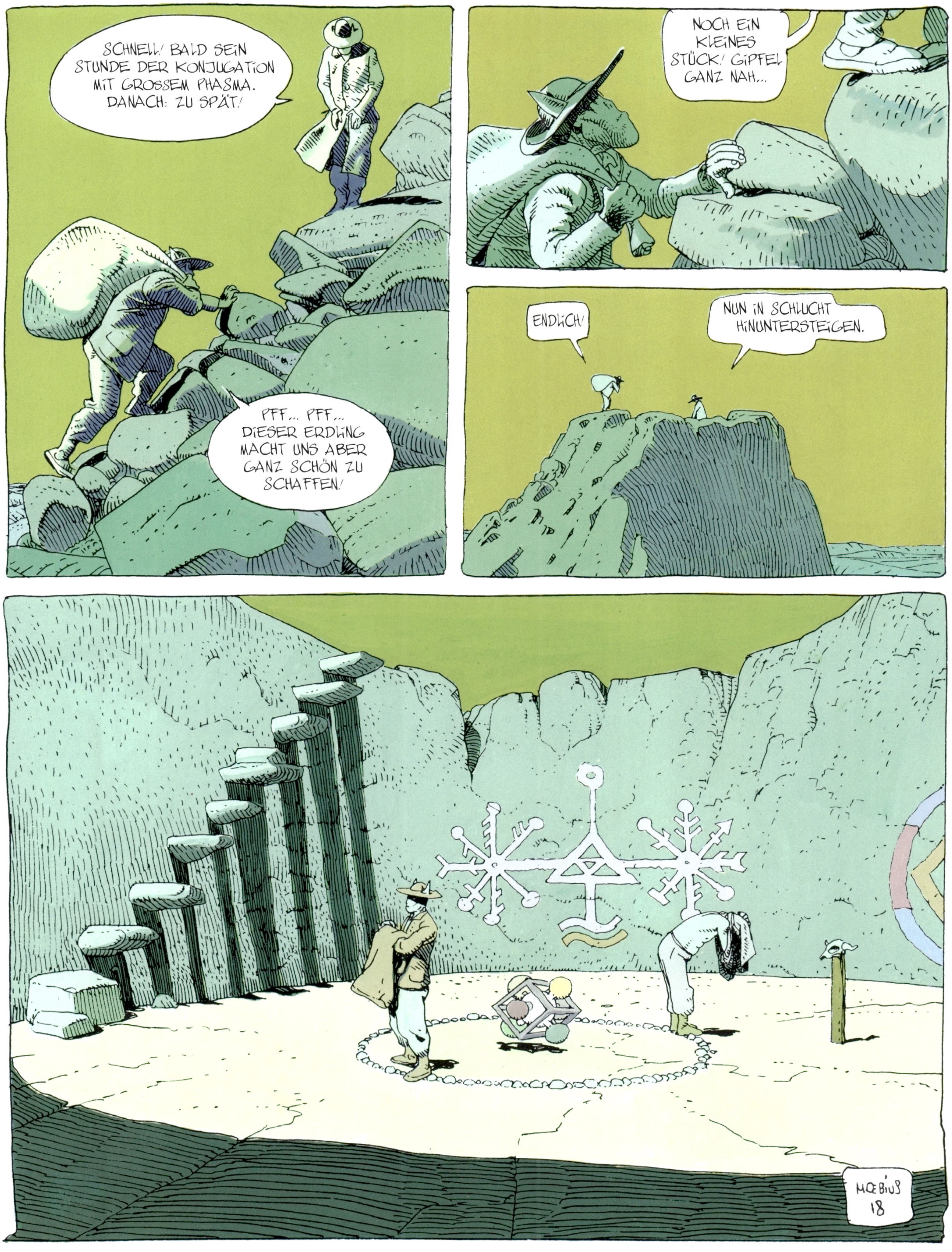
SCHNELL! BALD SEIN STUNDE DER KONJUGATION MIT GROSSEM PHASMA. DANACH: ZU SPÄT!
PFF... PFF... DIESER ERDLING MACHT UNS ABER GANZ SCHÖN ZU SCHAFFEN!
NOCH EIN KLEINES STÜCK! GIPFEL GANZ NAH...
ENDLICH!
NUN IN SCHLUCHT HINUNTERSTEIGEN.
MŒBIUS 18

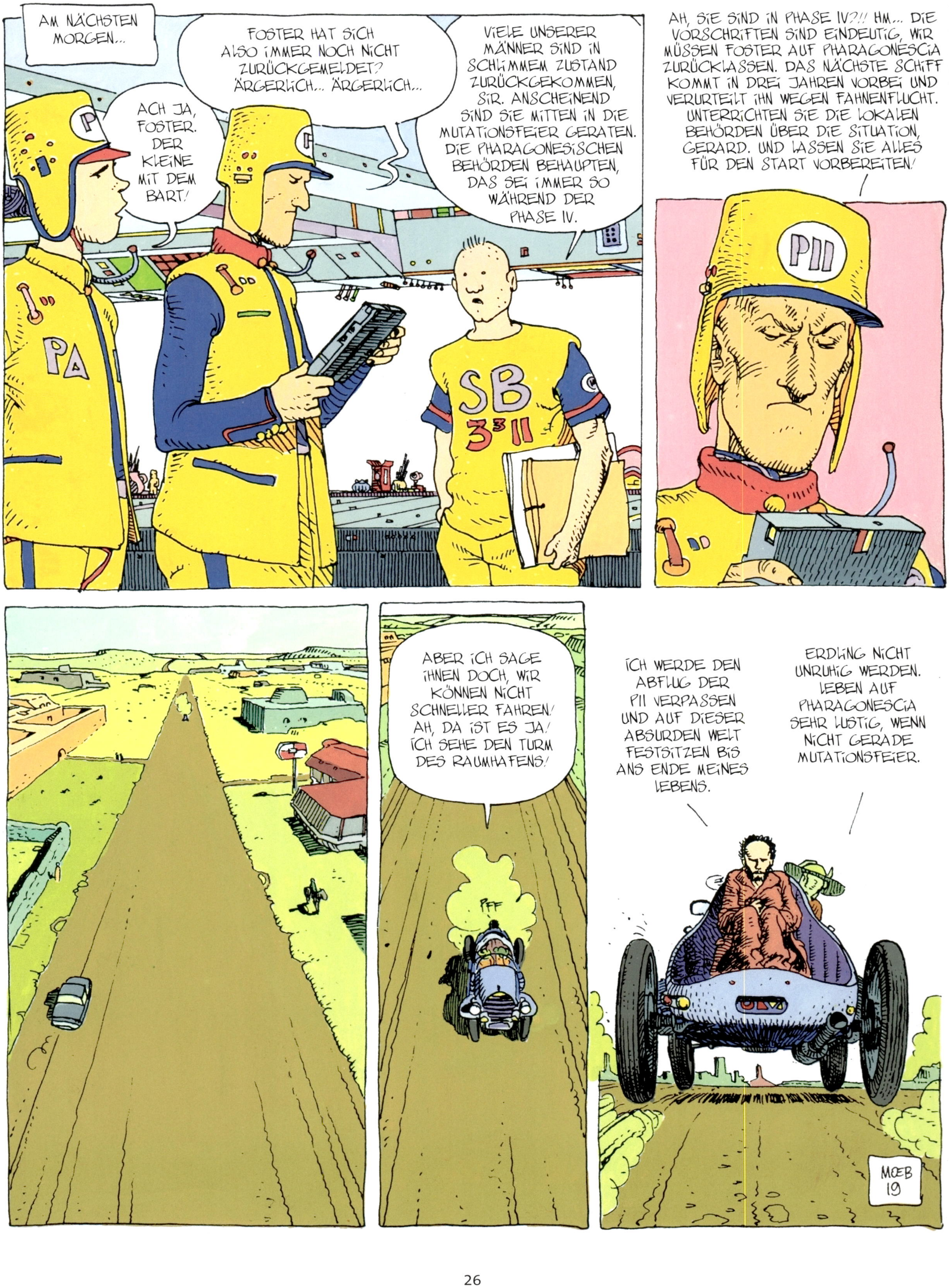
AM NÄCHSTEN MORGEN...
FOSTER HAT SICH ALSO IMMER NOCH NICHT ZURÜCKGEMELDET? ÄRGERLICH... ÄRGERLICH...
ACH JA, FOSTER. DER KLEINE MIT DEM BART!
VIELE UNSERER MÄNNER SIND IN SCHLIMMEM ZUSTAND ZURÜCKGEKOMMEN, SIR. ANSCHEINEND SIND SIE MITTEN IN DIE MUTATIONSFEIER GERATEN. DIE PHARAGONESISCHEN BEHÖRDEN BEHAUPTEN, DAS SEI IMMER SO WÄHREND DER PHASE IV.
AH, SIE SIND IN PHASE IV?!! HM... DIE VORSCHRIFTEN SIND EINDEUTIG, WIR MÜSSEN FOSTER AUF PHARAGONESCIA ZURÜCKLASSEN. DAS NÄCHSTE SCHIFF KOMMT IN DREI JAHREN VORBEI UND VERURTEILT IHN WEGEN FAHNENFLUCHT. UNTERRICHTEN SIE DIE LOKALEN BEHÖRDEN ÜBER DIE SITUATION, GERARD. UND LASSEN SIE ALLES FÜR DEN START VORBEREITEN!
ABER ICH SAGE IHNEN DOCH, WIR KÖNNEN NICHT SCHNELLER FAHREN! AH, DA IST ES JA! ICH SEHE DEN TURM DES RAUMHAFENS!
PFF
ICH WERDE DEN ABFLUG DER PII VERPASSEN UND AUF DIESER ABSURDEN WELT FESTSITZEN BIS ANS ENDE MEINES LEBENS.
ERDLING NICHT UNRUHIG WERDEN. LEBEN AUF PHARAGONESCIA SEHR LUSTIG, WENN NICHT GERADE MUTATIONSFEIER.
MŒB 19

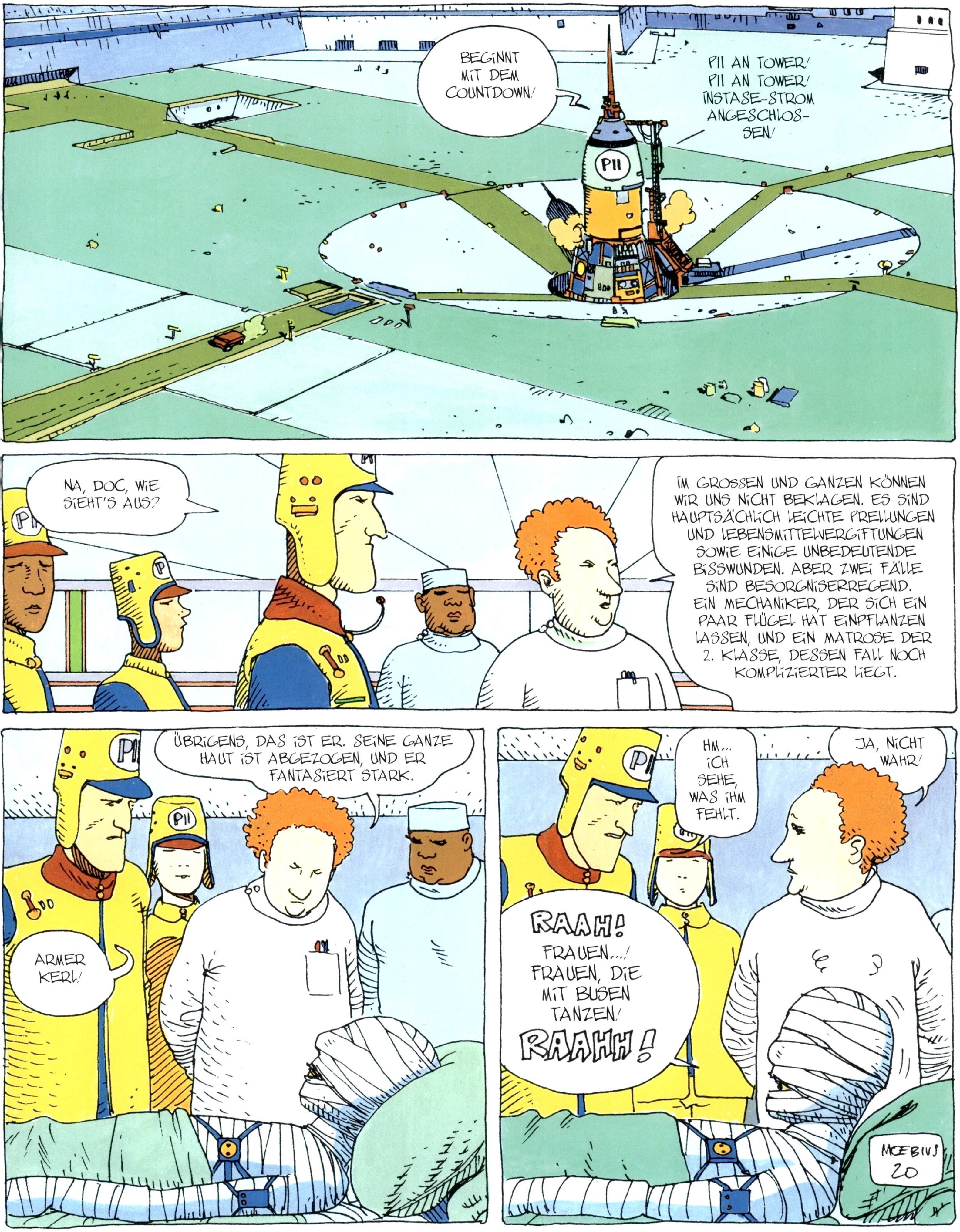
BEGINNT MIT DEM COUNTDOWN!
PII AN TOWER! PII AN TOWER! INSTASE-STROM ANGESCHLOS-SEN!
NA, DOC, WIE SIEHT'S AUS?
IM GROSSEN UND GANZEN KÖNNEN WIR UNS NICHT BEKLAGEN. ES SIND HAUPTSÄCHLICH LEICHTE PRELLUNGEN UND LEBENSMITTELVERGIFTUNGEN SOWIE EINIGE UNBEDEUTENDE BISSWUNDEN. ABER ZWEI FÄLLE SIND BESORGNISERREGEND. EIN MECHANIKER, DER SICH EIN PAAR FLÜGEL HAT EINPFLANZEN LASSEN, UND EIN MATROSE DER 2. KLASSE, DESSEN FALL NOCH KOMPLIZIERTER LIEGT.
ÜBRIGENS, DAS IST ER. SEINE GANZE HAUT IST ABGEZOGEN, UND ER FANTASIERT STARK.
ARMER KERL!
HM... ICH SEHE, WAS IHM FEHLT.
JA, NICHT WAHR!
RAAH! FRAUEN...! FRAUEN, DIE MIT BUSEN TANZEN! RAAHH!
MOEBIUS 20

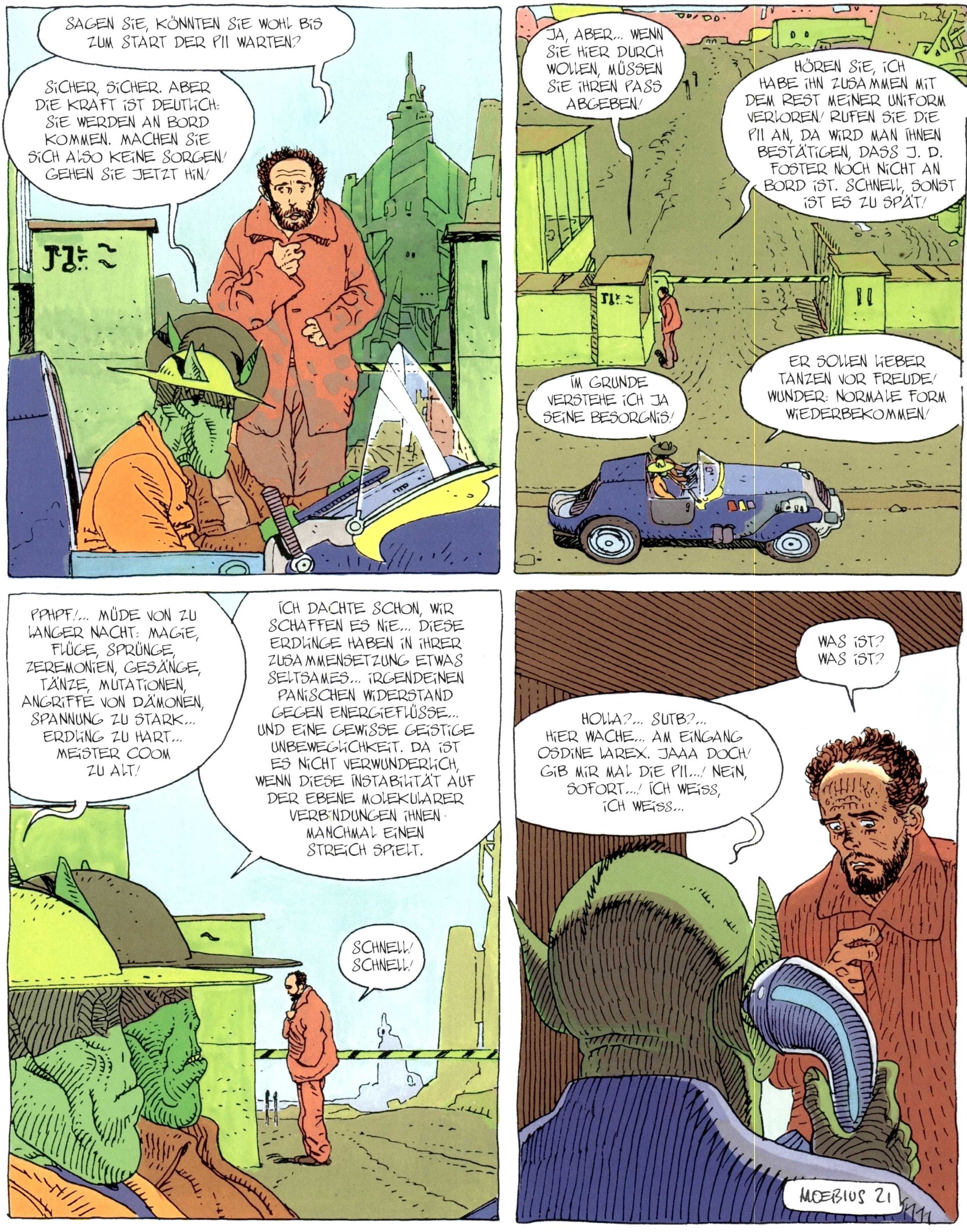
SAGEN SIE, KÖNNTEN SIE WOHL BIS ZUM START DER PII WARTEN?
SICHER, SICHER. ABER DIE KRAFT IST DEUTLICH: SIE WERDEN AN BORD KOMMEN. MACHEN SIE SICH ALSO KEINE SORGEN! GEHEN SIE JETZT HIN!
JA, ABER... WENN SIE HIER DURCH WOLLEN, MÜSSEN SIE IHREN PASS ABGEBEN!
HÖREN SIE, ICH HABE IHN ZUSAMMEN MIT DEM REST MEINER UNIFORM VERLOREN! RUFEN SIE DIE PII AN, DA WIRD MAN IHNEN BESTÄTIGEN, DASS J. D. FOSTER NOCH NICHT AN BORD IST. SCHNELL, SONST IST ES ZU SPÄT!
IM GRUNDE VERSTEHE ICH JA SEINE BESORGNIS!
ER SOLLEN LIEBER TANZEN VOR FREUDE! WUNDER: NORMALE FORM WIEDERBEKOMMEN!
PPHPF!... MÜDE VON ZU LANGER NACHT: MAGIE, FLÜGE, SPRÜNGE, ZEREMONIEN, GESÄNGE, TÄNZE, MUTATIONEN, ANGRIFFE VON DÄMONEN, SPANNUNG ZU STARK... ERDLING ZU HART... MEISTER COOM ZU ALT!
ICH DACHTE SCHON, WIR SCHAFFEN ES NIE... DIESE ERDLINGE HABEN IN IHRER ZUSAMMENSETZUNG ETWAS SELTSAMES... IRGENDEINEN PANISCHEN WIDERSTAND GEGEN ENERGIEFLÜSSE... UND EINE GEWISSE GEISTIGE UNBEWEGLICHKEIT. DA IST ES NICHT VERWUNDERLICH, WENN DIESE INSTABILITÄT AUF DER EBENE MOLEKULARER VERBINDUNGEN IHNEN MANCHMAL EINEN STREICH SPIELT.
SCHNELL! SCHNELL!
WAS IST? WAS IST?
HOLLA?... SUTB?... HIER WACHE... AM EINGANG OSDINE LAREX. JAAA DOCH! GIB MIR MAL DIE PII...! NEIN, SOFORT...! ICH WEISS, ICH WEISS...
MOEBIUS 21

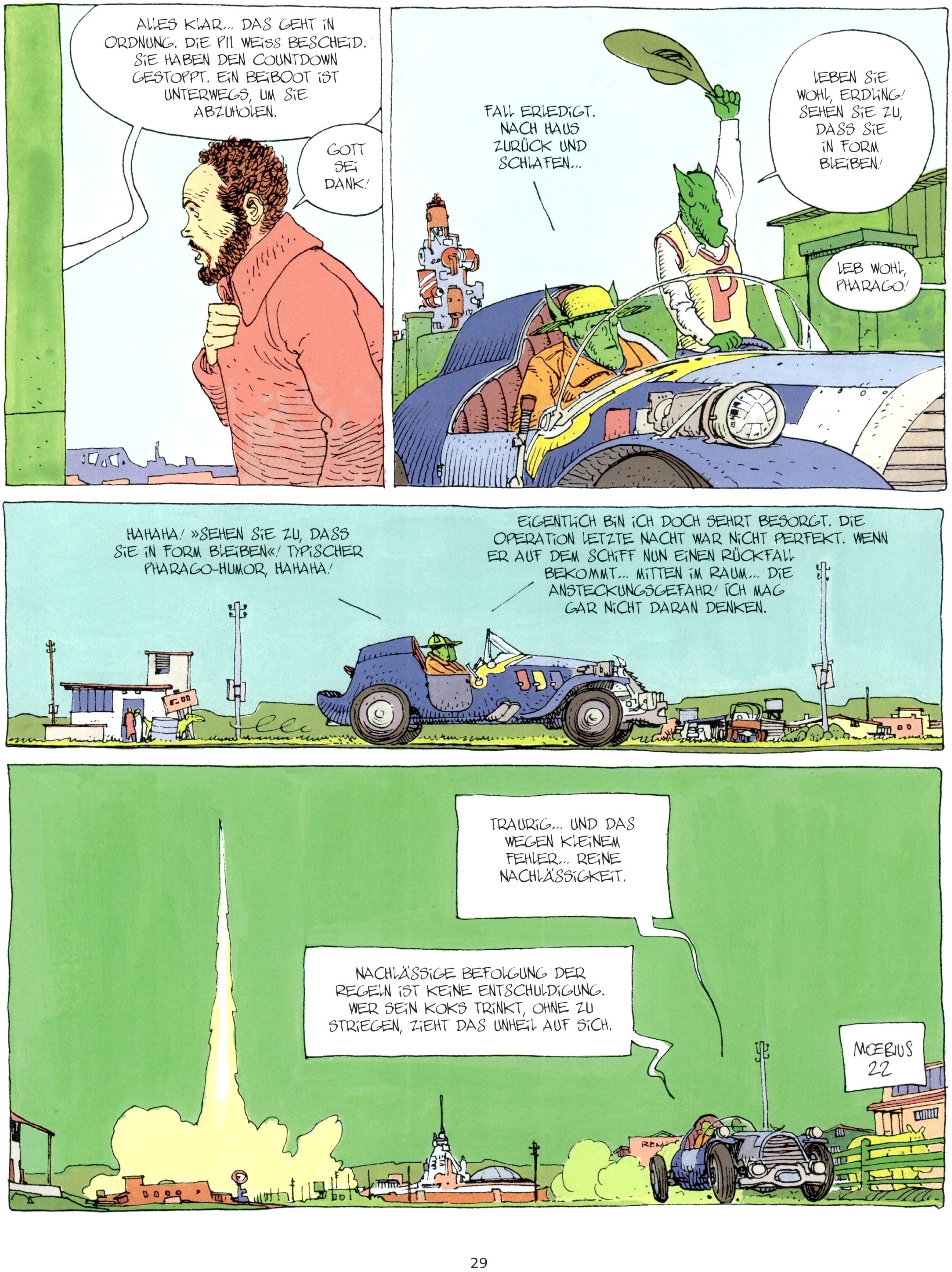
ALLES KLAR... DAS GEHT IN ORDNUNG. DIE PII WEISS BESCHEID. SIE HABEN DEN COUNTDOWN GESTOPPT. EIN BEIBOOT IST UNTERWEGS, UM SIE ABZUHOLEN.
GOTT SEI DANK!
FALL ERLEDIGT. NACH HAUS ZURÜCK UND SCHLAFEN...
LEBEN SIE WOHL, ERDLING! SEHEN SIE ZU, DASS SIE IN FORM BLEIBEN!
LEB WOHL, PHARAGO!
HAHAHA! »SEHEN SIE ZU, DASS SIE IN FORM BLEIBEN«! TYPISCHER PHARAGO-HUMOR, HAHAHA!
EIGENTLICH BIN ICH DOCH SEHRT BESORGT. DIE OPERATION LETZTE NACHT WAR NICHT PERFEKT. WENN ER AUF DEM SCHIFF NUN EINEN RÜCKFALL BEKOMMT... MITTEN IM RAUM... DIE ANSTECKUNGSGEFAHR! ICH MAG GAR NICHT DARAN DENKEN.
TRAURIG... UND DAS WEGEN KLEINEM FEHLER... REINE NACHLÄSSIGKEIT.
NACHLÄSSIGE BEFOLGUNG DER REGELN IST KEINE ENTSCHULDIGUNG. WER SEIN KOKS TRINKT, OHNE ZU STRIEGEN, ZIEHT DAS UNHEIL AUF SICH.
MOEBIUS 22

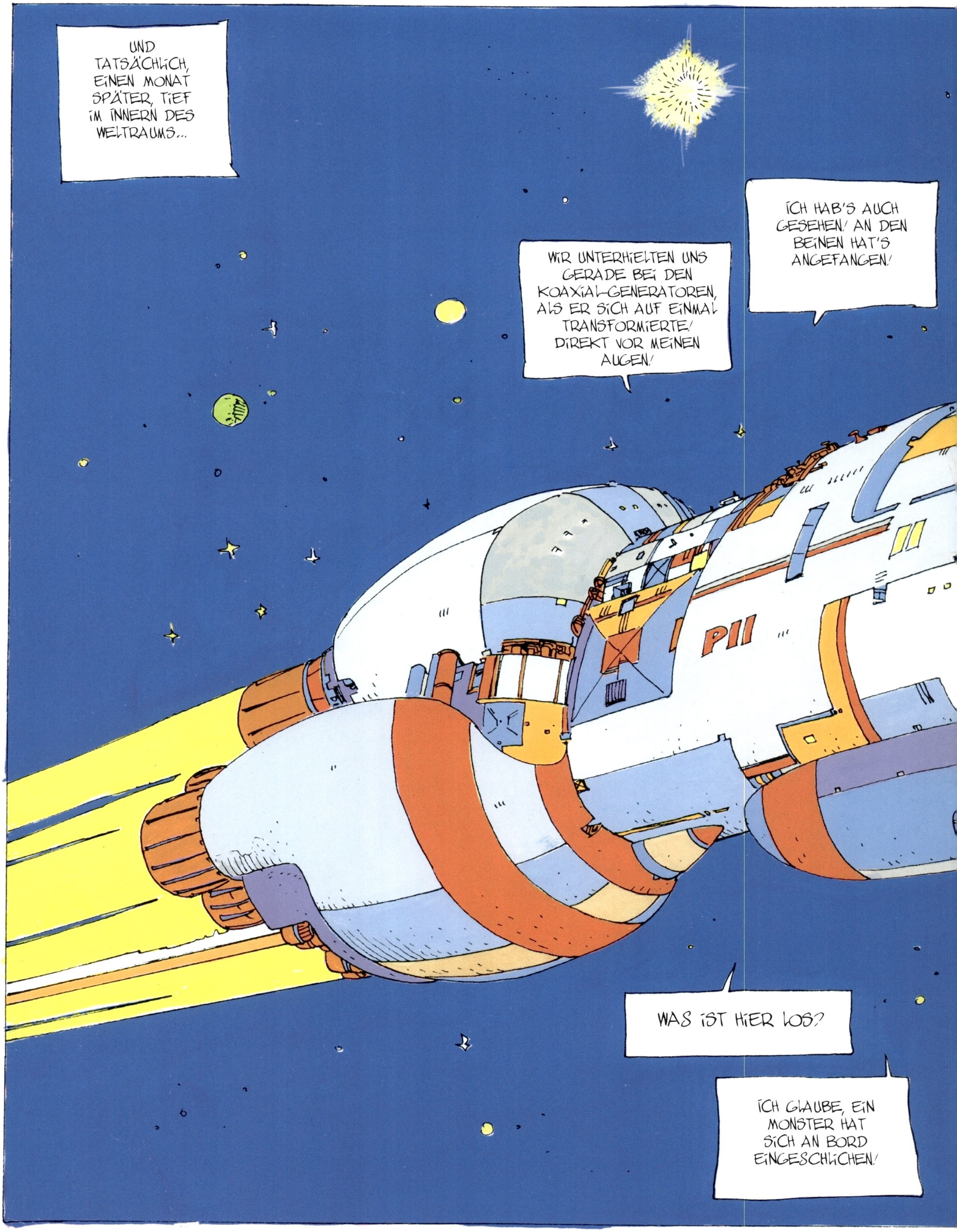
UND TATSÄCHLICH, EINEN MONAT SPÄTER, TIEF IM INNERN DES WELTRAUMS...
WIR UNTERHIELTEN UNS GERADE BEI DEN KOAXIAL-GENERATOREN, ALS ER SICH AUF EINMAL TRANSFORMIERTE! DIREKT VOR MEINEN AUGEN!
ICH HAB'S AUCH GESEHEN! AN DEN BEINEN HAT'S ANGEFANGEN!
PII
WAS IST HIER LOS?
ICH GLAUBE, EIN MONSTER HAT SICH AN BORD EINGESCHLICHEN!

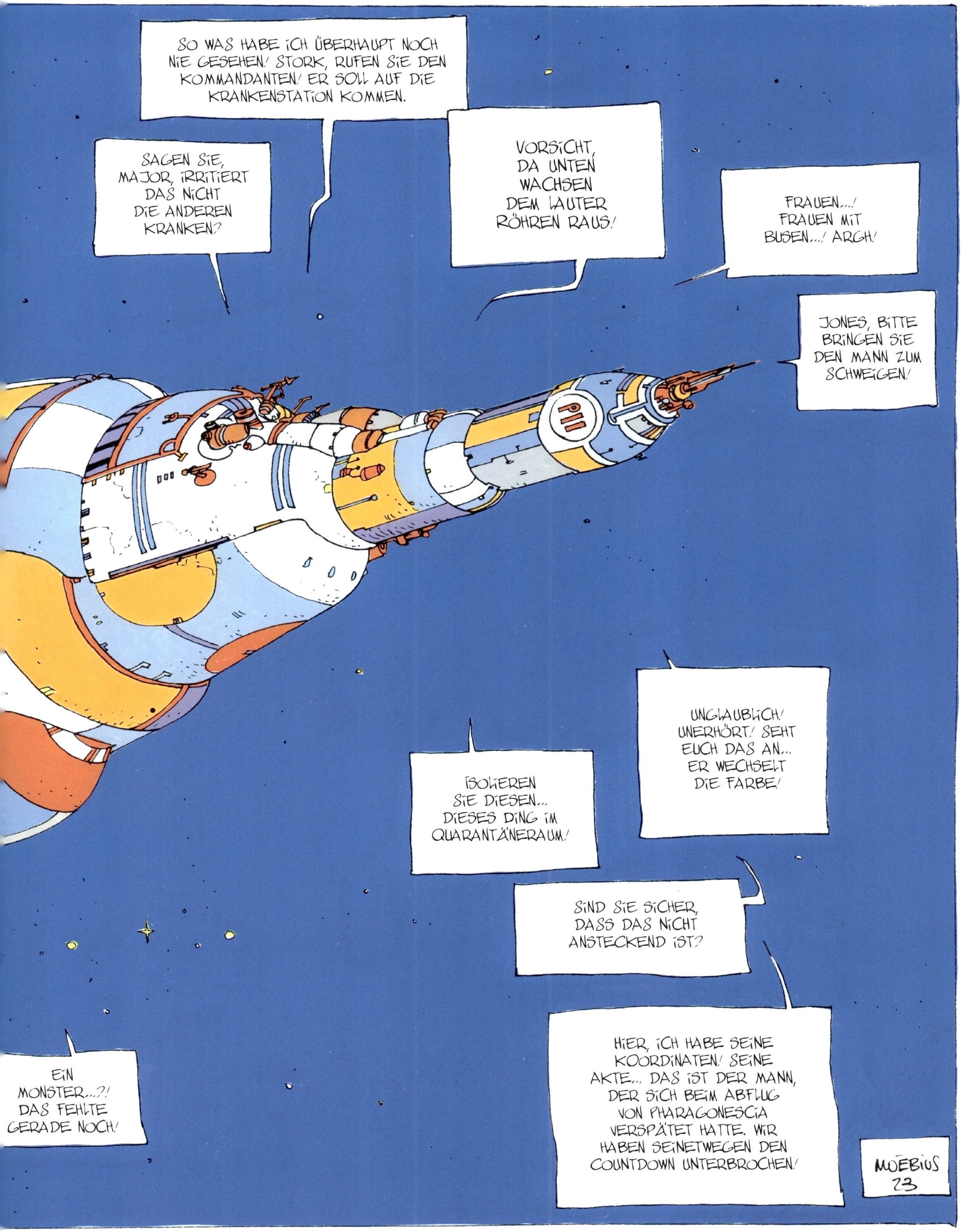
SO WAS HABE ICH ÜBERHAUPT NOCH NIE GESEHEN! STORK, RUFEN SIE DEN KOMMANDANTEN! ER SOLL AUF DIE KRANKENSTATION KOMMEN.
SAGEN SIE, MAJOR, IRRITIERT DAS NICHT DIE ANDEREN KRANKEN?
VORSICHT, DA UNTEN WACHSEN DEM LAUTER RÖHREN RAUS!
FRAUEN...! FRAUEN MIT BUSEN...! ARGH!
JONES, BITTE BRINGEN SIE DEN MANN ZUM SCHWEIGEN!
UNGLAUBLICH! UNERHÖRT! SEHT EUCH DAS AN... ER WECHSELT DIE FARBE!
ISOLIEREN SIE DIESEN... DIESES DING IM QUARANTÄNERAUM!
SIND SIE SICHER, DASS DAS NICHT ANSTECKEND IST?
EIN MONSTER...?! DAS FEHLTE GERADE NOCH!
HIER, ICH HABE SEINE KOORDINATEN! SEINE AKTE... DAS IST DER MANN, DER SICH BEIM ABFLUG VON PHARAGONESCIA VERSPÄTET HATTE. WIR HABEN SEINETWEGEN DEN COUNTDOWN UNTERBROCHEN!
MOEBIUS 23

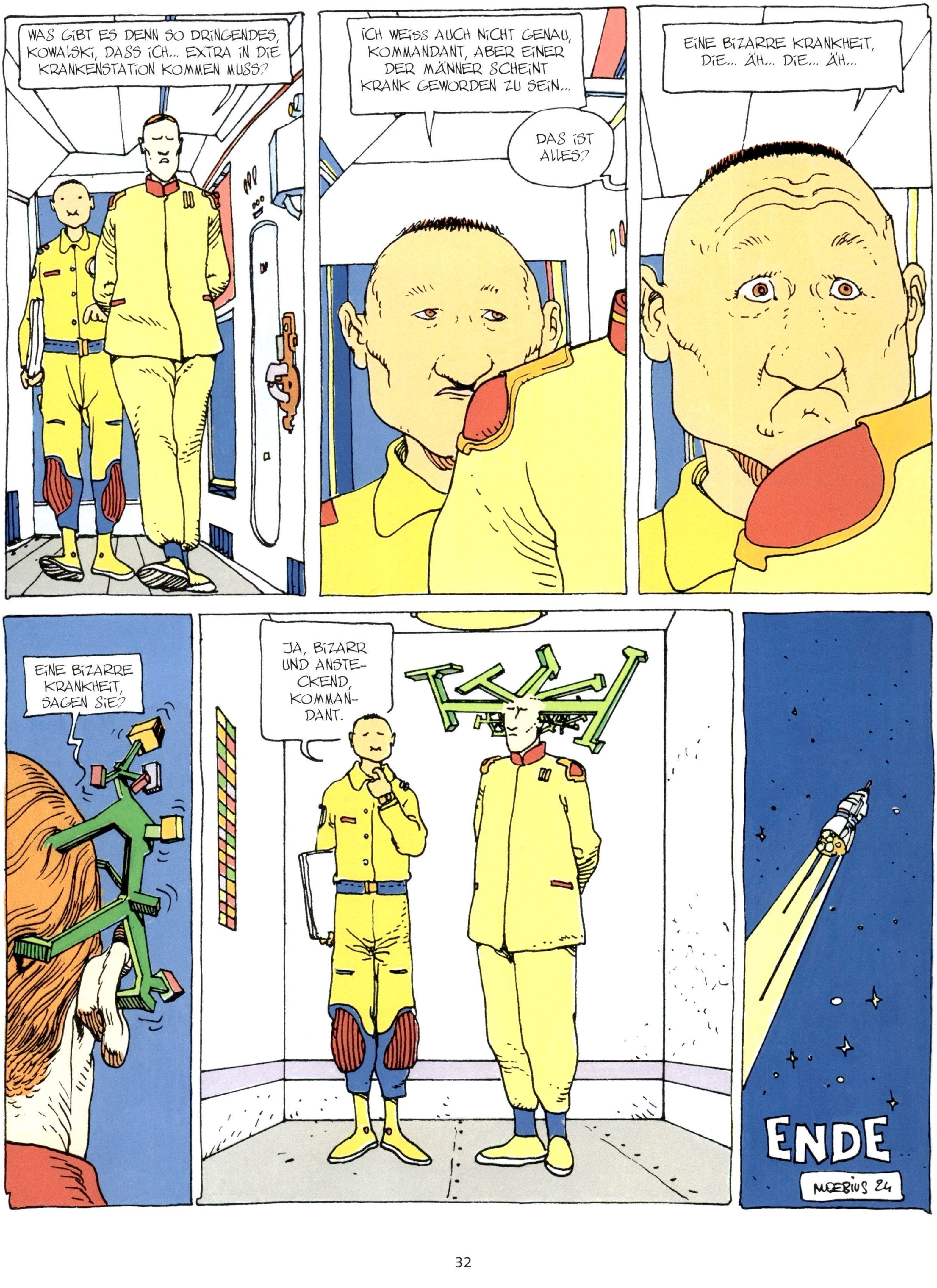
WAS GIBT ES DENN SO DRINGENDES, KOWALSKI, DASS ICH... EXTRA IN DIE KRANKENSTATION KOMMEN MUSS?
ICH WEISS AUCH NICHT GENAU, KOMMANDANT, ABER EINER DER MÄNNER SCHEINT KRANK GEWORDEN ZU SEIN...
DAS IST ALLES?
EINE BIZARRE KRANKHEIT, DIE... ÄH... DIE... ÄH...
EINE BIZARRE KRANKHEIT, SAGEN SIE?
JA, BIZARR UND ANSTE-CKEND, KOMMAN-DANT.
ENDE
MOEBIUS 24

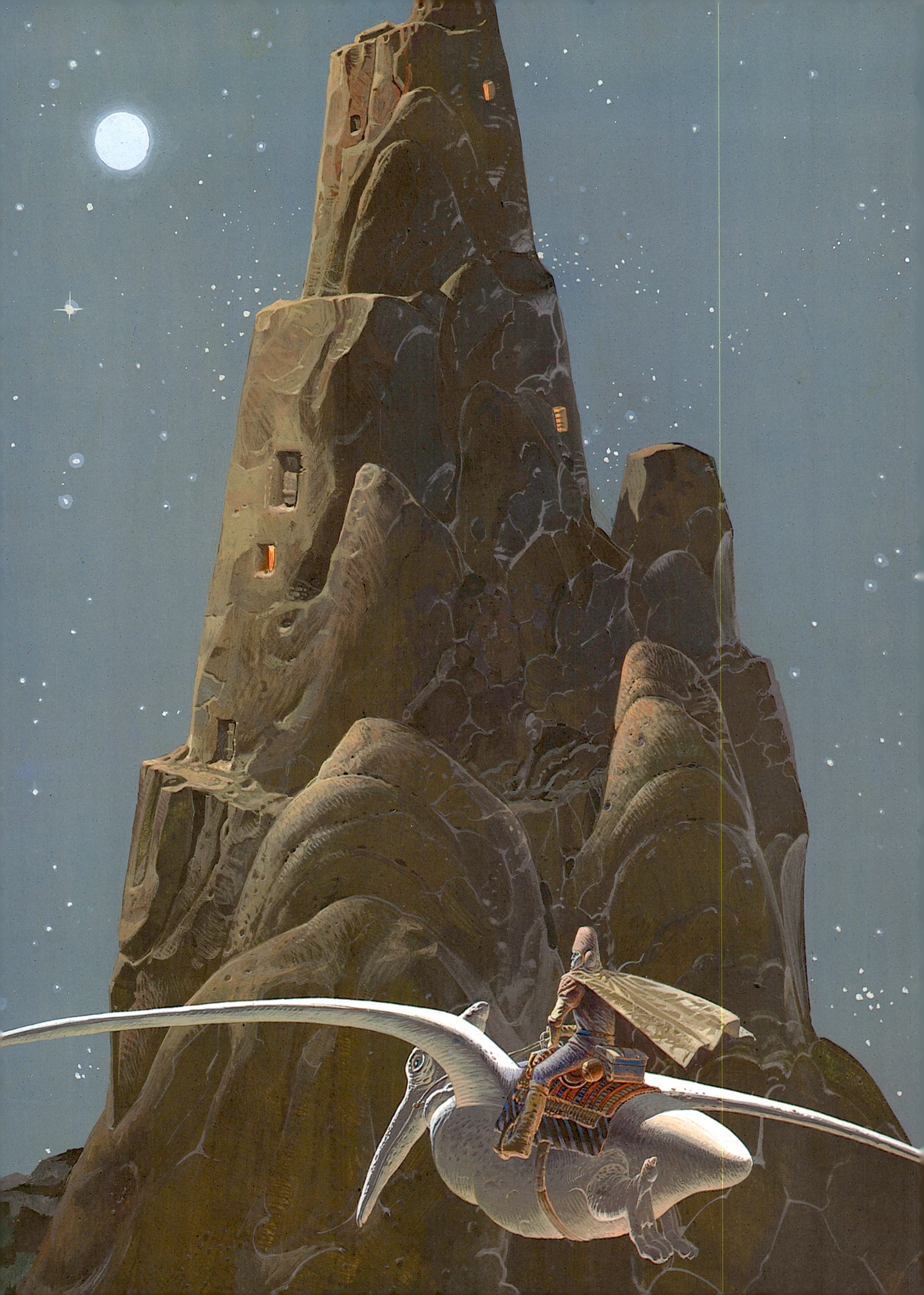

moebius collection

kurzgeschichten

DER MAJOR GRUBERT in seinem neuen Abenteuer: THE FORBIDDEN CITY RIDES AGAIN

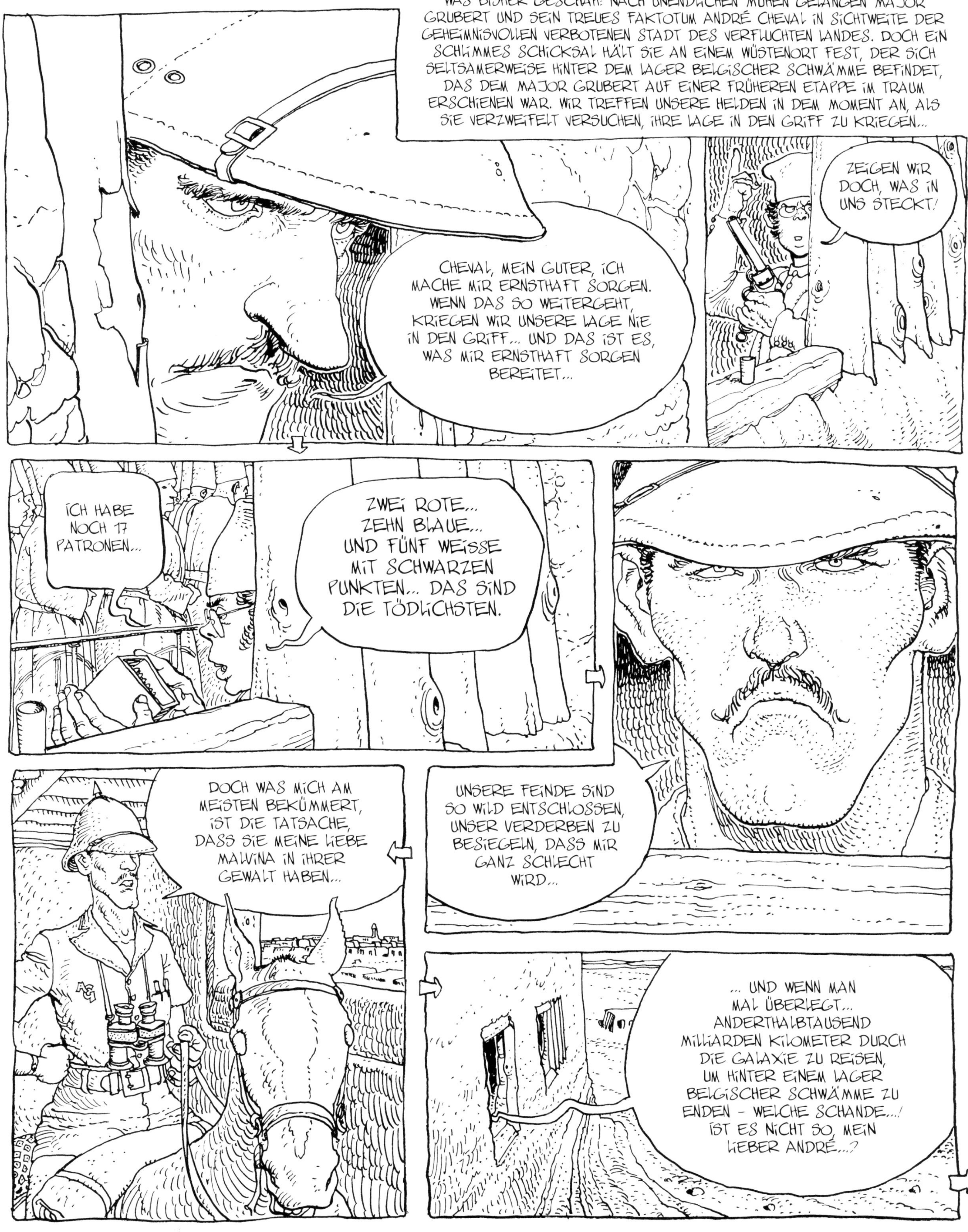

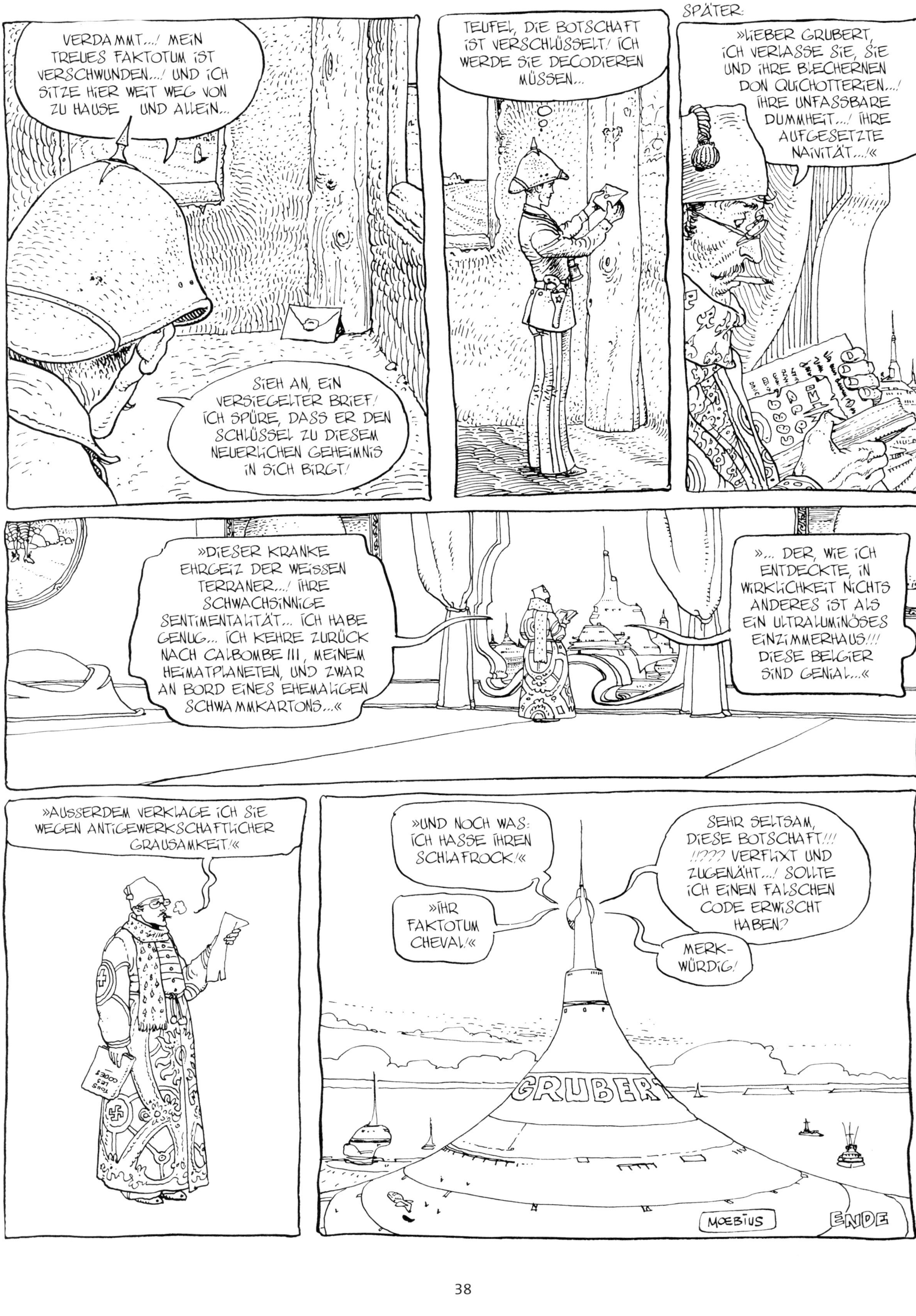
VERDAMMT...! MEIN TREUES FAKTOTUM IST VERSCHWUNDEN...! UND ICH SITZE HIER WEIT WEG VON ZU HAUSE UND ALLEIN...
SIEH AN, EIN VERSIEGELTER BRIEF! ICH SPÜRE, DASS ER DEN SCHLÜSSEL ZU DIESEM NEUERLICHEN GEHEIMNIS IN SICH BIRGT!
TEUFEL, DIE BOTSCHAFT IST VERSCHLÜSSELT! ICH WERDE SIE DECODIEREN MÜSSEN...
SPÄTER:
»LIEBER GRUBERT, ICH VERLASSE SIE, SIE UND IHRE BLECHERNEN DON QUICHOTTERIEN...! IHRE UNFASSBARE DUMMHEIT...! IHRE AUFGESETZTE NAIVITÄT...!«
»DIESER KRANKE EHRGEIZ DER WEISSEN TERRANER...! IHRE SCHWACHSINNIGE SENTIMENTALITÄT... ICH HABE GENUG... ICH KEHRE ZURÜCK NACH CALBOMBE III, MEINEM HEIMATPLANETEN, UND ZWAR AN BORD EINES EHEMALIGEN SCHWAMMKARTONS...«
»... DER, WIE ICH ENTDECKTE, IN WIRKLICHKEIT NICHTS ANDERES IST ALS EIN ULTRALUMINÖSES EINZIMMERHAUS!!! DIESE BELGIER SIND GENIAL...«
»AUSSERDEM VERKLAGE ICH SIE WEGEN ANTIGEWERKSCHAFTLICHER GRAUSAMKEIT!«
»UND NOCH WAS: ICH HASSE IHREN SCHLAFROCK!«
»IHR FAKTOTUM CHEVAL!«
SEHR SELTSAM, DIESE BOTSCHAFT!!! !!??? VERFLIXT UND ZUGENÄHT...! SOLLTE ICH EINEN FALSCHEN CODE ERWISCHT HABEN?
MERK-WÜRDIG!
GRUBERT
MOEBIUS
ENDE

DIE FLORA VON PARADIES 9

VON MOEBIUS

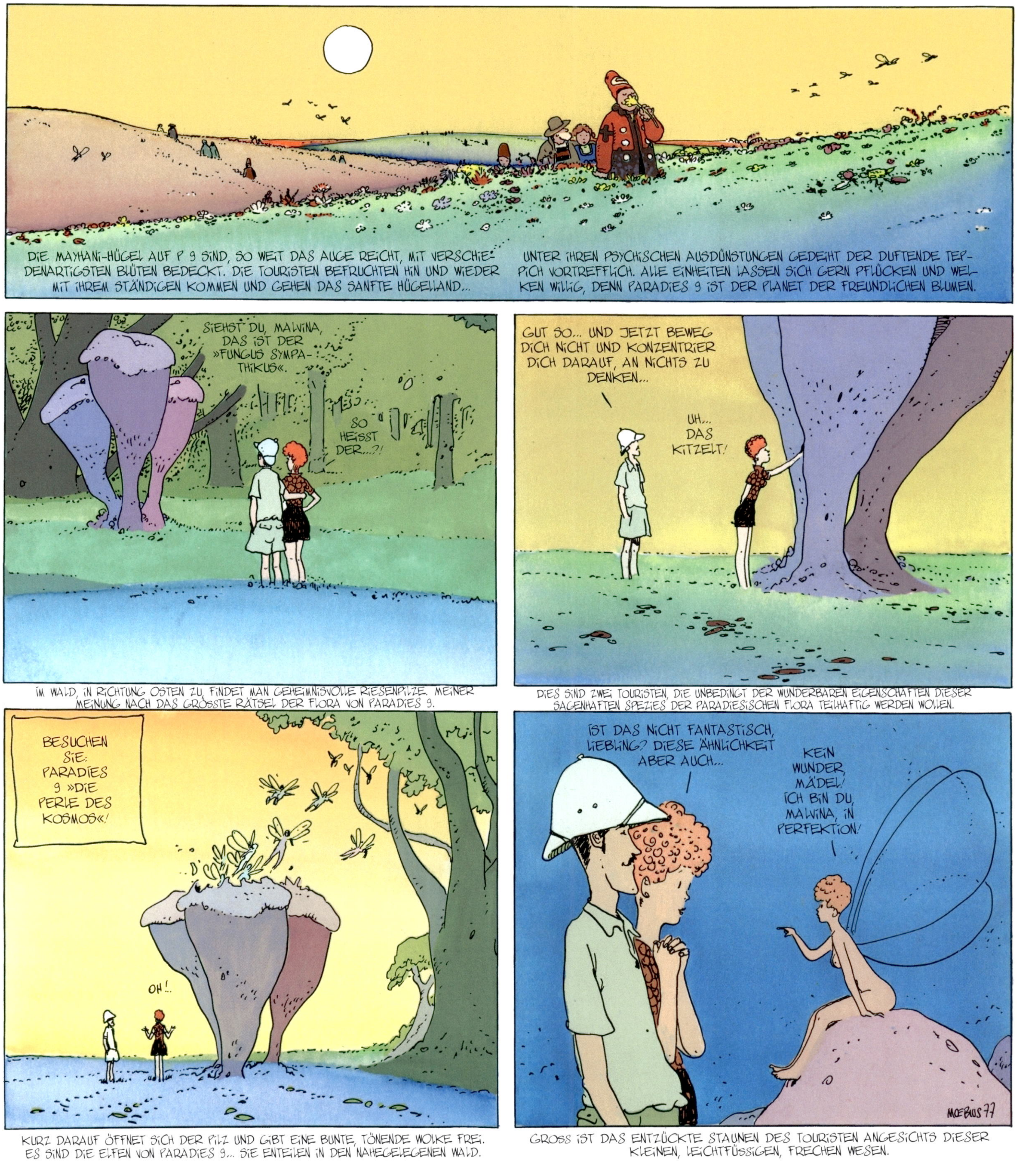

PARADIES NEUNS SELTSAME BLUMEN

FORTSETZUNG

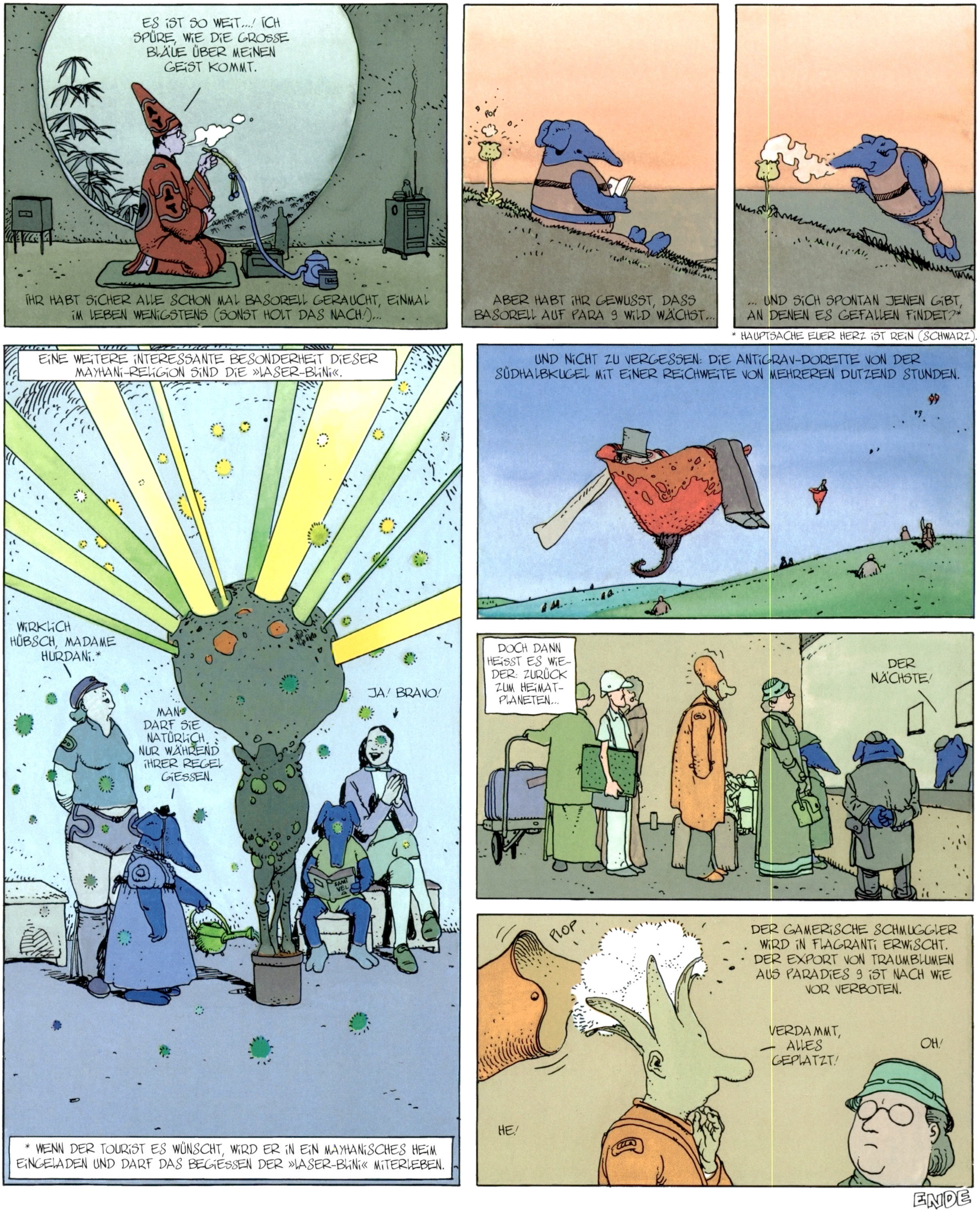

ENDE

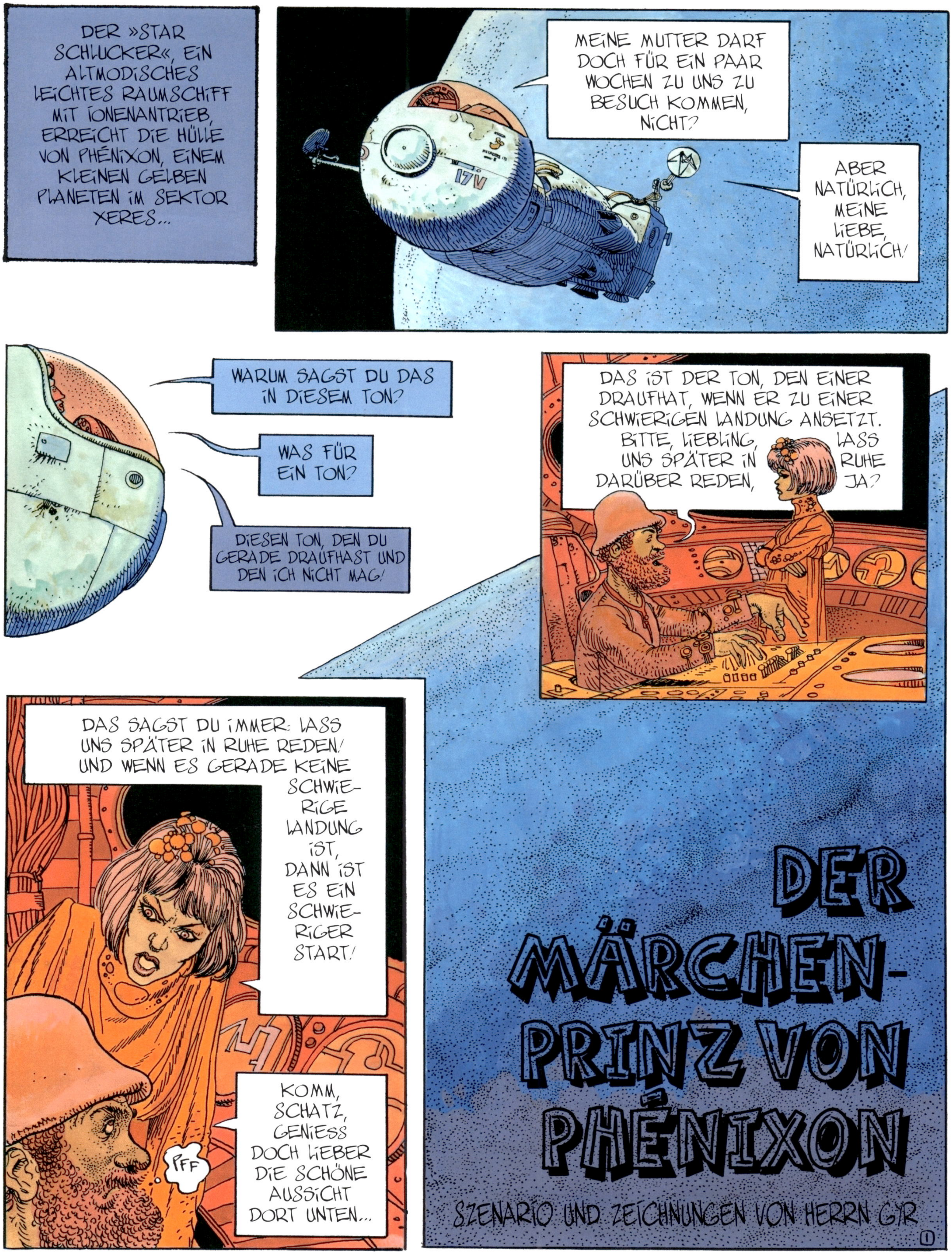

DER »STAR SCHLUCKER«, EIN ALTMODISCHES LEICHTES RAUMSCHIFF MIT IONENANTRIEB, ERREICHT DIE HÜLLE VON PHÉNIXON, EINEM KLEINEN GELBEN PLANETEN IM SEKTOR XERES…
17V
MEINE MUTTER DARF DOCH FÜR EIN PAAR WOCHEN ZU UNS ZU BESUCH KOMMEN, NICHT?
ABER NATÜRLICH, MEINE LIEBE, NATÜRLICH!
WARUM SAGST DU DAS IN DIESEM TON?
WAS FÜR EIN TON?
DIESEN TON, DEN DU GERADE DRAUFHAST UND DEN ICH NICHT MAG!
DAS IST DER TON, DEN EINER DRAUFHAT, WENN ER ZU EINER SCHWIERIGEN LANDUNG ANSETZT. BITTE, LIEBLING, LASS UNS SPÄTER IN RUHE DARÜBER REDEN, JA?
DAS SAGST DU IMMER: LASS UNS SPÄTER IN RUHE REDEN! UND WENN ES GERADE KEINE SCHWIERIGE LANDUNG IST, DANN IST ES EIN SCHWIERIGER START!
KOMM, SCHATZ, GENIESS DOCH LIEBER DIE SCHÖNE AUSSICHT DORT UNTEN…
PFF
DER MÄRCHENPRINZ VON PHÉNIXON
SZENARIO UND ZEICHNUNGEN VON HERRN GYR
1

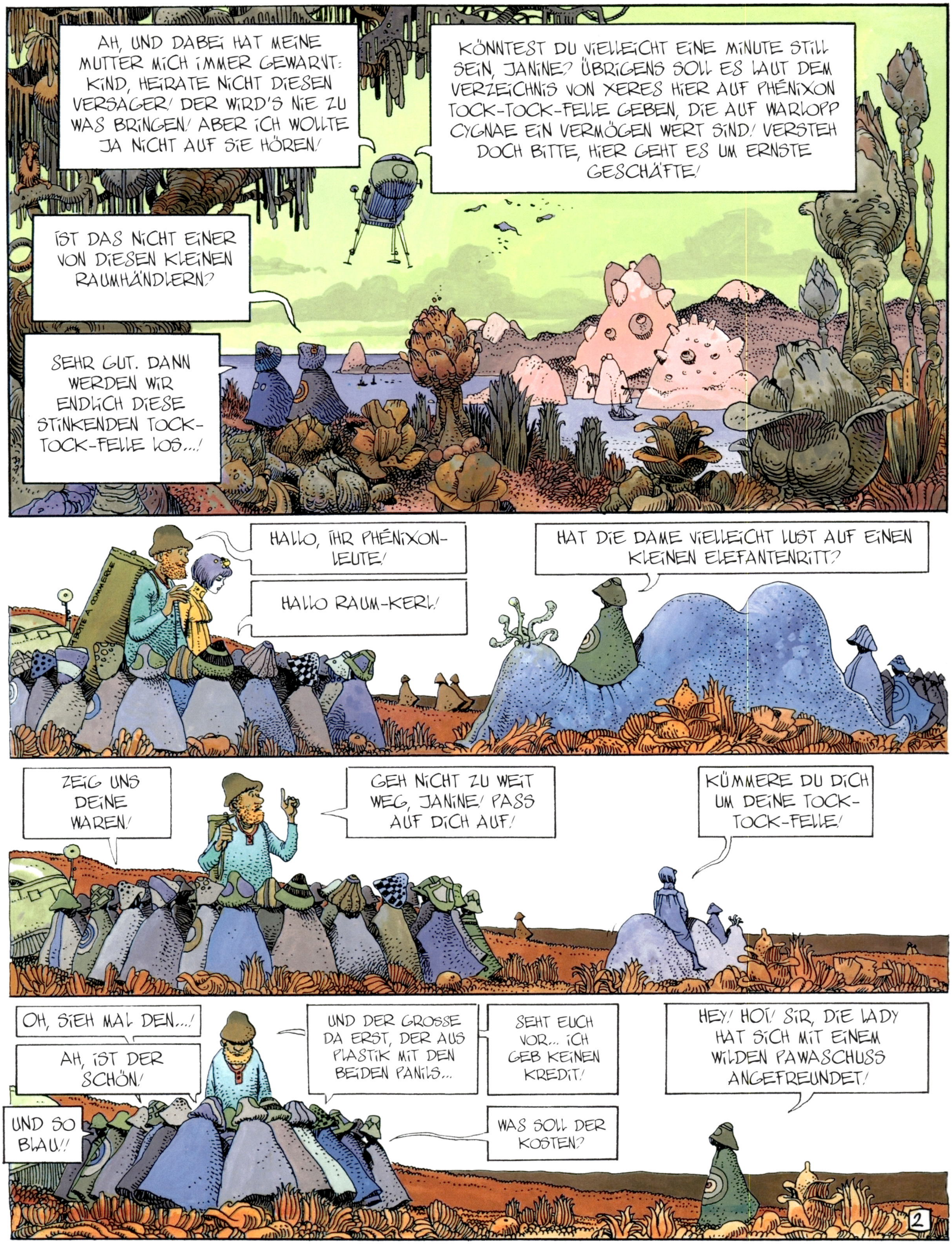

AH, UND DABEI HAT MEINE MUTTER MICH IMMER GEWARNT: KIND, HEIRATE NICHT DIESEN VERSAGER! DER WIRD'S NIE ZU WAS BRINGEN! ABER ICH WOLLTE JA NICHT AUF SIE HÖREN!
KÖNNTEST DU VIELLEICHT EINE MINUTE STILL SEIN, JANINE? ÜBRIGENS SOLL ES LAUT DEM VERZEICHNIS VON XERES HIER AUF PHÉNIXON TOCK-TOCK-FELLE GEBEN, DIE AUF WARLOPP CYGNAE EIN VERMÖGEN WERT SIND! VERSTEH DOCH BITTE, HIER GEHT ES UM ERNSTE GESCHÄFTE!
IST DAS NICHT EINER VON DIESEN KLEINEN RAUMHÄNDLERN?
SEHR GUT. DANN WERDEN WIR ENDLICH DIESE STINKENDEN TOCK-TOCK-FELLE LOS...!
HALLO, IHR PHÉNIXON-LEUTE!
HALLO RAUM-KERL!
HAT DIE DAME VIELLEICHT LUST AUF EINEN KLEINEN ELEFANTENRITT?
ZEIG UNS DEINE WAREN!
GEH NICHT ZU WEIT WEG, JANINE! PASS AUF DICH AUF!
KÜMMERE DU DICH UM DEINE TOCK-TOCK-FELLE!
OH, SIEH MAL DEN...!
AH, IST DER SCHÖN!
UND SO BLAU!!
UND DER GROSSE DA ERST, DER AUS PLASTIK MIT DEN BEIDEN PANILS...
SEHT EUCH VOR... ICH GEB KEINEN KREDIT!
WAS SOLL DER KOSTEN?
HEY! HOI! SIR, DIE LADY HAT SICH MIT EINEM WILDEN PAWASCHUSS ANGEFREUNDET!
2

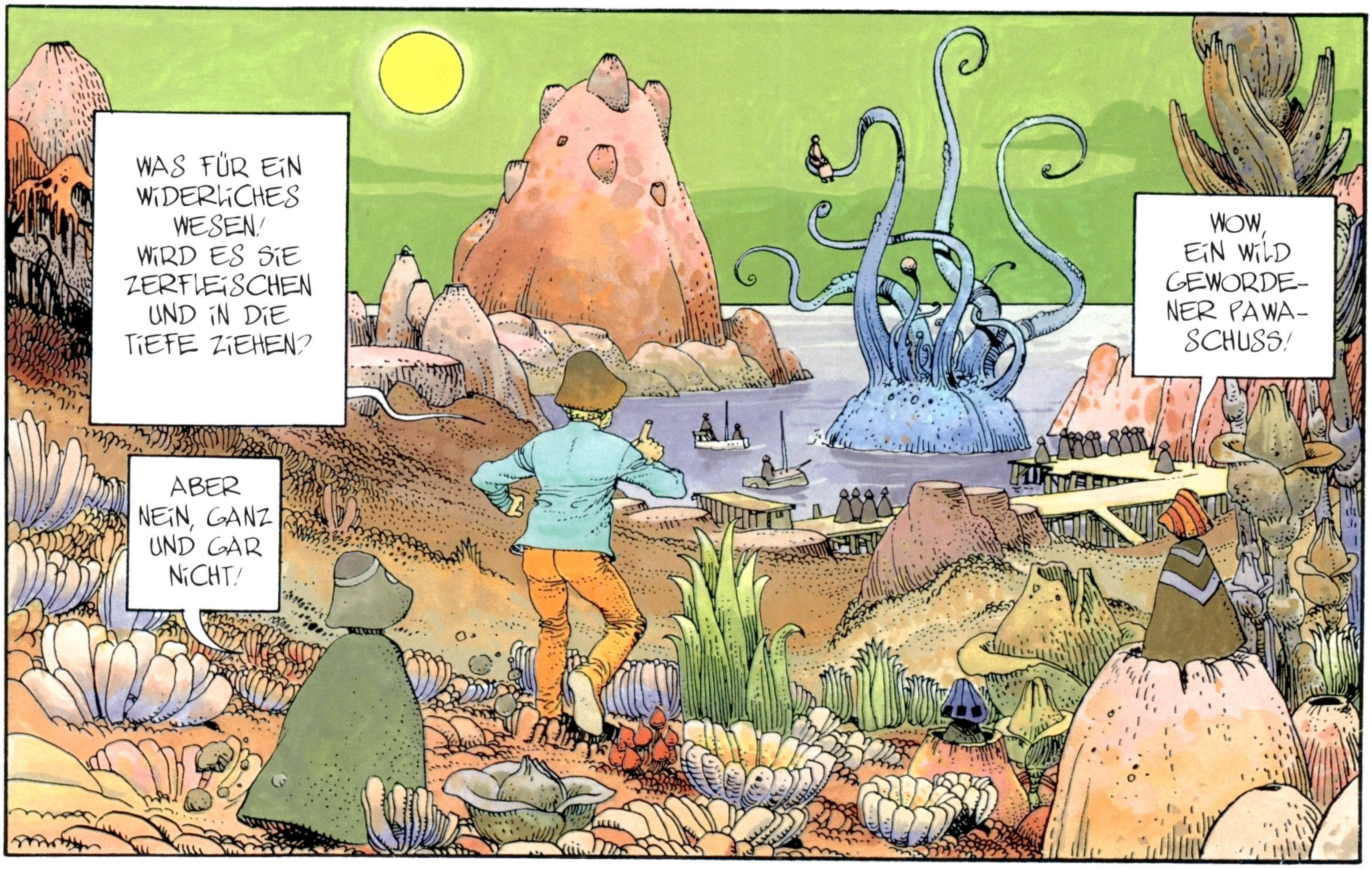
WAS FÜR EIN WIDERLICHES WESEN! WIRD ES SIE ZERFLEISCHEN UND IN DIE TIEFE ZIEHEN?
WOW, EIN WILD GEWORDENER PAWASCHUSS!
ABER NEIN, GANZ UND GAR NICHT!

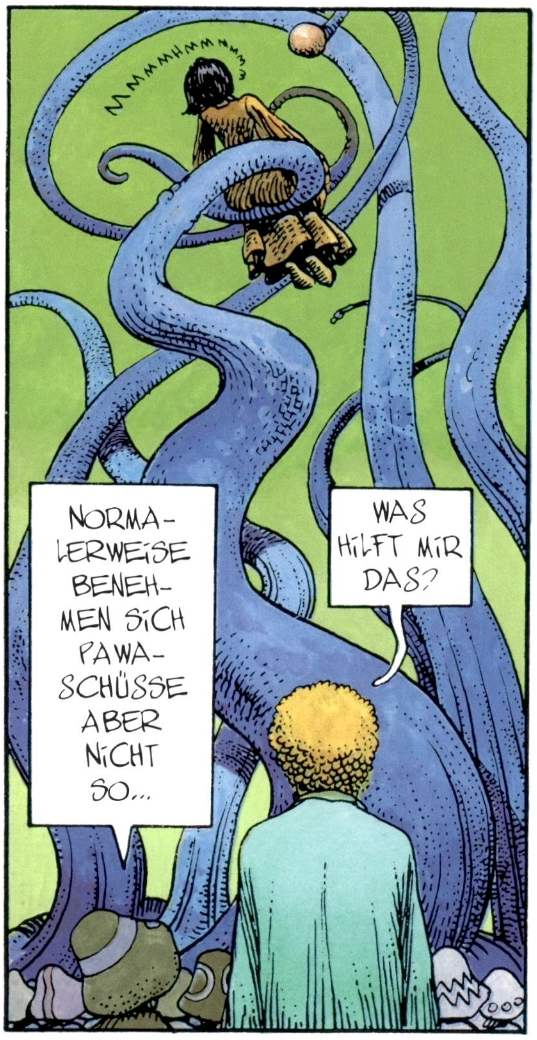
MMMMHMMMM
NORMALERWEISE BENEHMEN SICH PAWASCHÜSSE ABER NICHT SO...
WAS HILFT MIR DAS?

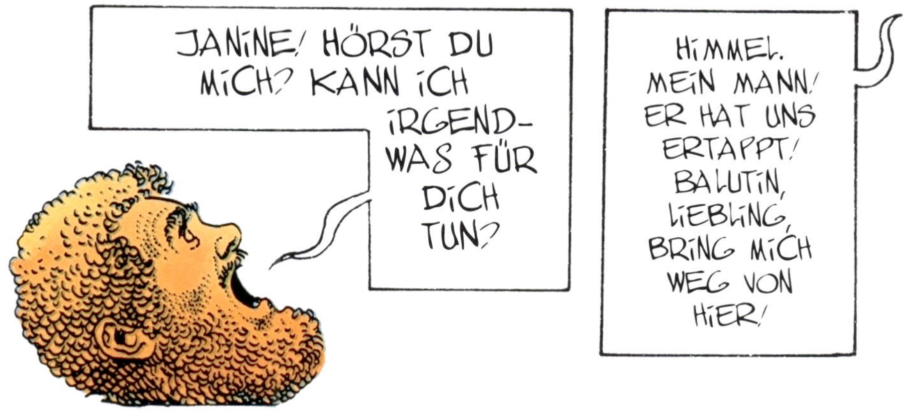
JANINE! HÖRST DU MICH? KANN ICH IRGENDWAS FÜR DICH TUN?
HIMMEL. MEIN MANN! ER HAT UNS ERTAPPT! BALUTIN, LIEBLING, BRING MICH WEG VON HIER!

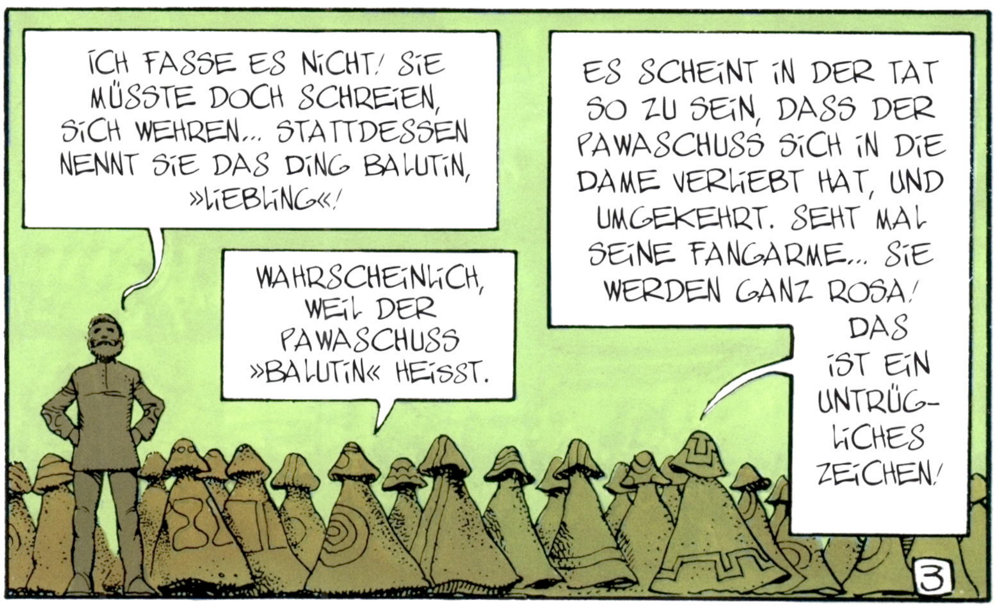
ICH FASSE ES NICHT! SIE MÜSSTE DOCH SCHREIEN, SICH WEHREN... STATTDESSEN NENNT SIE DAS DING BALUTIN, »LIEBLING«!
WAHRSCHEINLICH, WEIL DER PAWASCHUSS »BALUTIN« HEISST.
ES SCHEINT IN DER TAT SO ZU SEIN, DASS DER PAWASCHUSS SICH IN DIE DAME VERLIEBT HAT, UND UMGEKEHRT. SEHT MAL SEINE FANGARME... SIE WERDEN GANZ ROSA! DAS IST EIN UNTRÜGLICHES ZEICHEN!
3

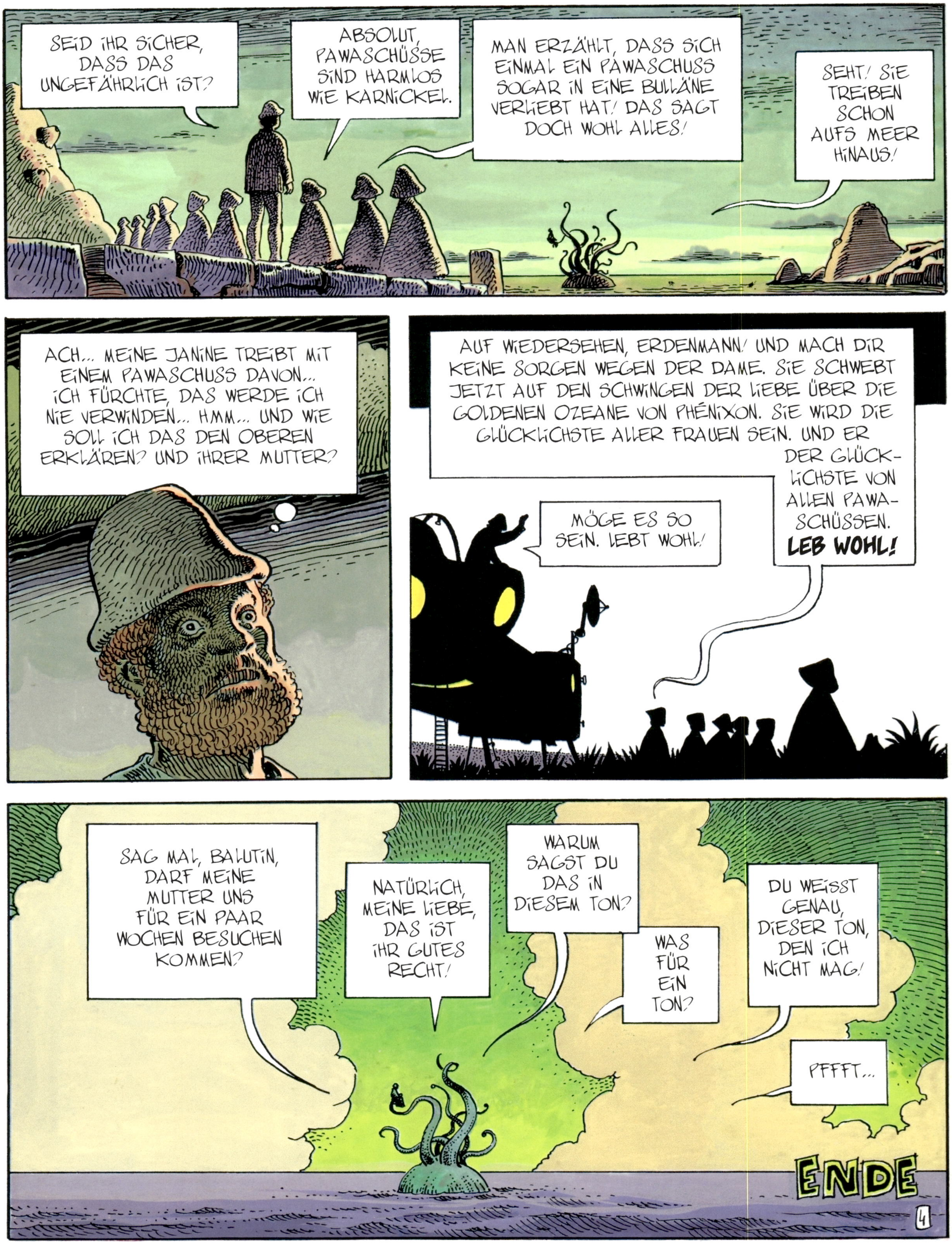
SEID IHR SICHER, DASS DAS UNGEFÄHRLICH IST?
ABSOLUT, PAWASCHÜSSE SIND HARMLOS WIE KARNICKEL.
MAN ERZÄHLT, DASS SICH EINMAL EIN PAWASCHUSS SOGAR IN EINE BULLÄNE VERLIEBT HAT! DAS SAGT DOCH WOHL ALLES!
SEHT! SIE TREIBEN SCHON AUFS MEER HINAUS!
ACH... MEINE JANINE TREIBT MIT EINEM PAWASCHUSS DAVON... ICH FÜRCHTE, DAS WERDE ICH NIE VERWINDEN... HMM... UND WIE SOLL ICH DAS DEN OBEREN ERKLÄREN? UND IHRER MUTTER?
AUF WIEDERSEHEN, ERDENMANN! UND MACH DIR KEINE SORGEN WEGEN DER DAME. SIE SCHWEBT JETZT AUF DEN SCHWINGEN DER LIEBE ÜBER DIE GOLDENEN OZEANE VON PHÉNIXON. SIE WIRD DIE GLÜCKLICHSTE ALLER FRAUEN SEIN. UND ER DER GLÜCKLICHSTE VON ALLEN PAWASCHÜSSEN. LEB WOHL!
MÖGE ES SO SEIN. LEBT WOHL!
SAG MAL, BALUTIN, DARF MEINE MUTTER UNS FÜR EIN PAAR WOCHEN BESUCHEN KOMMEN?
NATÜRLICH, MEINE LIEBE, DAS IST IHR GUTES RECHT!
WARUM SAGST DU DAS IN DIESEM TON?
WAS FÜR EIN TON?
DU WEISST GENAU, DIESER TON, DEN ICH NICHT MAG!
PFFFT...
ENDE

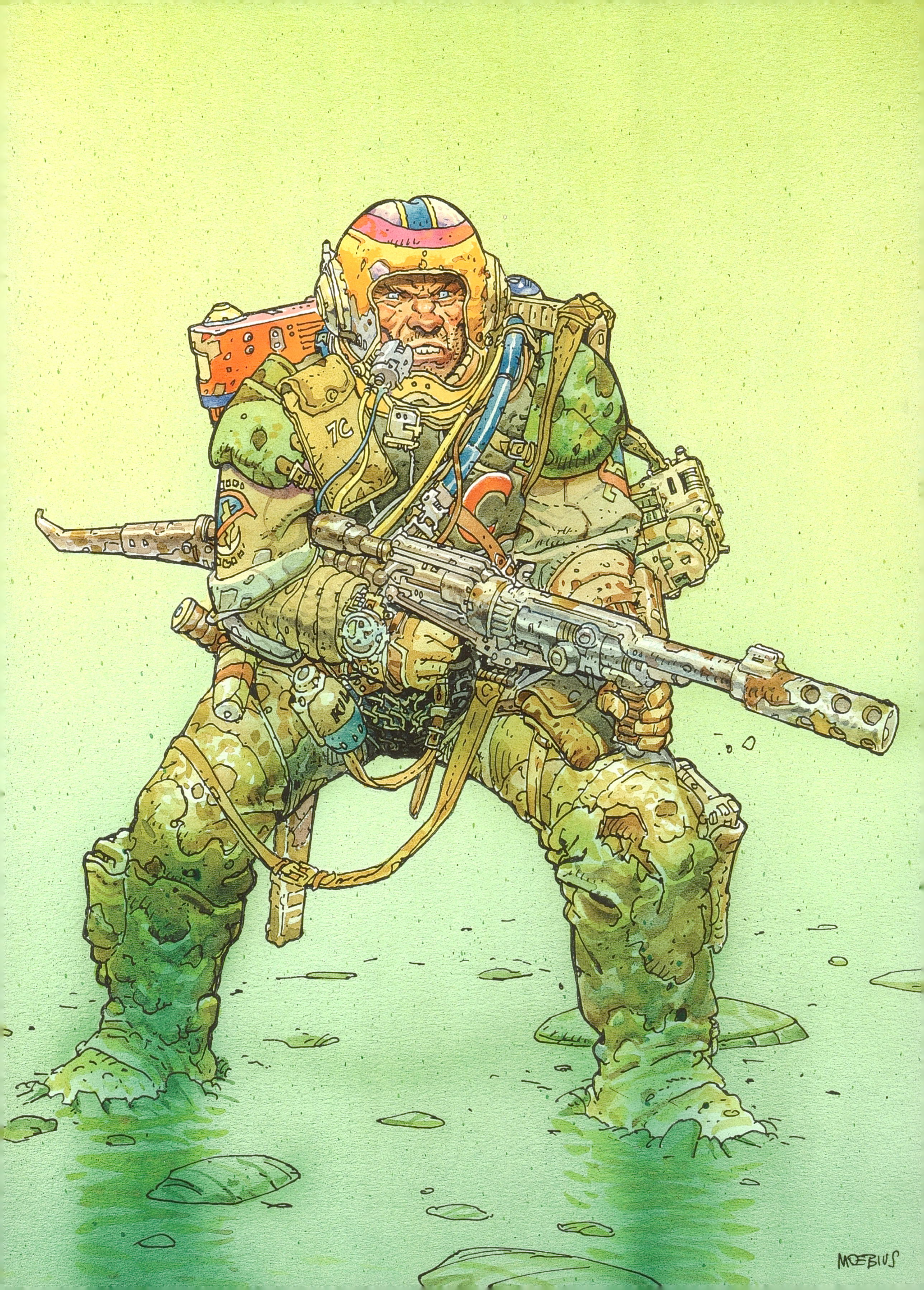
MOEBIUS

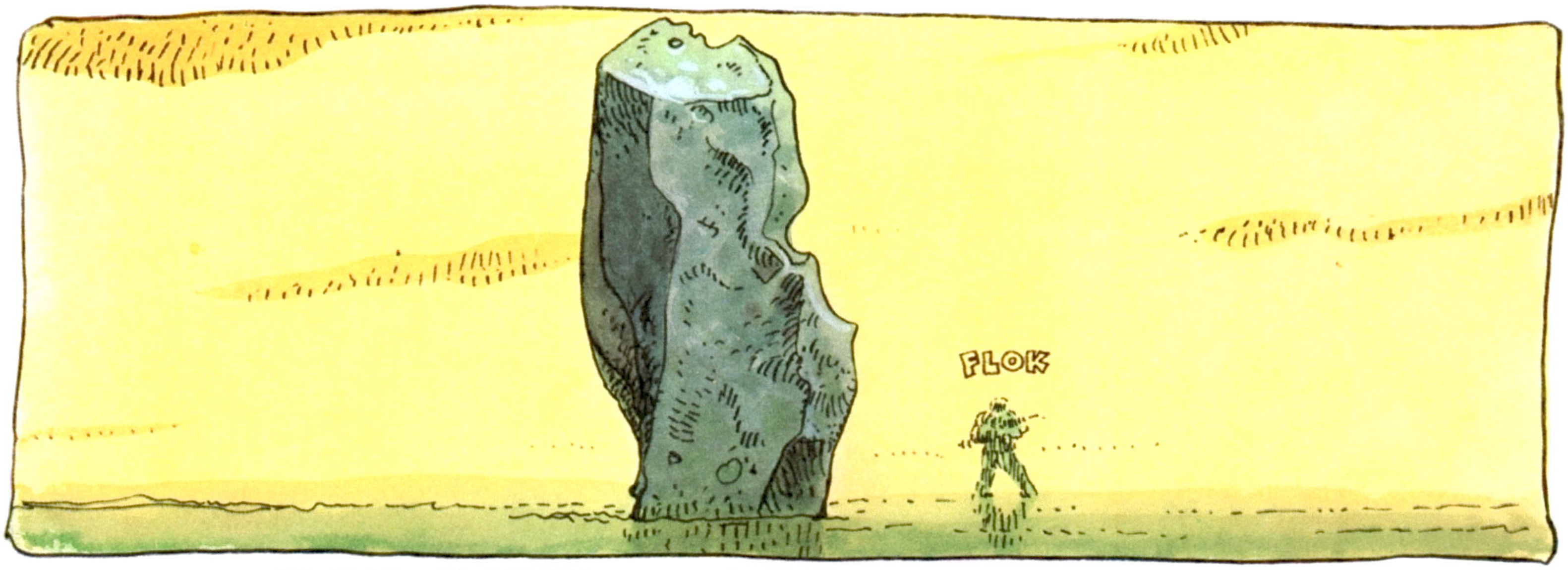

IST DER MENSCH GUT?

AUS DER SERIE »WISSENSCHAFT UND REISEN«

ABENTEUER! GEHEIMNIS! SPANNUNG! EIN EXPEDITIONSTEILNEHMER HAT SICH VERIRRT. ALLEIN UND VERLASSEN IM EWIGEN NEBEL, BEDROHT VON DEN EINGEBORENEN MONSTERN DIESES FERNEN PLANETEN.

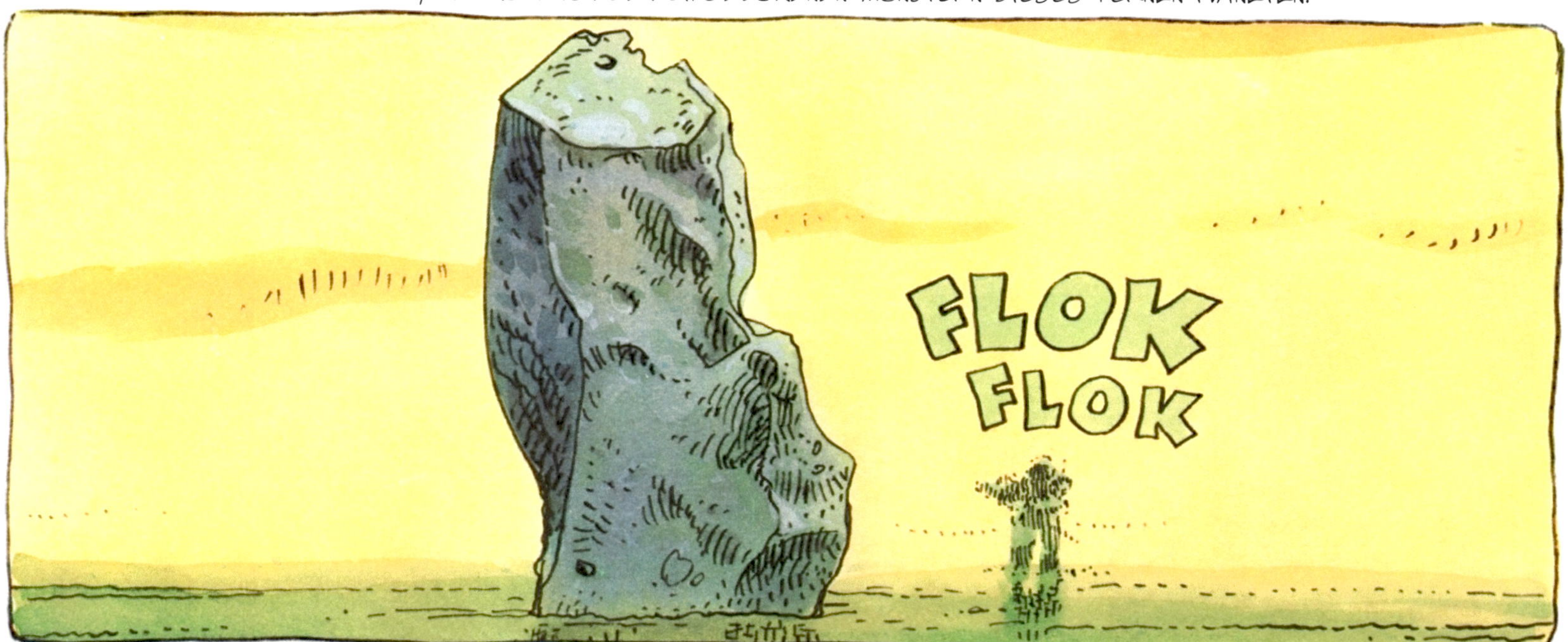

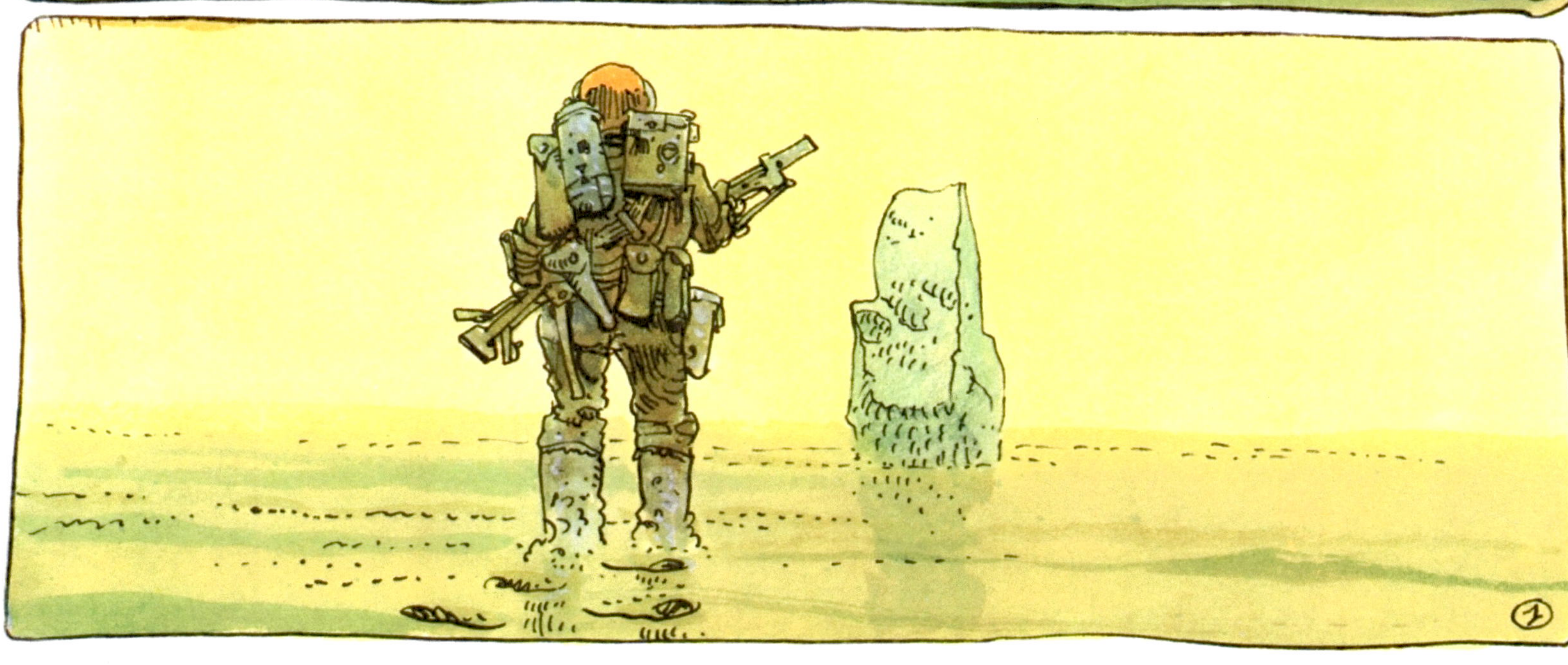

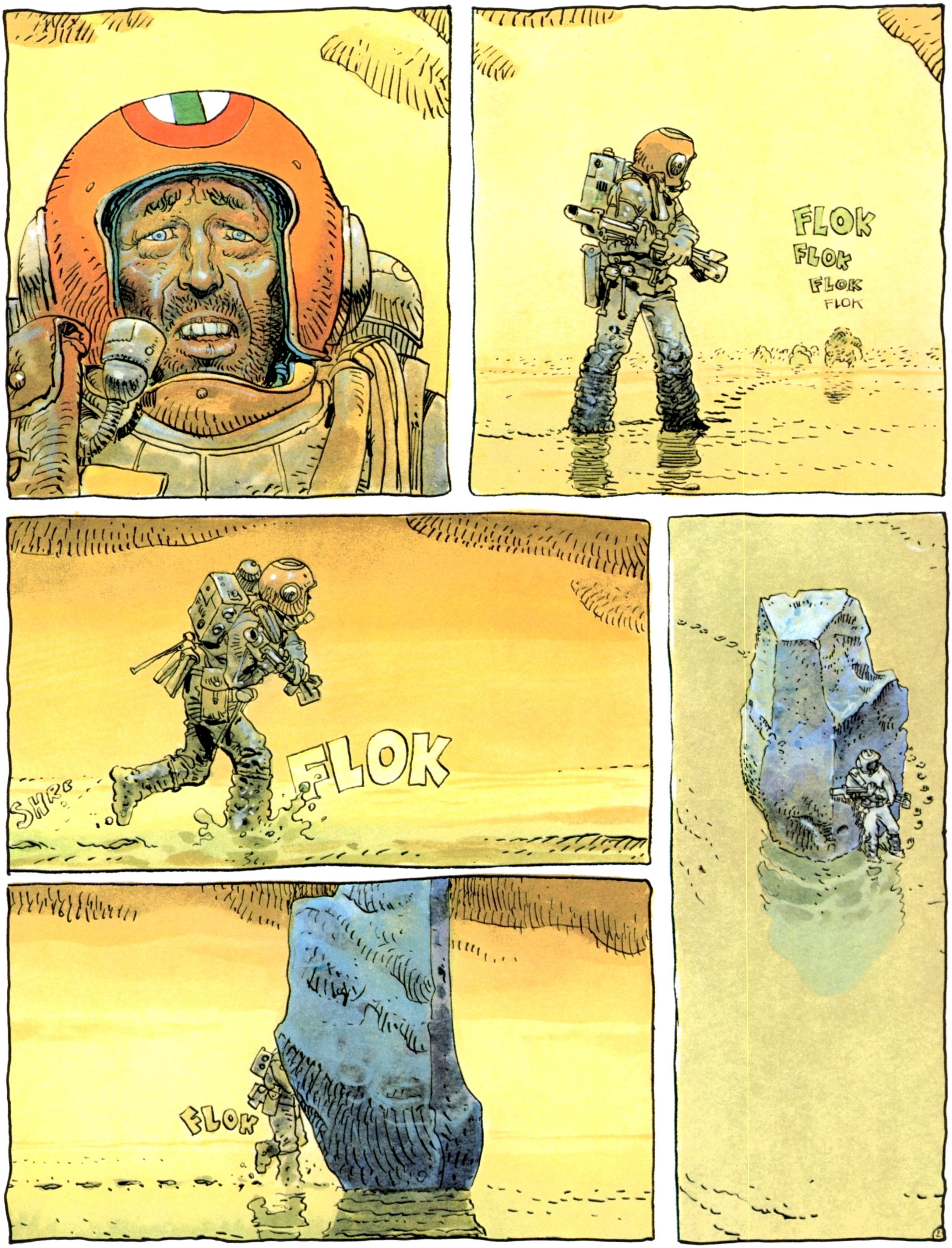
FLOK
FLOK
FLOK
FLOK
SHRB
FLOK
FLOK

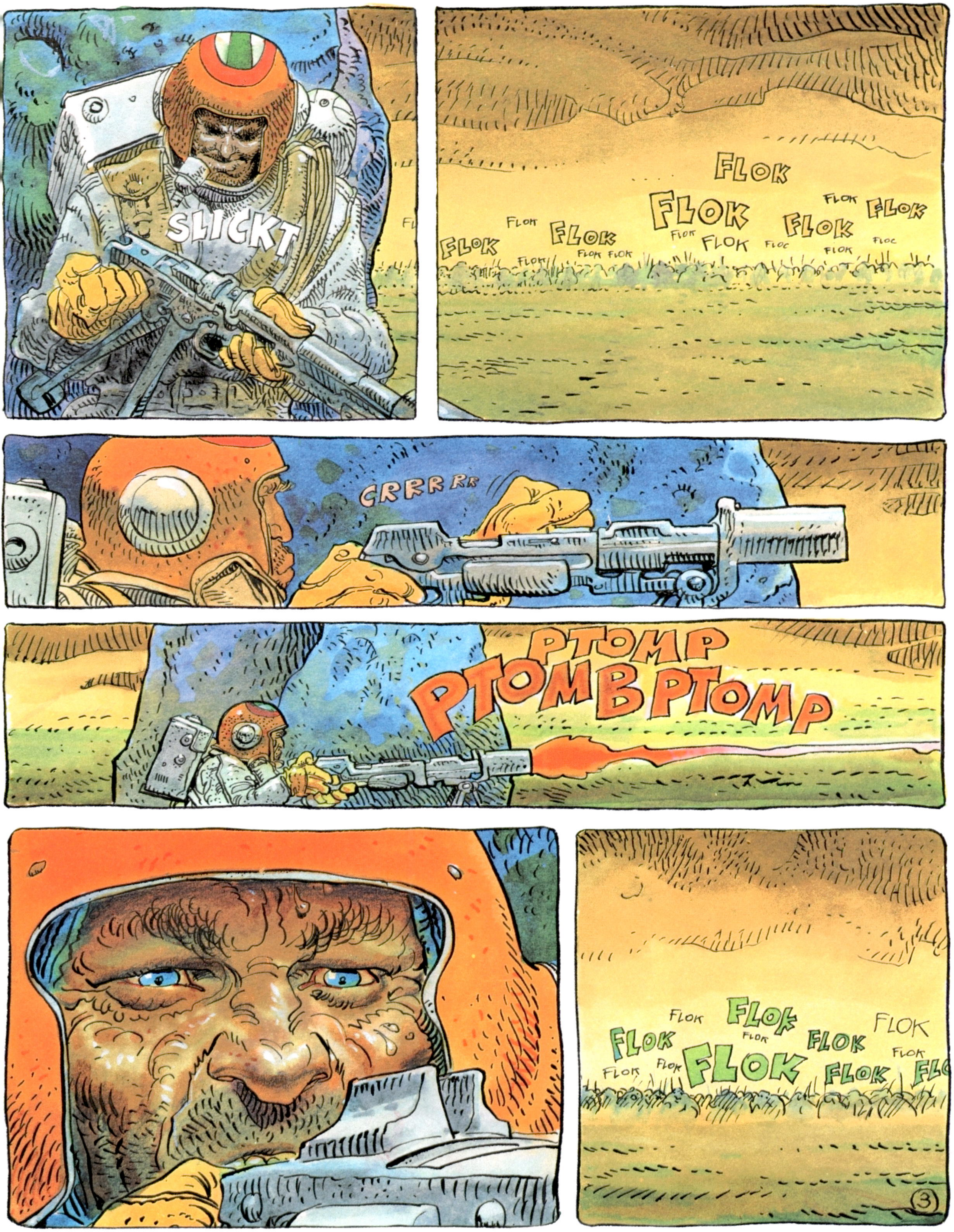

SLICKT
FLOK
FLOK
FLOK
FLOK
FLOK
FLOK
FLOK
FLOK
CRRRRRR
PTOMP
PTOMB PTOMP
FLOK
FLOK
FLOK
FLOK
FLOK
FLOK
FLOK
3

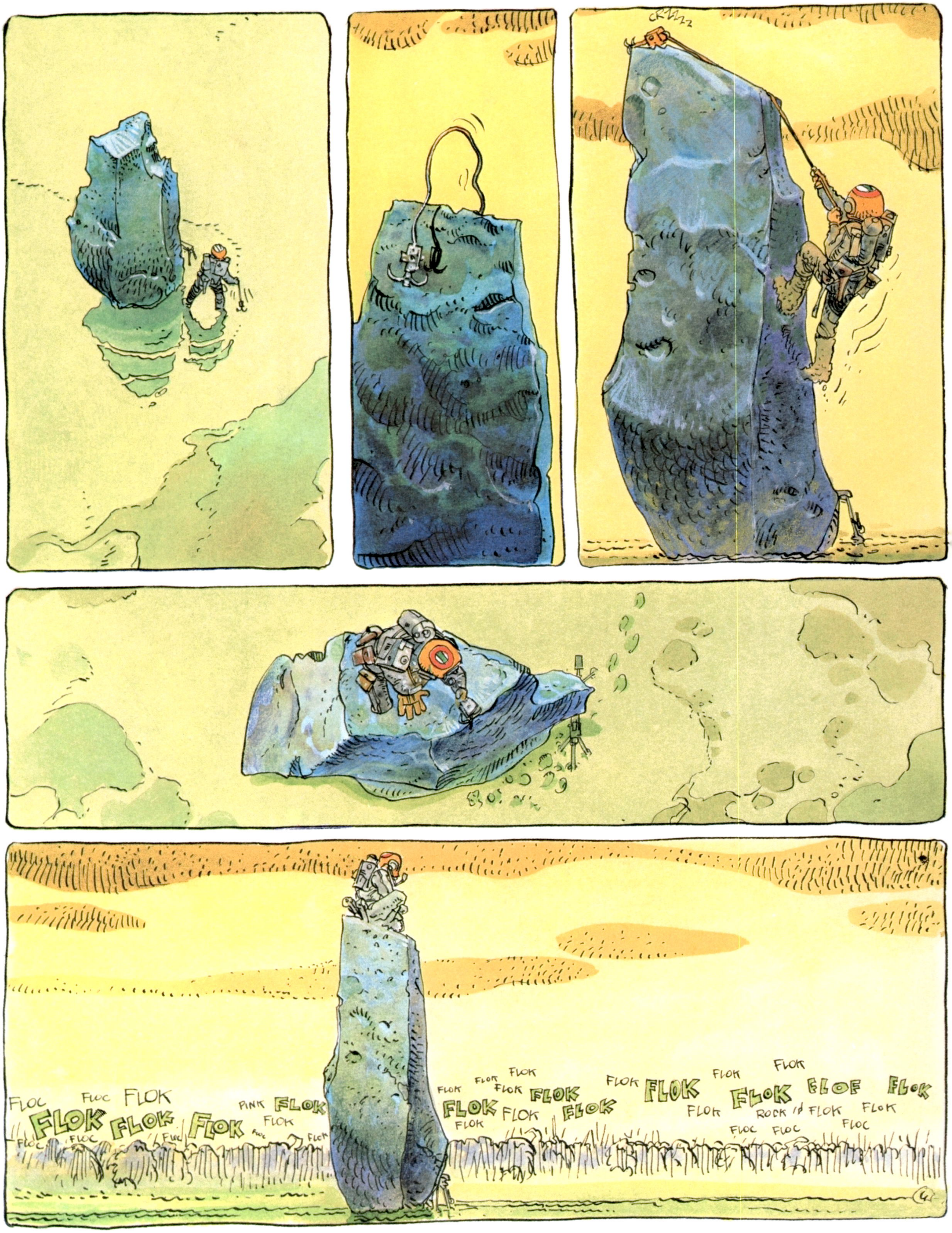

CRZZZZ
FLOC
FLOC
FLOK
FLOK
FLOK
FLOK
PINK
FLOK
FLOK
FLOC
FLOC
FLUC
FLOC
FLCK
FLOK
FLOK
FLOK
FLOK
FLOK
FLOK
FLOK
FLOK
FLOK
FLOK
FLOK
FLOK
FLOK
FLOK
FLOK
ROCK
FLOK
FLOF
FLOK
FLOK
FLOC
FLOC
FLOC

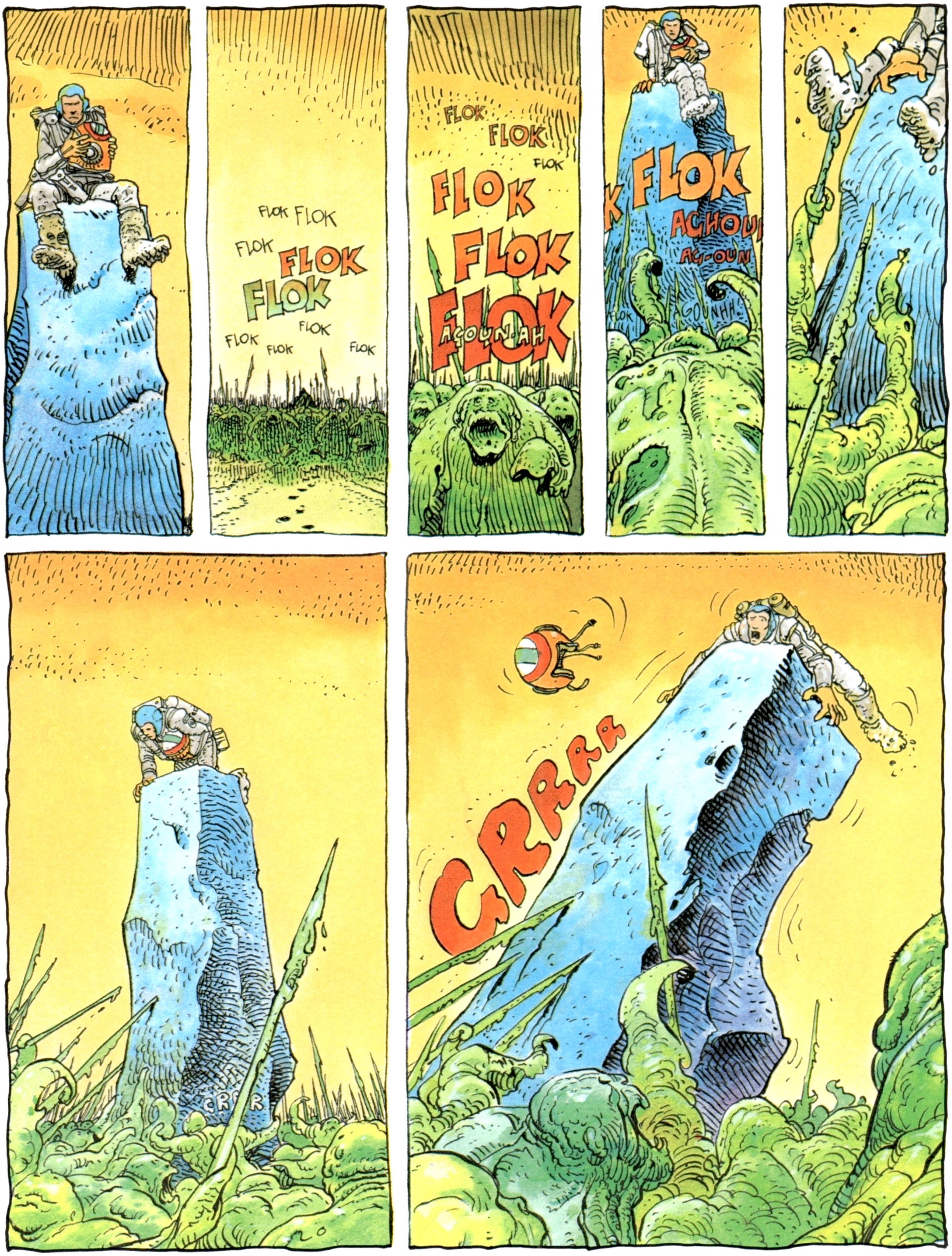
FLOK FLOK
FLOK FLOK
FLOK
FLOK FLOK
FLOK FLOK
FLOK
FLOK
FLOK
FLOK
FLOK
FLOK
FLOK
GRRR
GRRRR

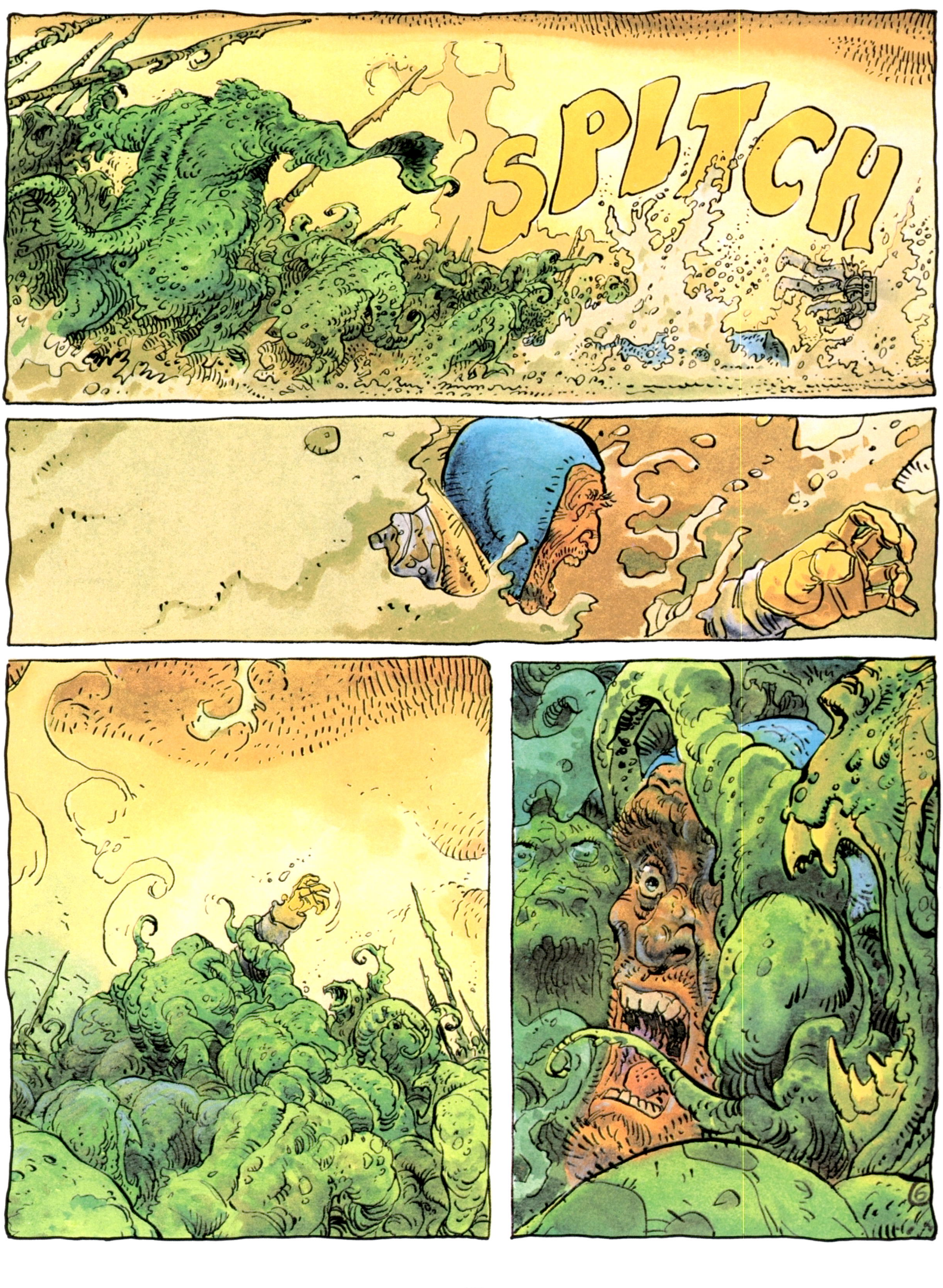
SPLTCH

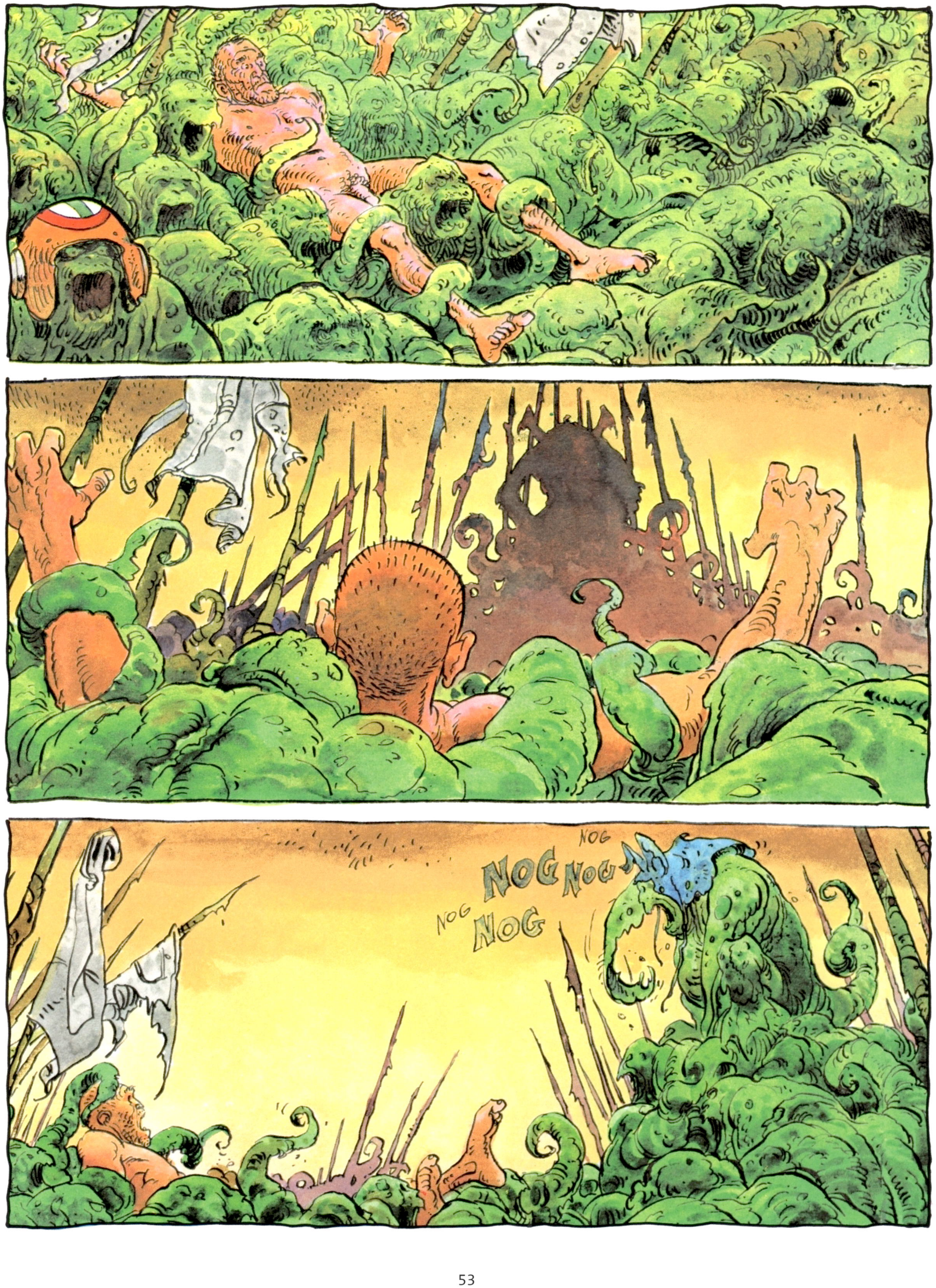
NOG
NOG NOG
NOG
NOG

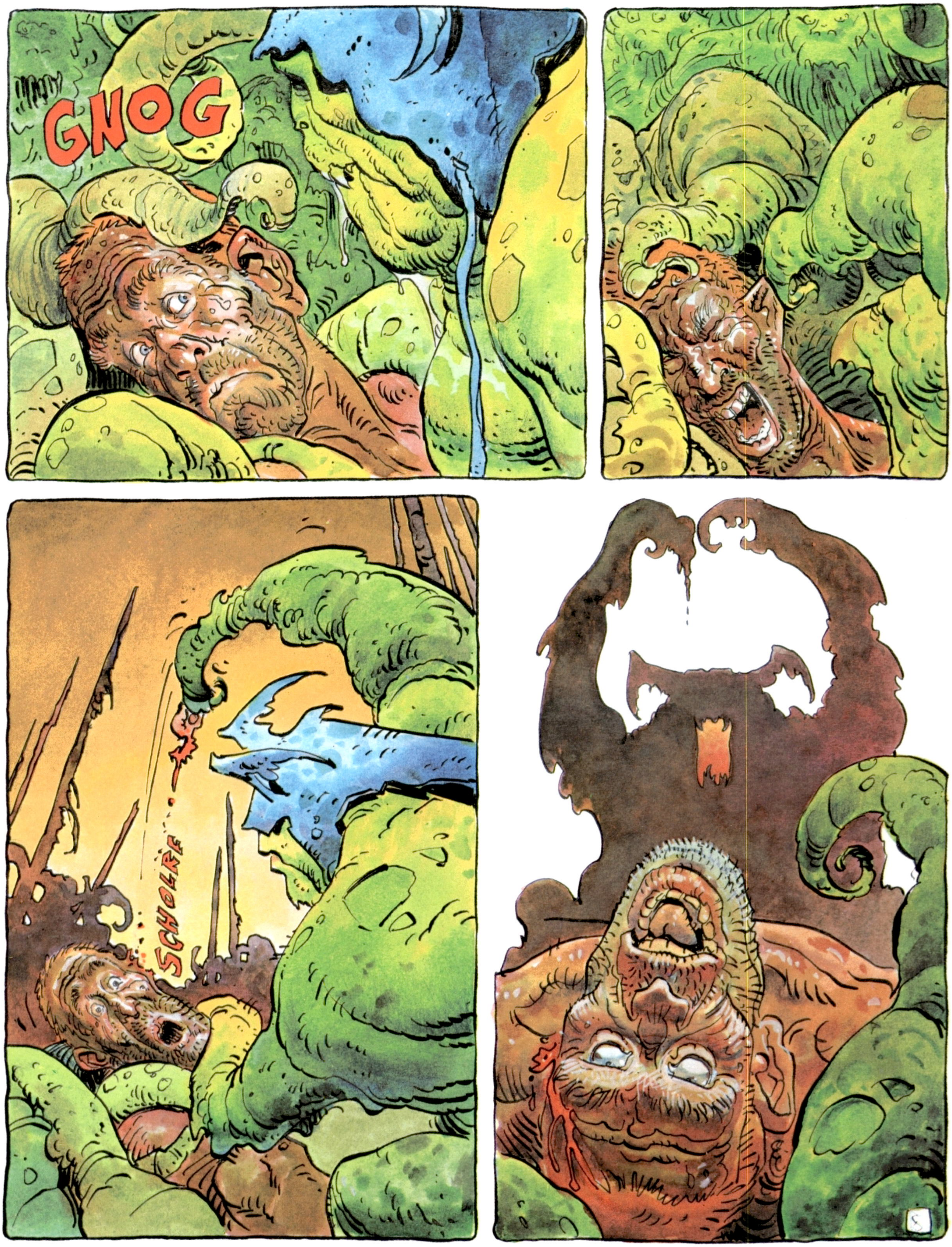
GNOG
SCHOLRF

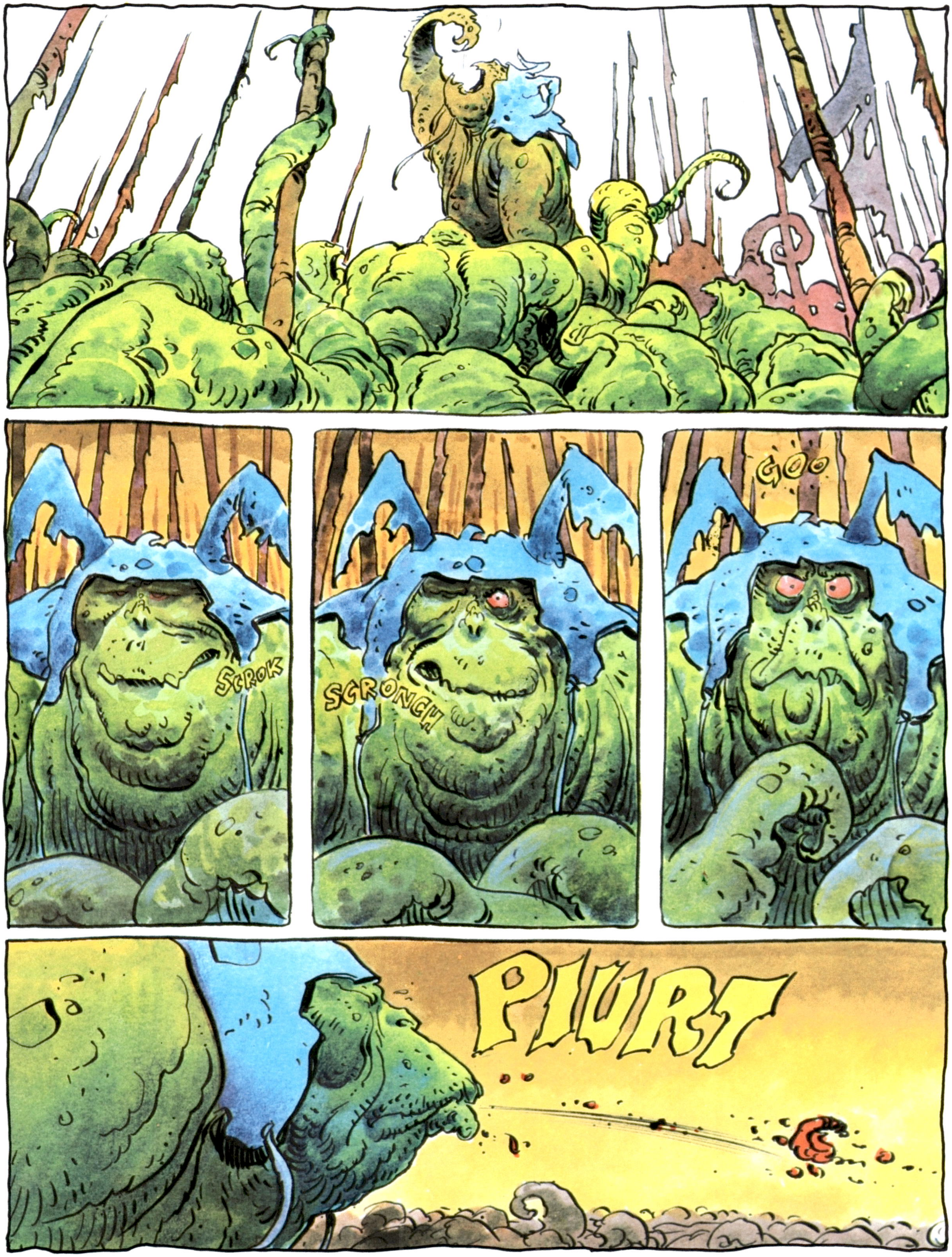
SCROK
SCRONCH
GOO
PIURT

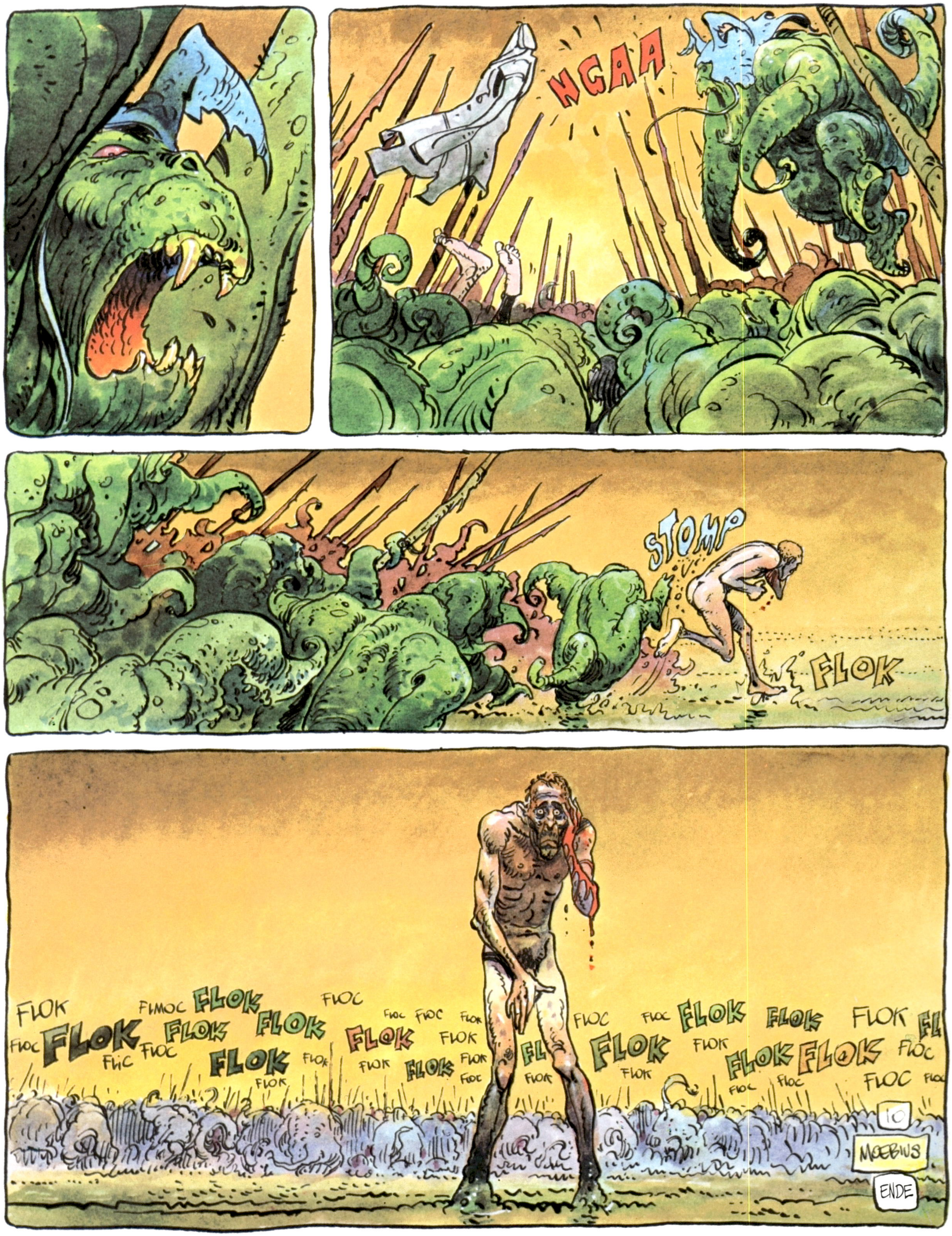
NGAA
STOMP
FLOK
FLOK FIMOC FLOK FLOC
FLOC FLOK FLOK FLOK FLOC FLOC FLOK
FLIC FLOC FLOK FLOK FLOK FLOK
FLOK FLOC FLOC FLOK FLOK FLOK FLOK FLOC
FLOK FLOC FLOC FLOC
10
MOEBIUS
ENDE

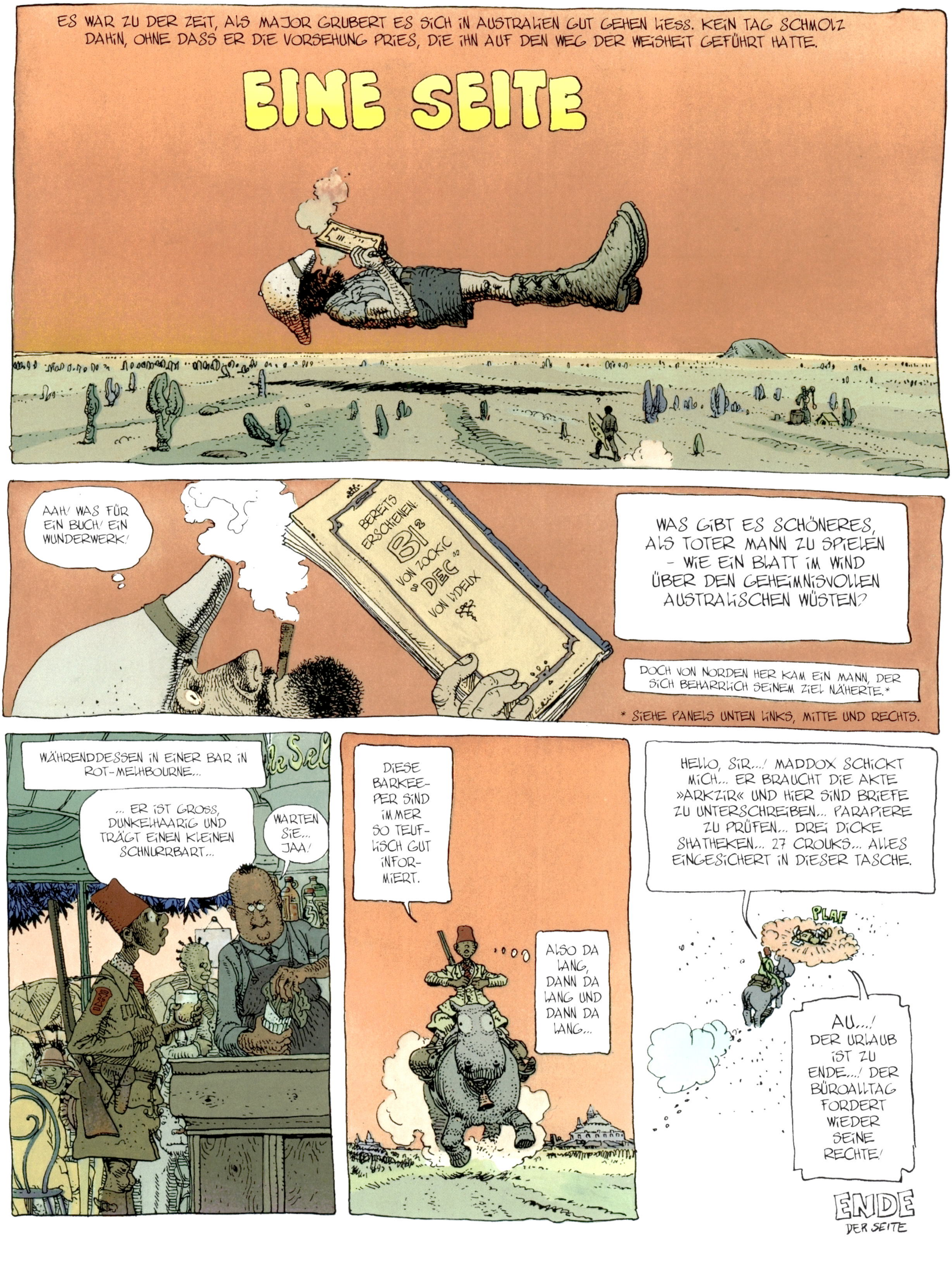
ES WAR ZU DER ZEIT, ALS MAJOR GRUBERT ES SICH IN AUSTRALIEN GUT GEHEN LIESS. KEIN TAG SCHMOLZ DAHIN, OHNE DASS ER DIE VORSEHUNG PRIES, DIE IHN AUF DEN WEG DER WEISHEIT GEFÜHRT HATTE.
EINE SEITE
AAH! WAS FÜR EIN BUCH! EIN WUNDERWERK!
BEREITS ERSCHIENEN: BI VON ZOCKIC DEC VON VYDEUX
WAS GIBT ES SCHÖNERES, ALS TOTER MANN ZU SPIELEN – WIE EIN BLATT IM WIND ÜBER DEN GEHEIMNISVOLLEN AUSTRALISCHEN WÜSTEN?
DOCH VON NORDEN HER KAM EIN MANN, DER SICH BEHARRLICH SEINEM ZIEL NÄHERTE.*
* SIEHE PANELS UNTEN LINKS, MITTE UND RECHTS.
WÄHRENDDESSEN IN EINER BAR IN ROT-MELHBOURNE...
... ER IST GROSS, DUNKELHAARIG UND TRÄGT EINEN KLEINEN SCHNURRBART...
WARTEN SIE... JAA!
DIESE BARKEEPER SIND IMMER SO TEUFLISCH GUT INFORMIERT.
ALSO DA LANG, DANN DA LANG UND DANN DA LANG...
HELLO, SIR...! MADDOX SCHICKT MICH... ER BRAUCHT DIE AKTE »ARKZIR« UND HIER SIND BRIEFE ZU UNTERSCHREIBEN... PARAPIERE ZU PRÜFEN... DREI DICKE SHATHEKEN... 27 CROUKS... ALLES EINGESICHERT IN DIESER TASCHE.
PLAF
AU...! DER URLAUB IST ZU ENDE...! DER BÜROALLTAG FORDERT WIEDER SEINE RECHTE!
ENDE DER SEITE

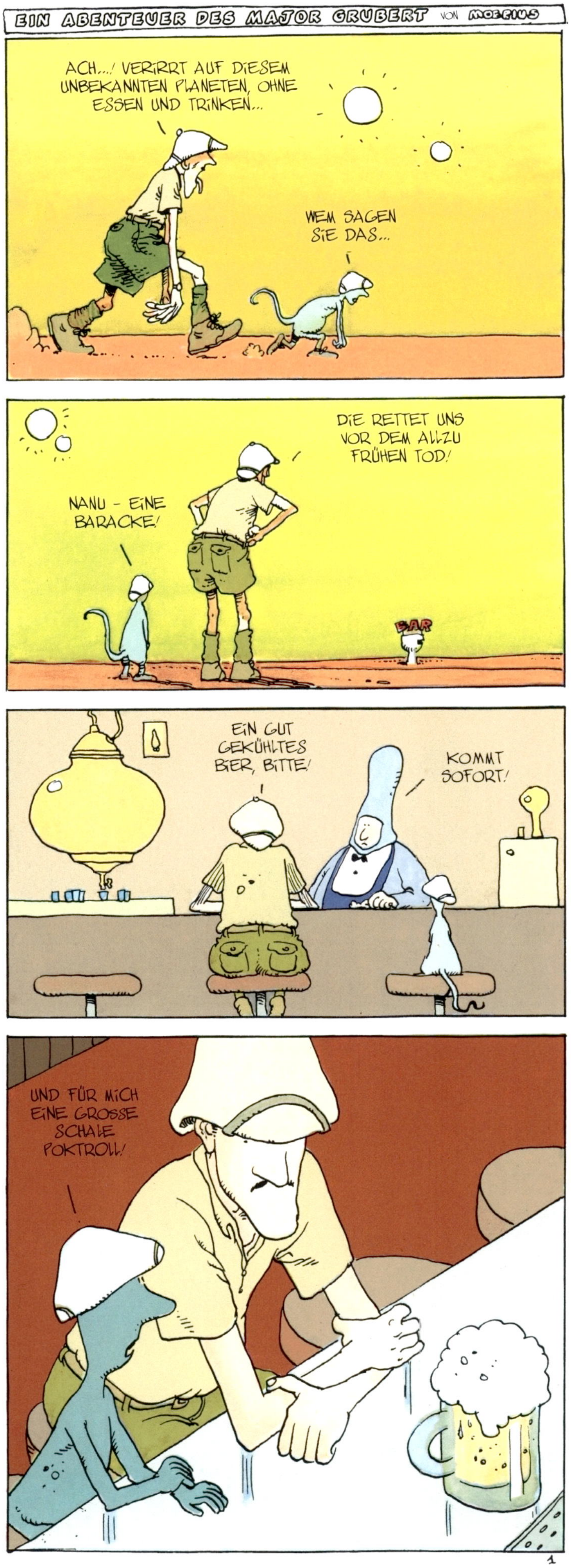
EIN ABENTEUER DES MAJOR GRUBERT VON MOEBIUS
ACH...! VERIRRT AUF DIESEM UNBEKANNTEN PLANETEN, OHNE ESSEN UND TRINKEN...
WEM SAGEN SIE DAS...
DIE RETTET UNS VOR DEM ALLZU FRÜHEN TOD!
NANU – EINE BARACKE!
BAR
EIN GUT GEKÜHLTES BIER, BITTE!
KOMMT SOFORT!
UND FÜR MICH EINE GROSSE SCHALE POKTROLL!
1

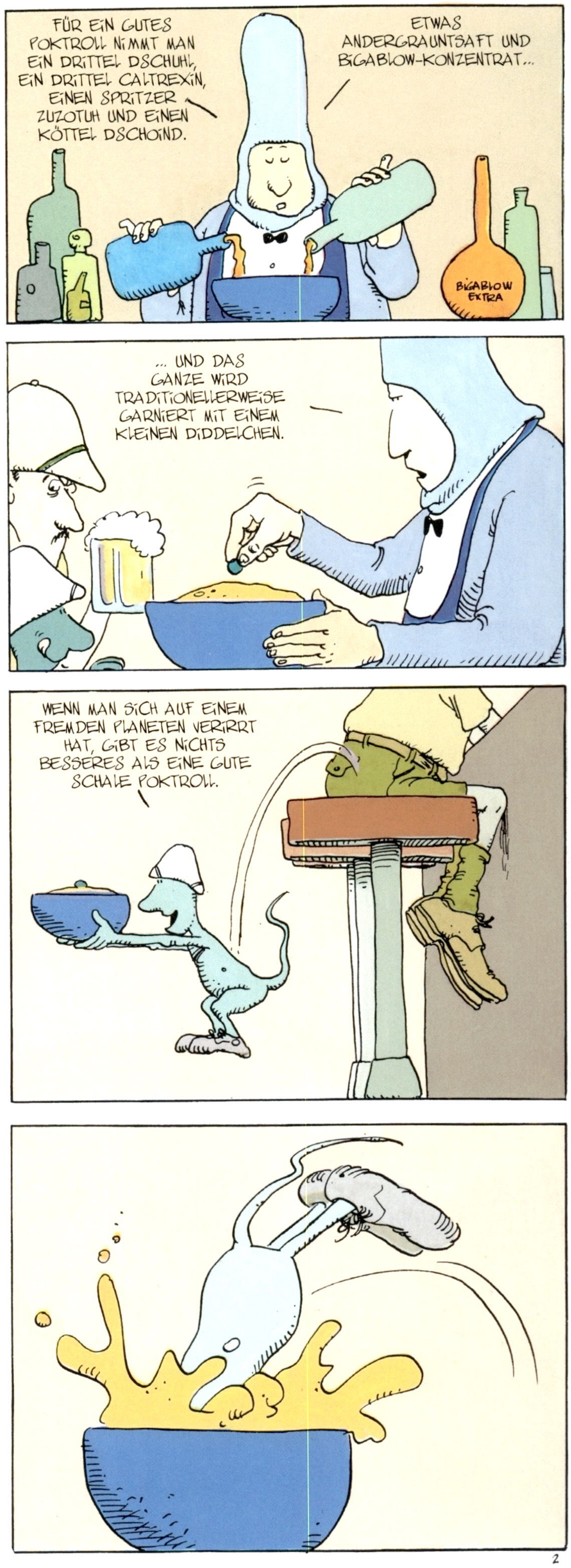
FÜR EIN GUTES POKTROLL NIMMT MAN EIN DRITTEL DSCHUHL, EIN DRITTEL CALTREXIN, EINEN SPRITZER ZUZOTUH UND EINEN KÖTTEL DSCHOIND.
ETWAS ANDERGRAUNTSAFT UND BIGABLOW-KONZENTRAT...
BIGABLOW EXTRA
... UND DAS GANZE WIRD TRADITIONELLERWEISE GARNIERT MIT EINEM KLEINEN DIDDELCHEN.
WENN MAN SICH AUF EINEM FREMDEN PLANETEN VERIRRT HAT, GIBT ES NICHTS BESSERES ALS EINE GUTE SCHALE POKTROLL.
2

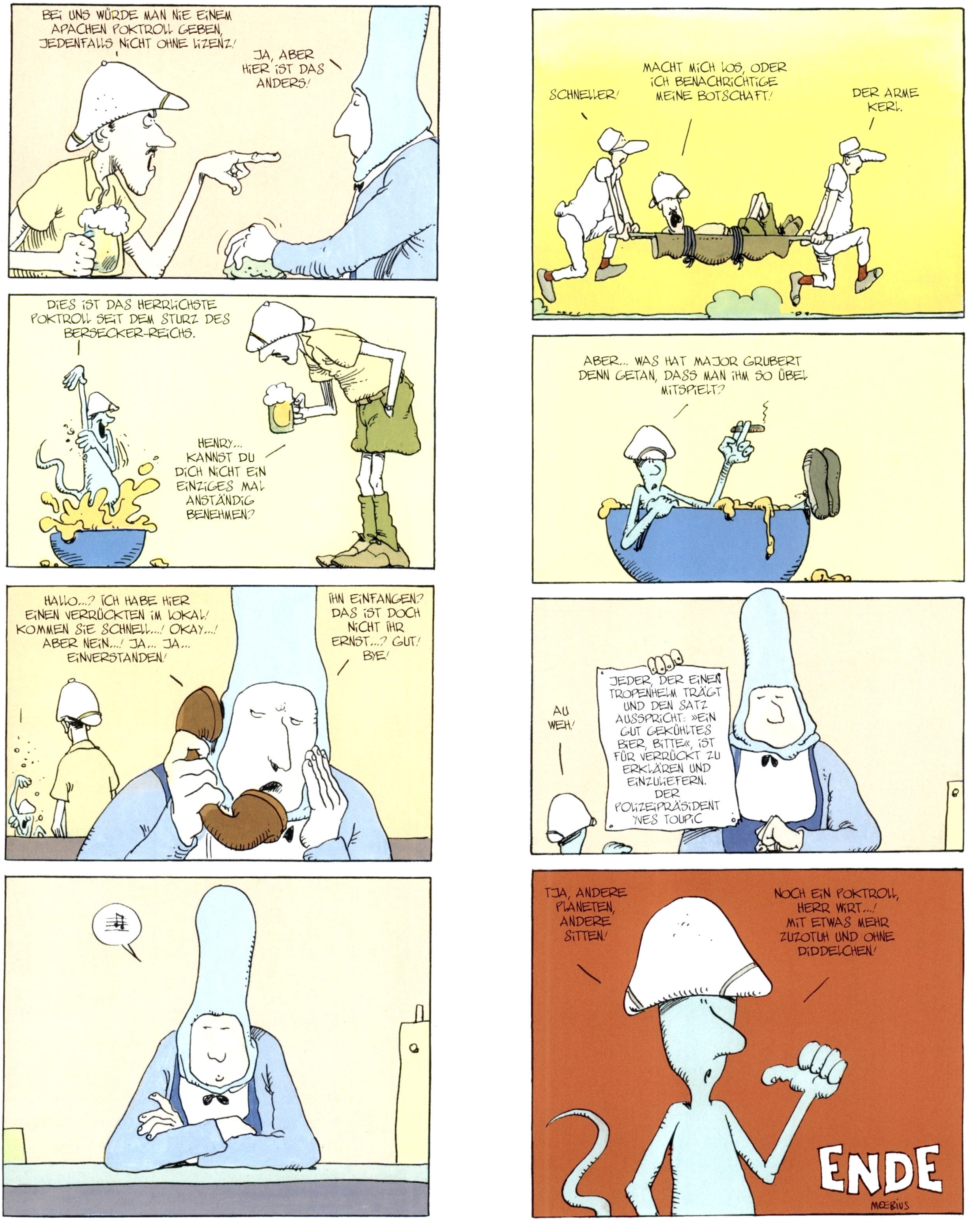
BEI UNS WÜRDE MAN NIE EINEM APACHEN POKTROLL GEBEN, JEDENFALLS NICHT OHNE LIZENZ!
JA, ABER HIER IST DAS ANDERS!
DIES IST DAS HERRLICHSTE POKTROLL SEIT DEM STURZ DES BERSECKER-REICHS.
HENRY... KANNST DU DICH NICHT EIN EINZIGES MAL ANSTÄNDIG BENEHMEN?
HALLO...? ICH HABE HIER EINEN VERRÜCKTEN IM LOKAL! KOMMEN SIE SCHNELL...! OKAY...! ABER NEIN...! JA... JA... EINVERSTANDEN!
IHN EINFANGEN? DAS IST DOCH NICHT IHR ERNST...? GUT! BYE!
SCHNELLER!
MACHT MICH LOS, ODER ICH BENACHRICHTIGE MEINE BOTSCHAFT!
DER ARME KERL.
ABER... WAS HAT MAJOR GRUBERT DENN GETAN, DASS MAN IHM SO ÜBEL MITSPIELT?
AU WEH!
JEDER, DER EINEN TROPENHELM TRÄGT UND DEN SATZ AUSSPRICHT: »EIN GUT GEKÜHLTES BIER, BITTE«, IST FÜR VERRÜCKT ZU ERKLÄREN UND EINZULIEFERN. DER POLIZEIPRÄSIDENT YVES TOUPIC
TJA, ANDERE PLANETEN, ANDERE SITTEN!
NOCH EIN POKTROLL, HERR WIRT...! MIT ETWAS MEHR ZUZOTUH UND OHNE DIDDELCHEN!
ENDE
MOEBIUS

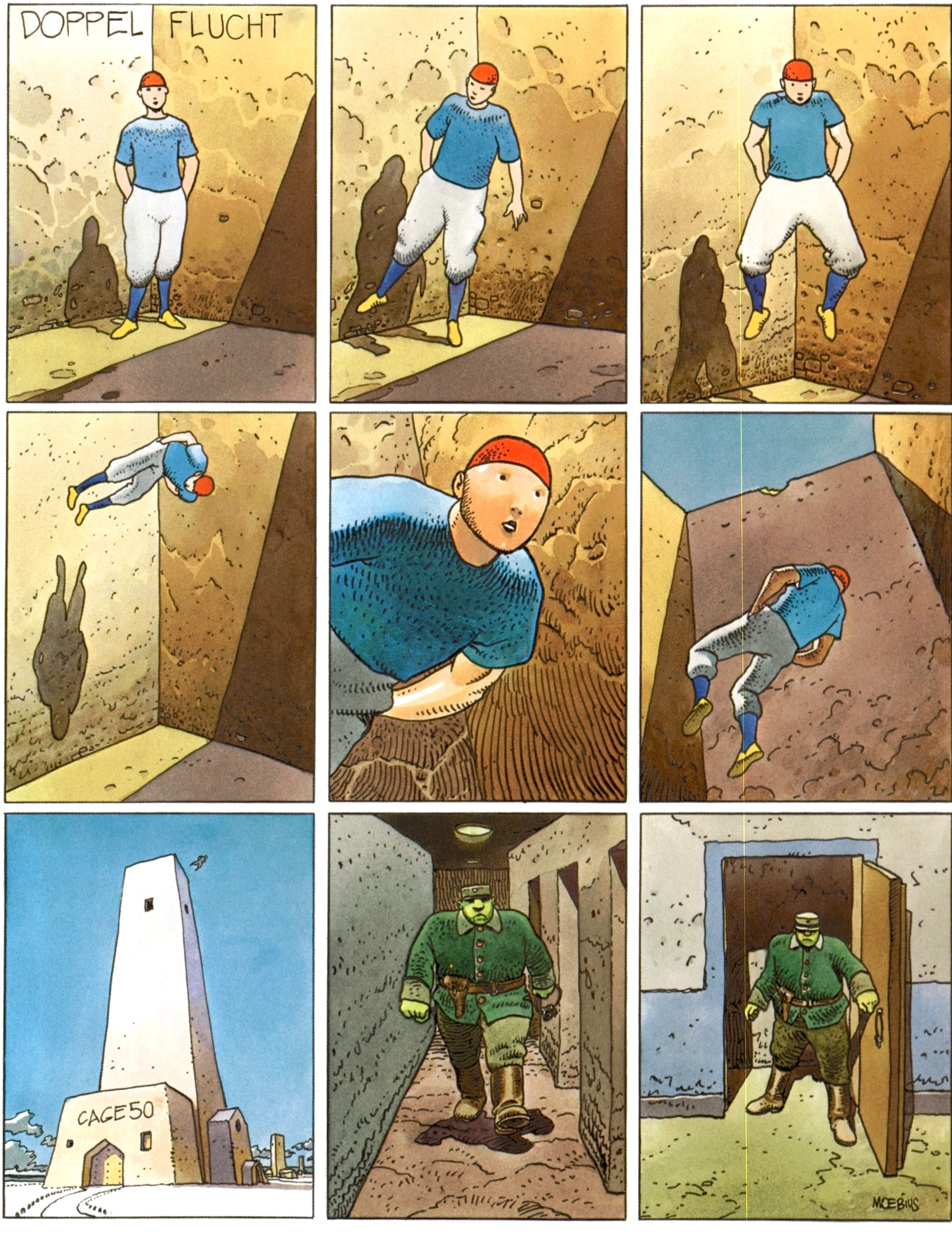
DOPPEL FLUCHT
CAGE 50
MŒBIUS

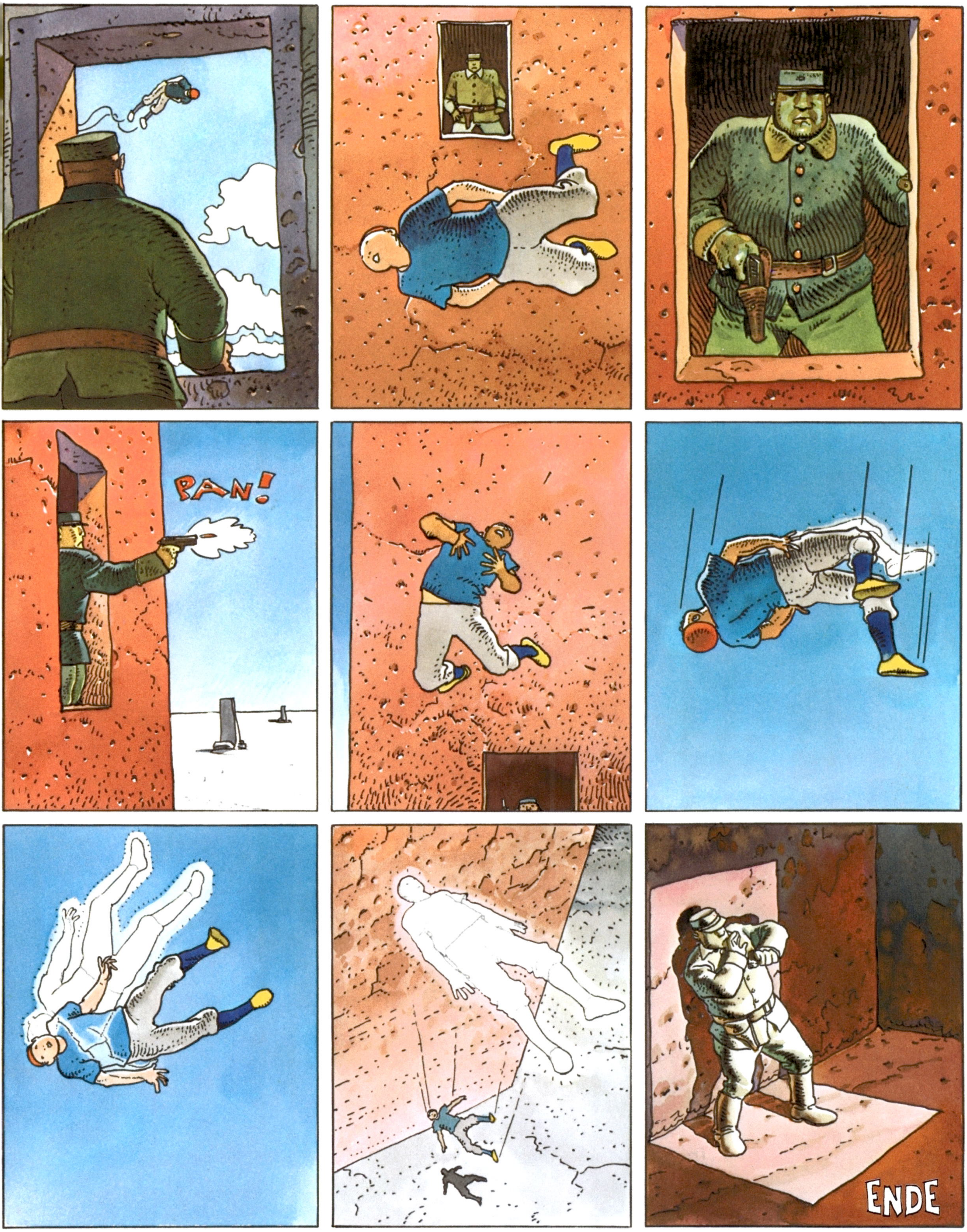
PAN!
ENDE

moebius collection

der irre ständer

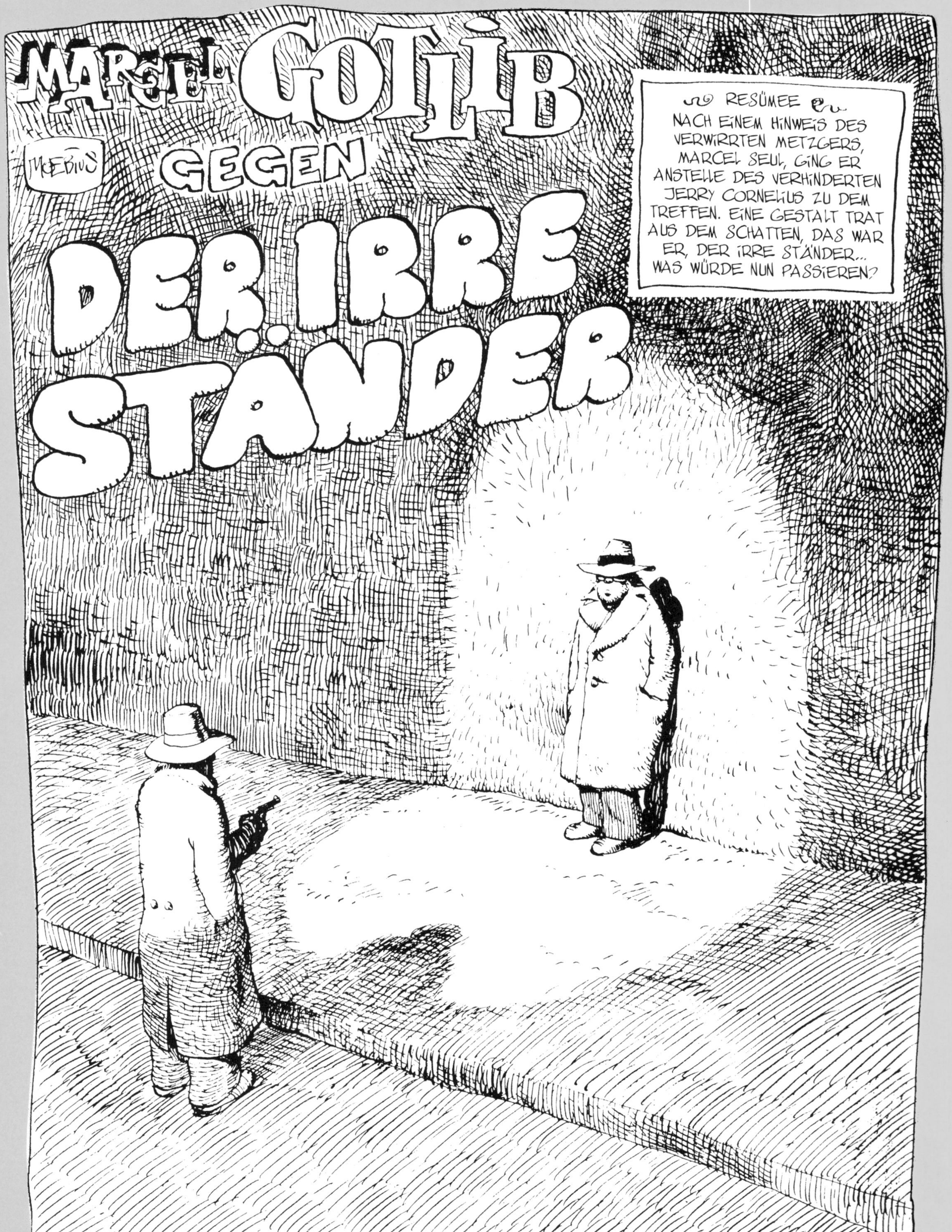
MARCEL GOTLIB
MOEBIUS
GEGEN
DER IRRE STÄNDER
RESÜMEE
NACH EINEM HINWEIS DES VERWIRRTEN METZGERS, MARCEL SEUL, GING ER ANSTELLE DES VERHINDERTEN JERRY CORNELIUS ZU DEM TREFFEN. EINE GESTALT TRAT AUS DEM SCHATTEN, DAS WAR ER, DER IRRE STÄNDER... WAS WÜRDE NUN PASSIEREN?

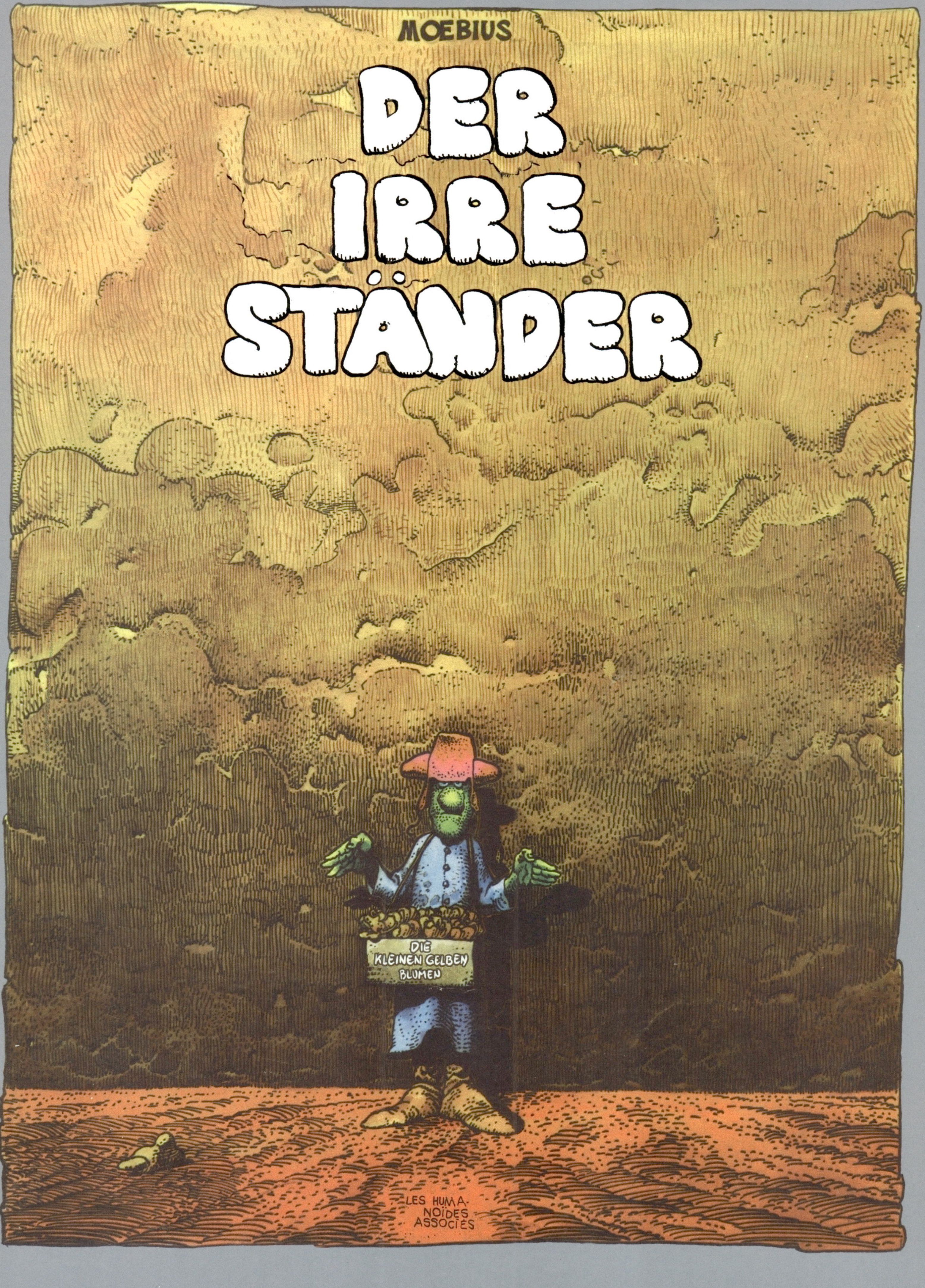
MOEBIUS
DER IRRE STÄNDER
DIE KLEINEN GELBEN BLUMEN
LES HUMA-NOÏDES ASSOCIÉS

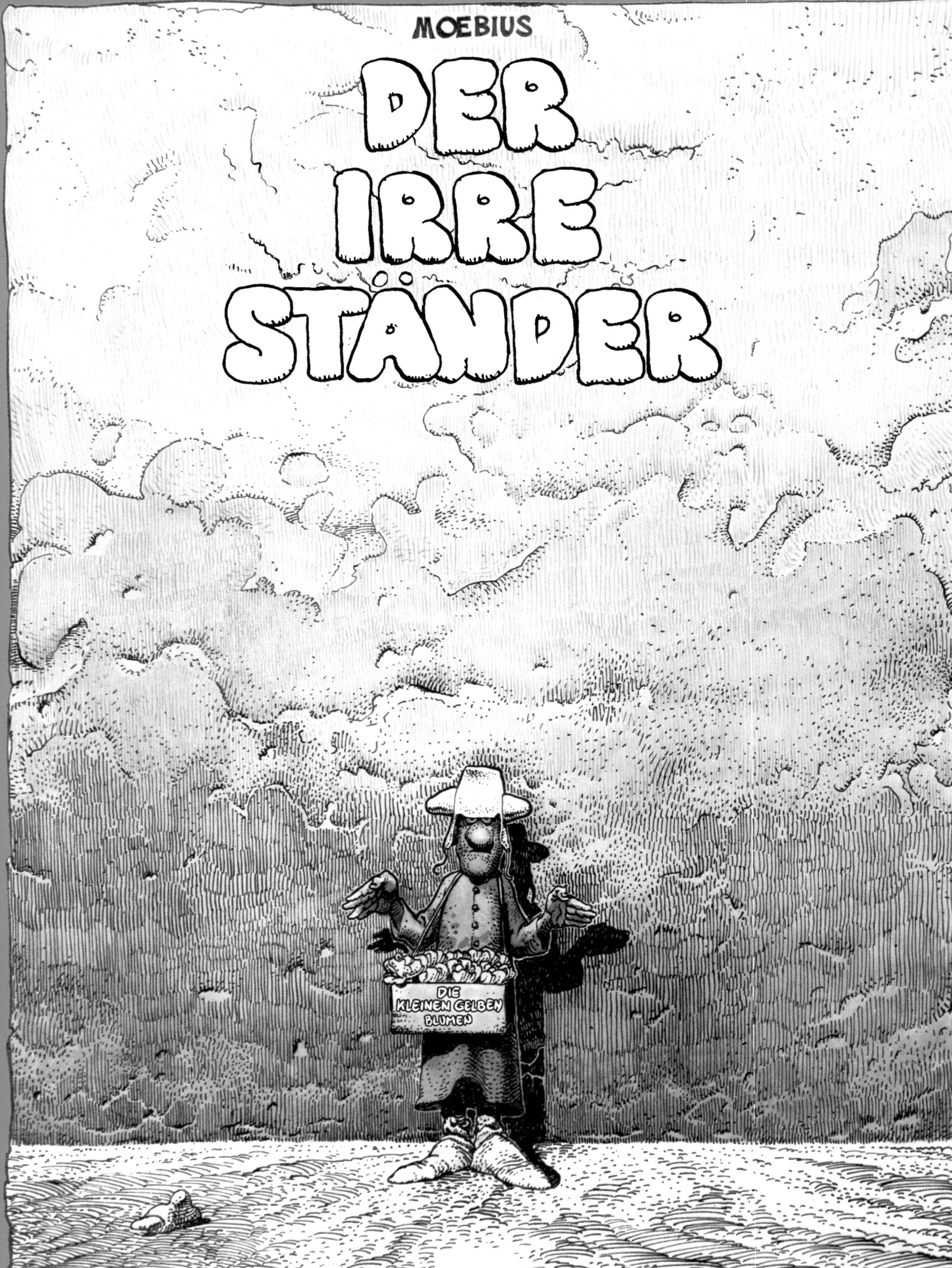
MOEBIUS
DER IRRE STÄNDER
DIE KLEINEN GELBEN BLUMEN

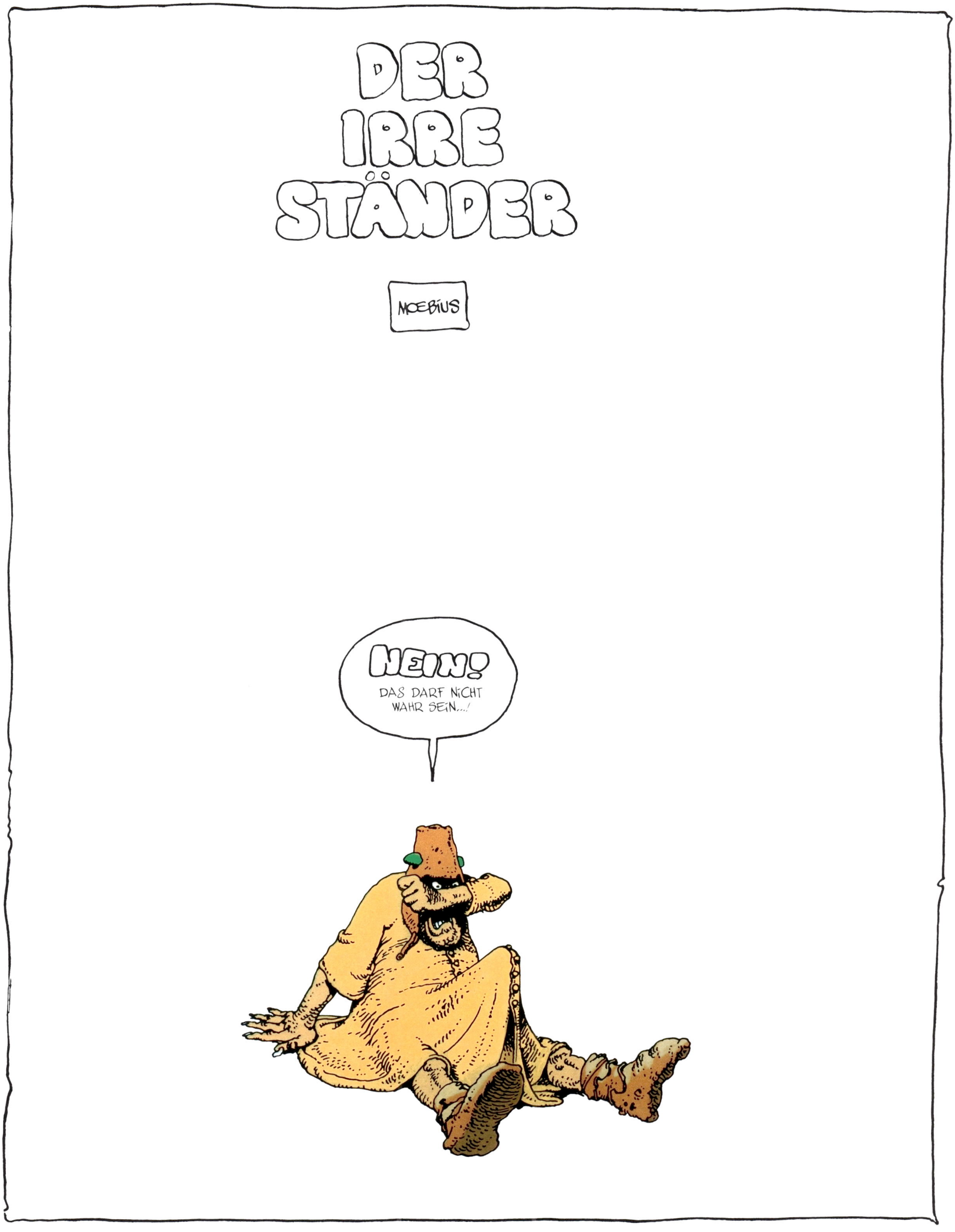
DER IRRE STÄNDER
MOEBIUS
NEIN!
DAS DARF NICHT WAHR SEIN...!

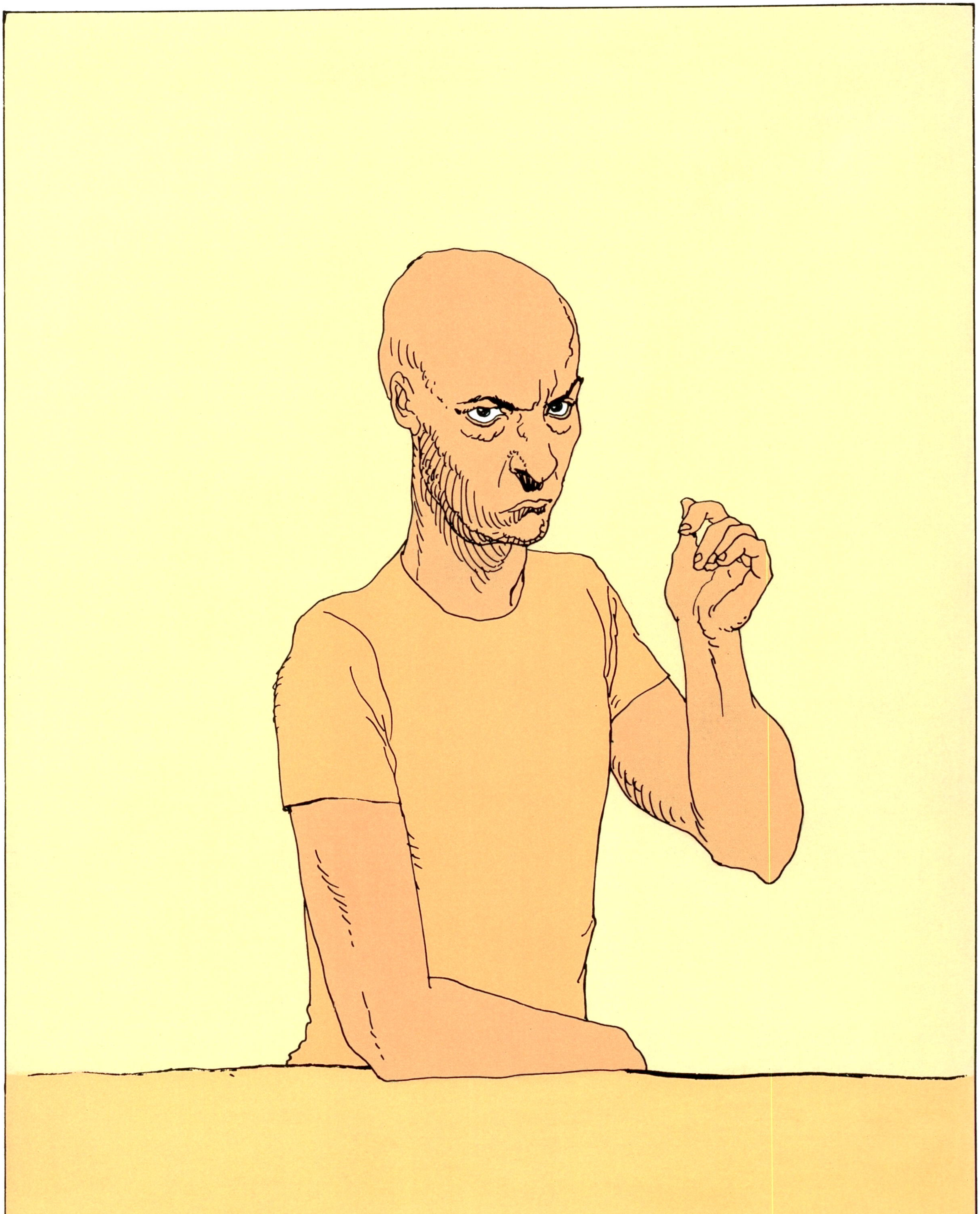

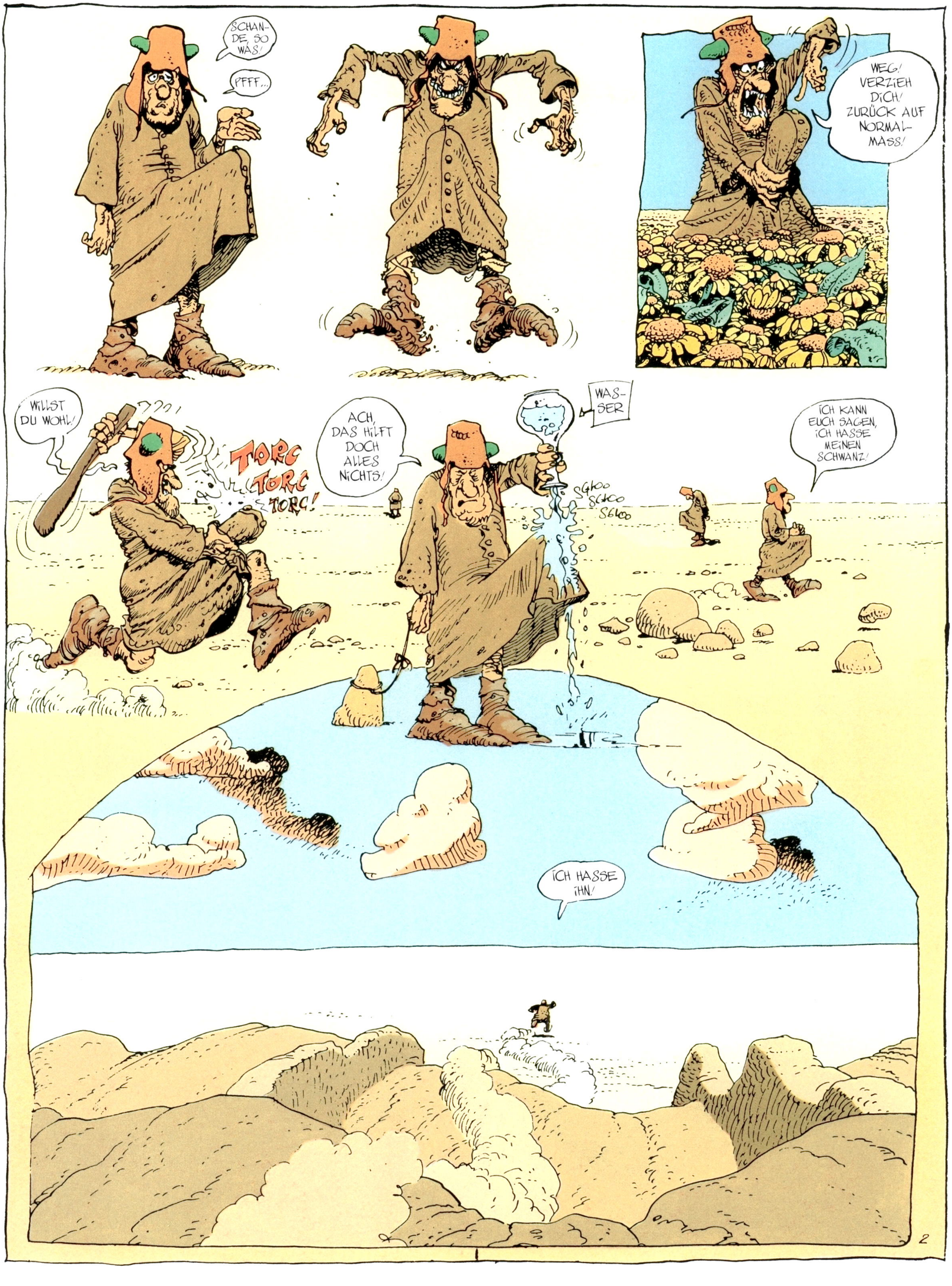
SCHANDE, SO WAS!
PFFF...
WEG! VERZIEH DICH! ZURÜCK AUF NORMALMASS!
WILLST DU WOHL!
???
TORC TORC TORC!
ACH, DAS HILFT DOCH ALLES NICHTS!
WASSER
SGLOO SGLOO SGLOO
ICH KANN EUCH SAGEN, ICH HASSE MEINEN SCHWANZ!
ICH HASSE IHN!
2

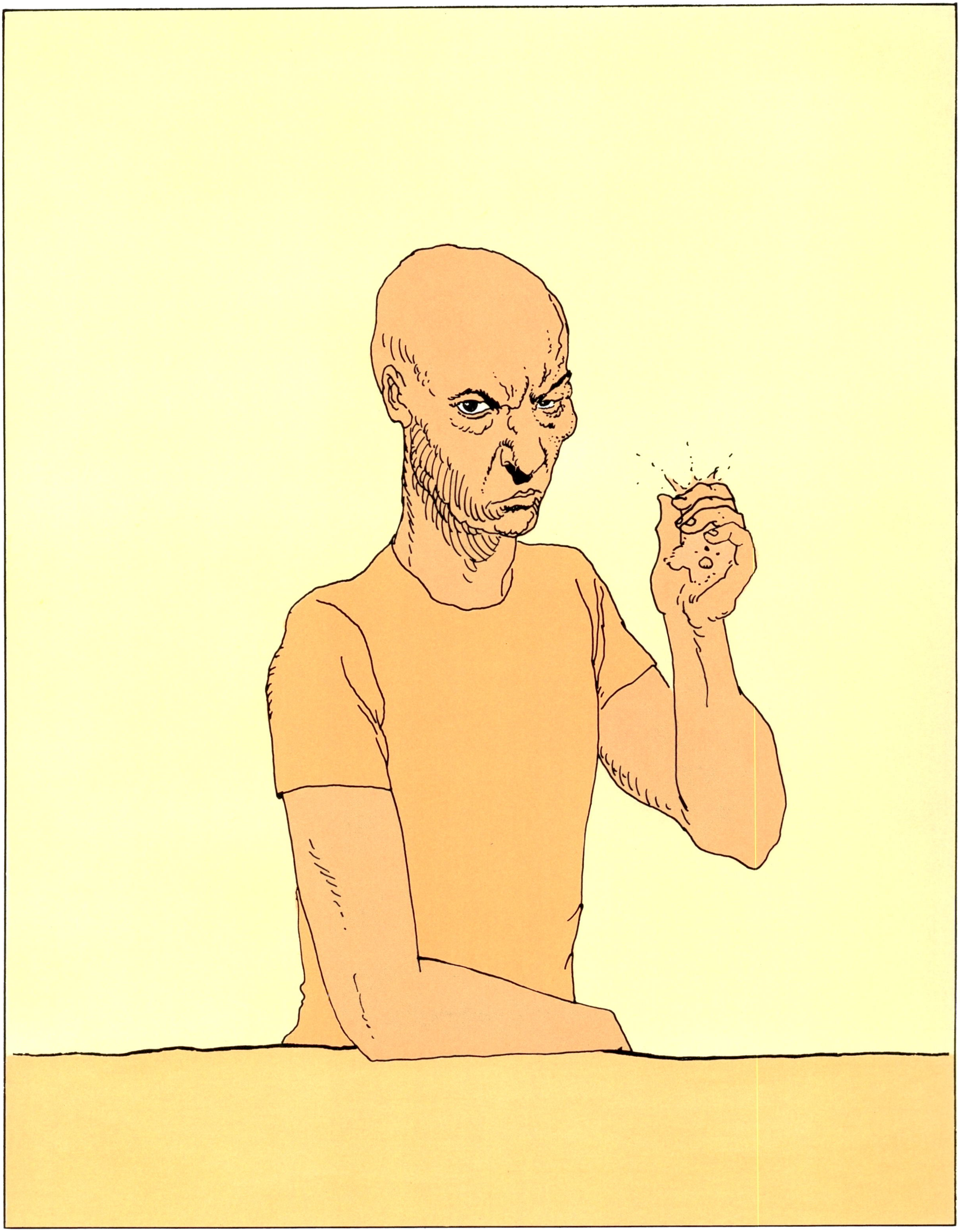

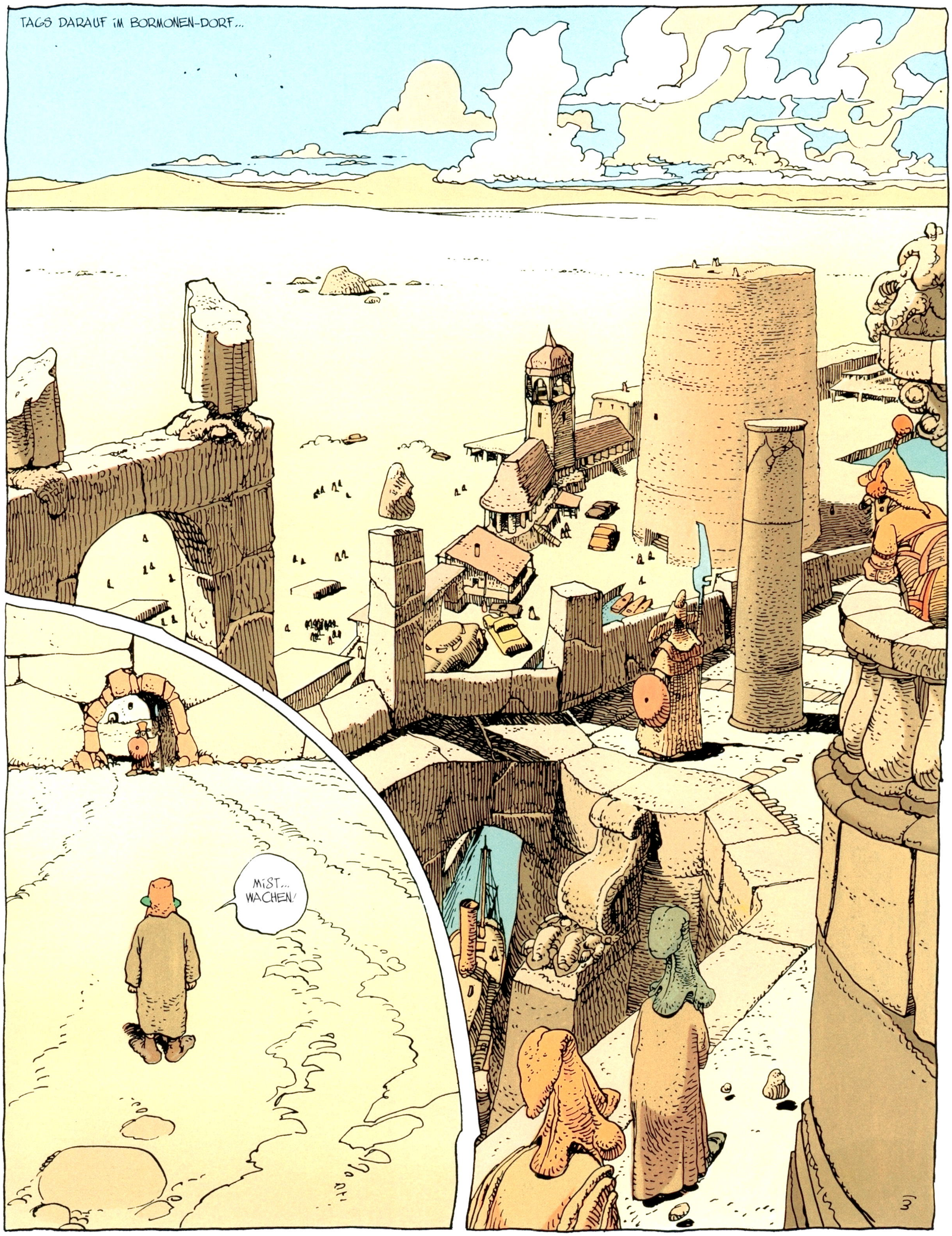
TAGS DARAUF IM BORMONEN-DORF...
MIST... WACHEN!

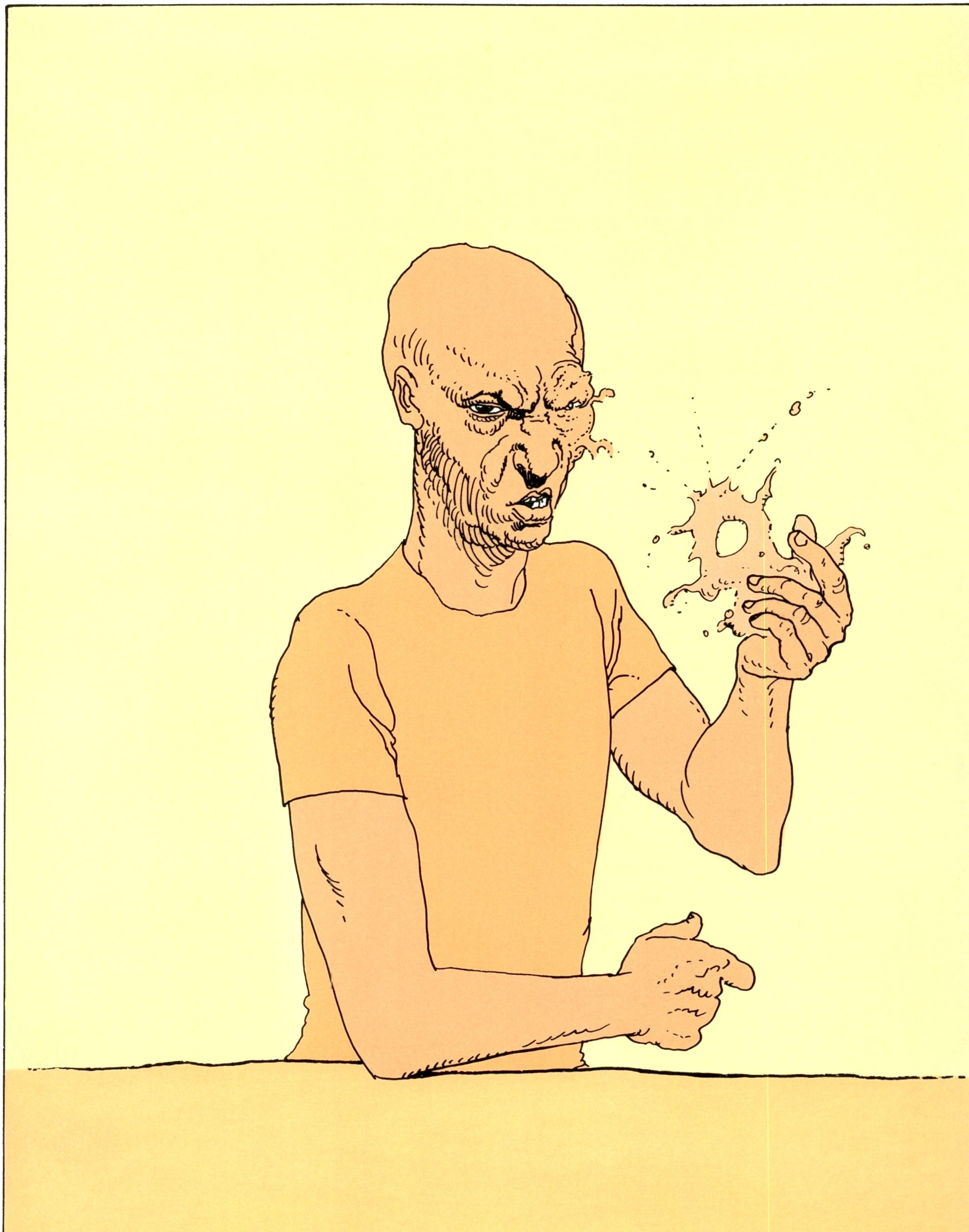

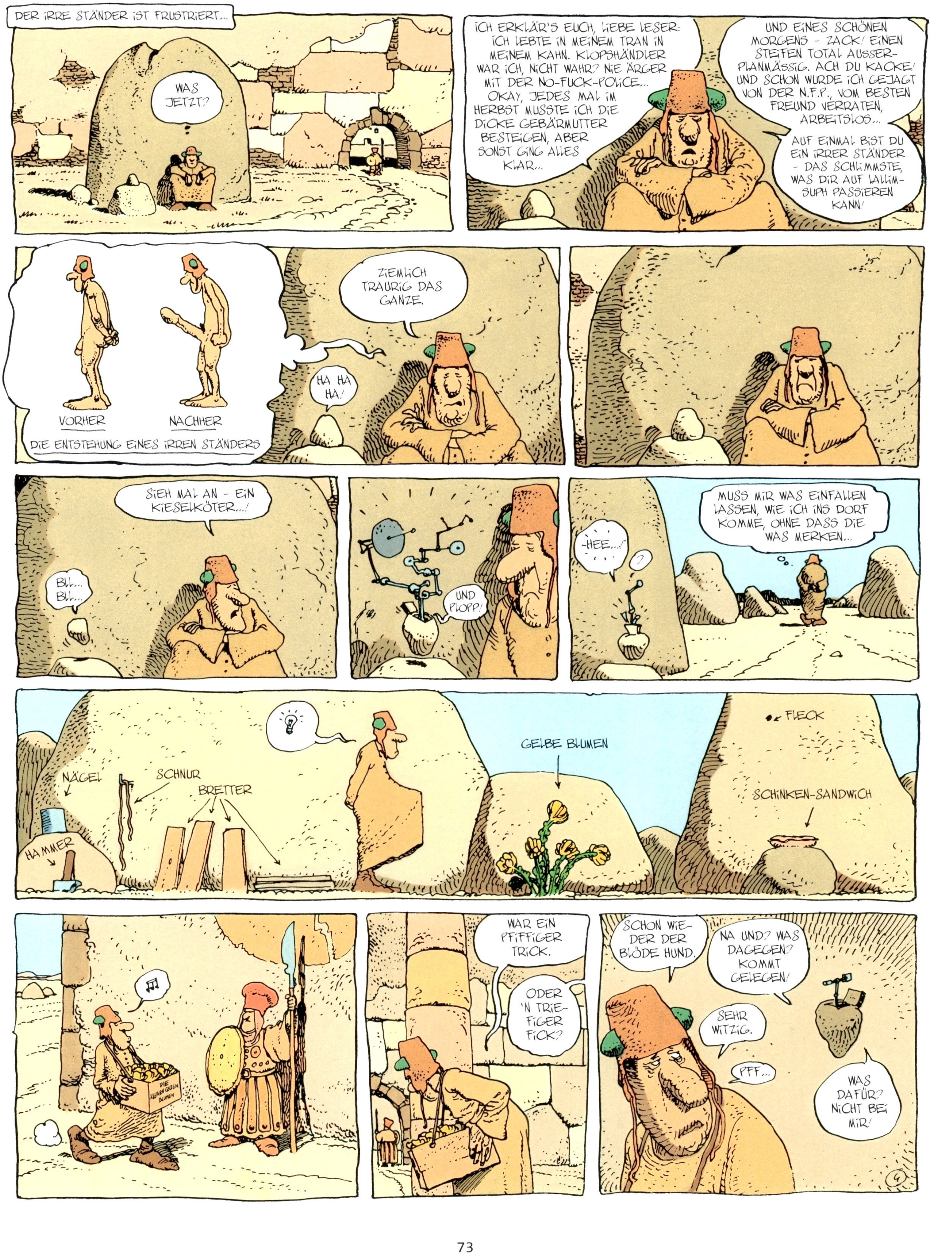

DER IRRE STÄNDER IST FRUSTRIERT...
WAS JETZT?
ICH ERKLÄR'S EUCH, LIEBE LESER: ICH LEBTE IN MEINEM TRAN IN MEINEM KAHN. KLOPSHÄNDLER WAR ICH, NICHT WAHR? NIE ÄRGER MIT DER NO-FUCK-POLICE... OKAY, JEDES MAL IM HERBST MUSSTE ICH DIE DICKE GEBÄRMUTTER BESTEIGEN, ABER SONST GING ALLES KLAR...
UND EINES SCHÖNEN MORGENS – ZACK! EINEN STEIFEN TOTAL AUSSERPLANMÄSSIG. ACH DU KACKE! UND SCHON WURDE ICH GEJAGT VON DER N.F.P., VOM BESTEN FREUND VERRATEN, ARBEITSLOS...
AUF EINMAL BIST DU EIN IRRER STÄNDER – DAS SCHLIMMSTE, WAS DIR AUF LALLIMSUPH PASSIEREN KANN!
VORHER
NACHHER
DIE ENTSTEHUNG EINES IRREN STÄNDERS
ZIEMLICH TRAURIG DAS GANZE.
HA HA HA!
SIEH MAL AN – EIN KIESELKÖTER...!
BLL... BLL...
UND PLOPP!
-HEE...!
?
MUSS MIR WAS EINFALLEN LASSEN, WIE ICH INS DORF KOMME, OHNE DASS DIE WAS MERKEN...
NÄGEL
SCHNUR
BRETTER
HAMMER
GELBE BLUMEN
FLECK
SCHINKEN-SANDWICH
DIE KLEINEN GELBEN BLUMEN
WAR EIN PFIFFIGER TRICK.
ODER 'N TRIEFIGER FICK?
SCHON WIEDER DER BLÖDE HUND.
NA UND? WAS DAGEGEN? KOMMT GELEGEN!
SEHR WITZIG.
PFF...
WAS DAFÜR? NICHT BEI MIR!
4

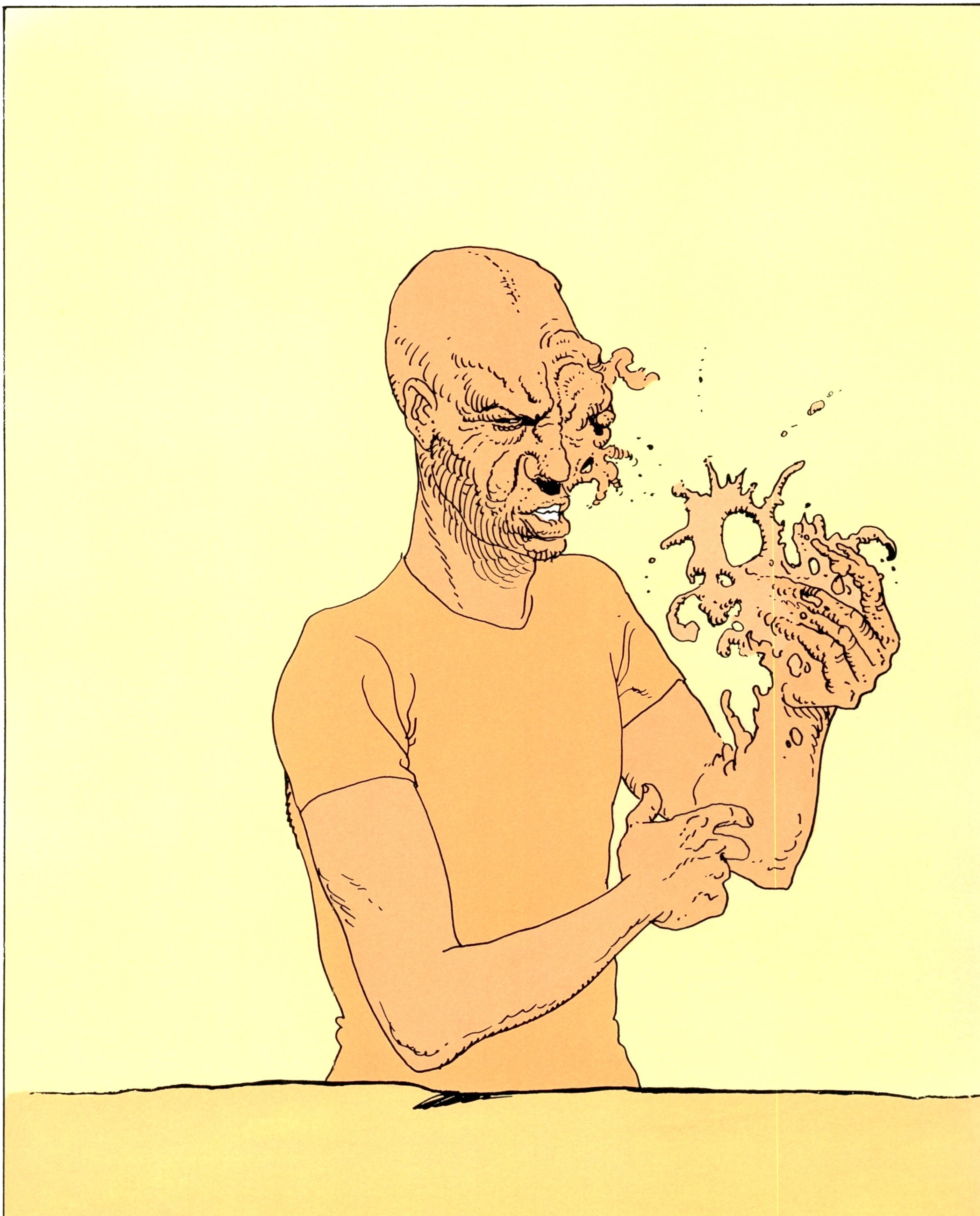

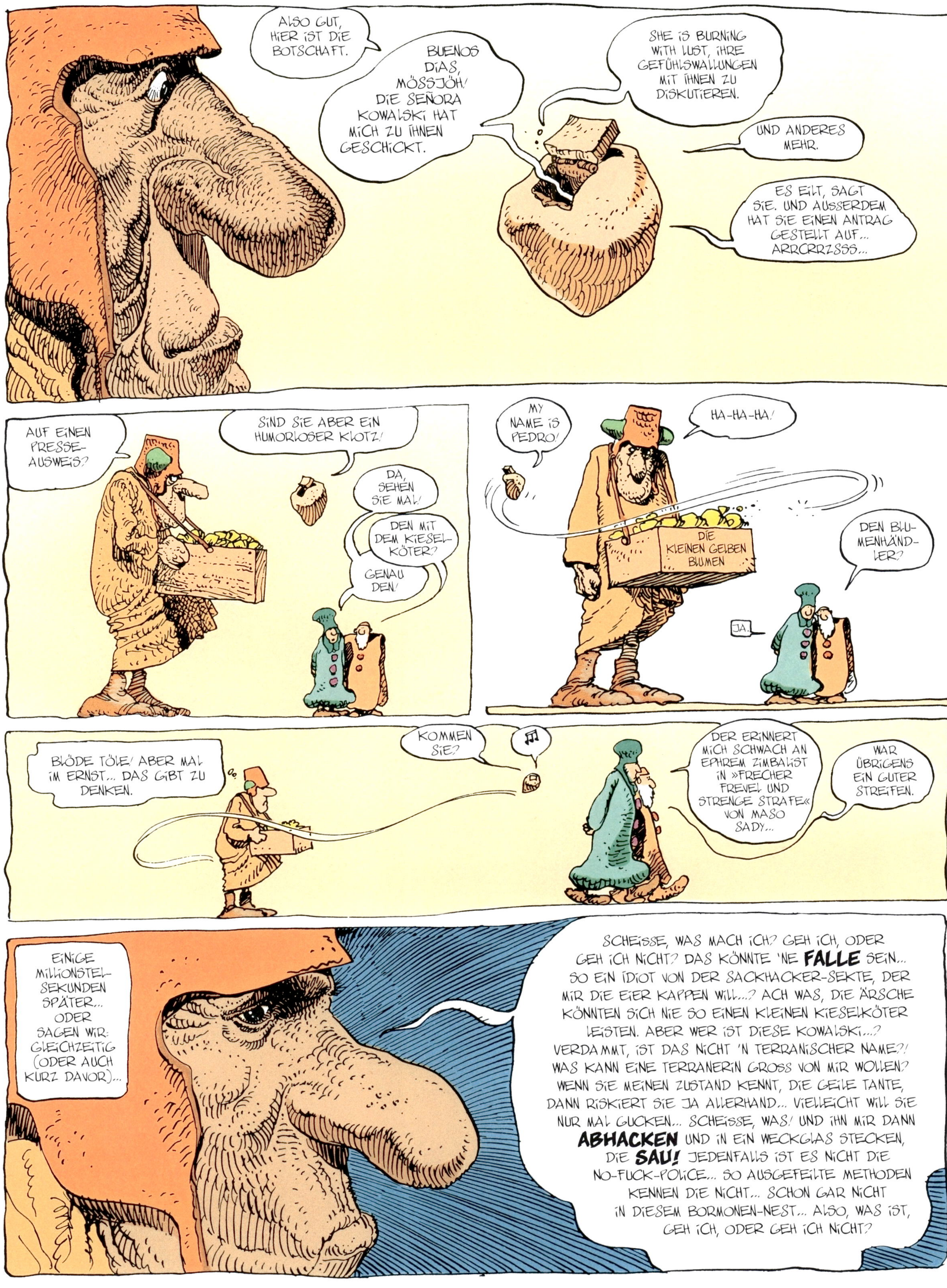
ALSO GUT, HIER IST DIE BOTSCHAFT.
BUENOS DIAS, MÖSSJÖH! DIE SEÑORA KOWALSKI HAT MICH ZU IHNEN GESCHICKT.
SHE IS BURNING WITH LUST, IHRE GEFÜHLSWALLUNGEN MIT IHNEN ZU DISKUTIEREN.
UND ANDERES MEHR.
ES EILT, SAGT SIE. UND AUSSERDEM HAT SIE EINEN ANTRAG GESTELLT AUF... ARRCRRZSSS...
AUF EINEN PRESSE-AUSWEIS?
SIND SIE ABER EIN HUMORLOSER KLOTZ!
DA, SEHEN SIE MAL!
DEN MIT DEM KIESEL-KÖTER?
GENAU DEN!
MY NAME IS PEDRO!
HA-HA-HA!
DIE KLEINEN GELBEN BLUMEN
DEN BLUMENHÄNDLER?
JA.
BLÖDE TÖLE! ABER MAL IM ERNST... DAS GIBT ZU DENKEN.
KOMMEN SIE?
DER ERINNERT MICH SCHWACH AN EPHREM ZIMBALIST IN »FRECHER FREVEL UND STRENGE STRAFE« VON MASO SADY...
WAR ÜBRIGENS EIN GUTER STREIFEN.
EINIGE MILLIONSTEL-SEKUNDEN SPÄTER... ODER SAGEN WIR: GLEICHZEITIG (ODER AUCH KURZ DAVOR)...
SCHEISSE, WAS MACH ICH? GEH ICH, ODER GEH ICH NICHT? DAS KÖNNTE 'NE FALLE SEIN... SO EIN IDIOT VON DER SACKHACKER-SEKTE, DER MIR DIE EIER KAPPEN WILL...? ACH WAS, DIE ÄRSCHE KÖNNTEN SICH NIE SO EINEN KLEINEN KIESELKÖTER LEISTEN. ABER WER IST DIESE KOWALSKI...? VERDAMMT, IST DAS NICHT 'N TERRANISCHER NAME?! WAS KANN EINE TERRANERIN GROSS VON MIR WOLLEN? WENN SIE MEINEN ZUSTAND KENNT, DIE GEILE TANTE, DANN RISKIERT SIE JA ALLERHAND... VIELLEICHT WILL SIE NUR MAL GUCKEN... SCHEISSE, WAS! UND IHN MIR DANN ABHACKEN UND IN EIN WECKGLAS STECKEN, DIE SAU! JEDENFALLS IST ES NICHT DIE NO-FUCK-POLICE... SO AUSGEFEILTE METHODEN KENNEN DIE NICHT... SCHON GAR NICHT IN DIESEM BORMONEN-NEST... ALSO, WAS IST, GEH ICH, ODER GEH ICH NICHT?

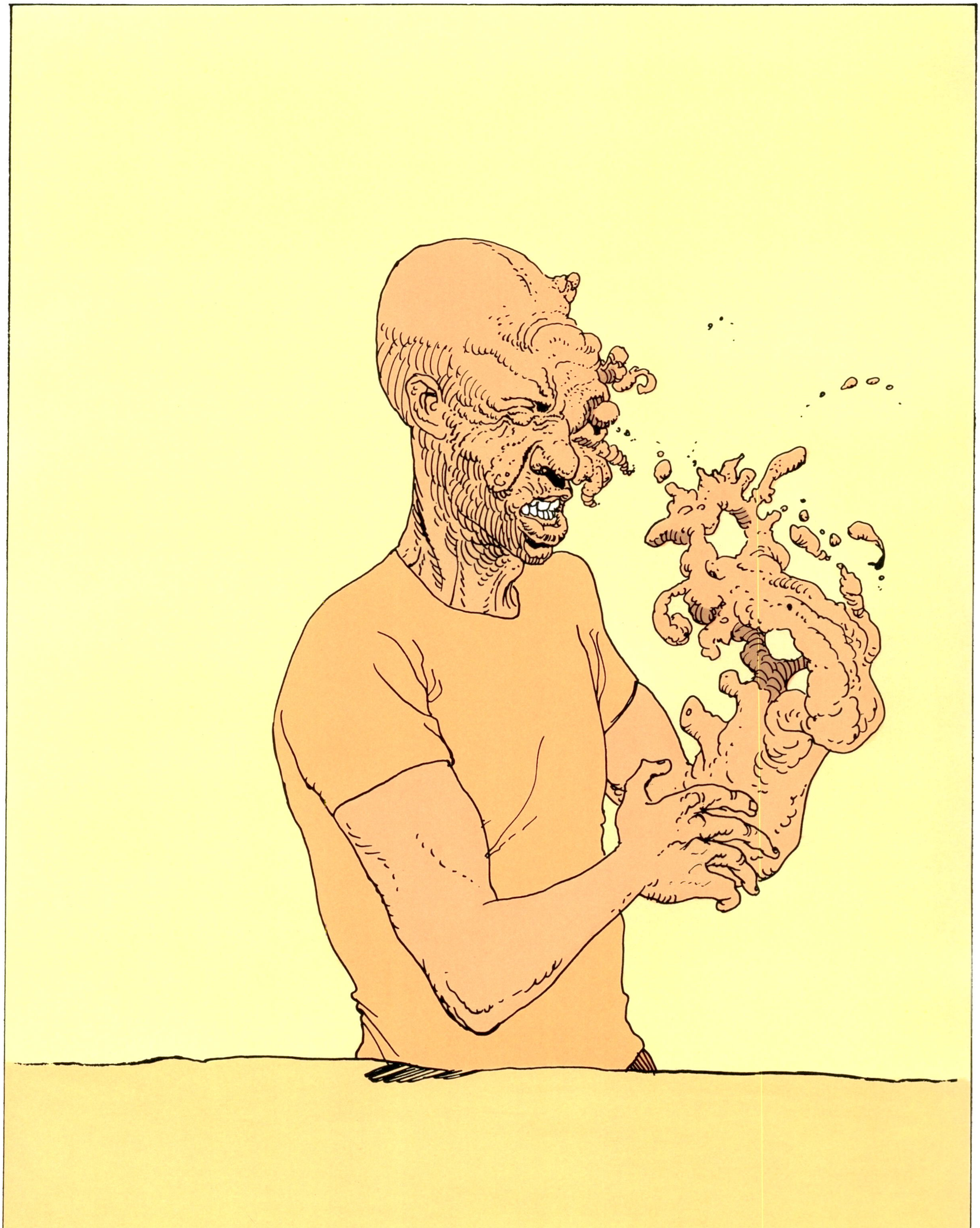

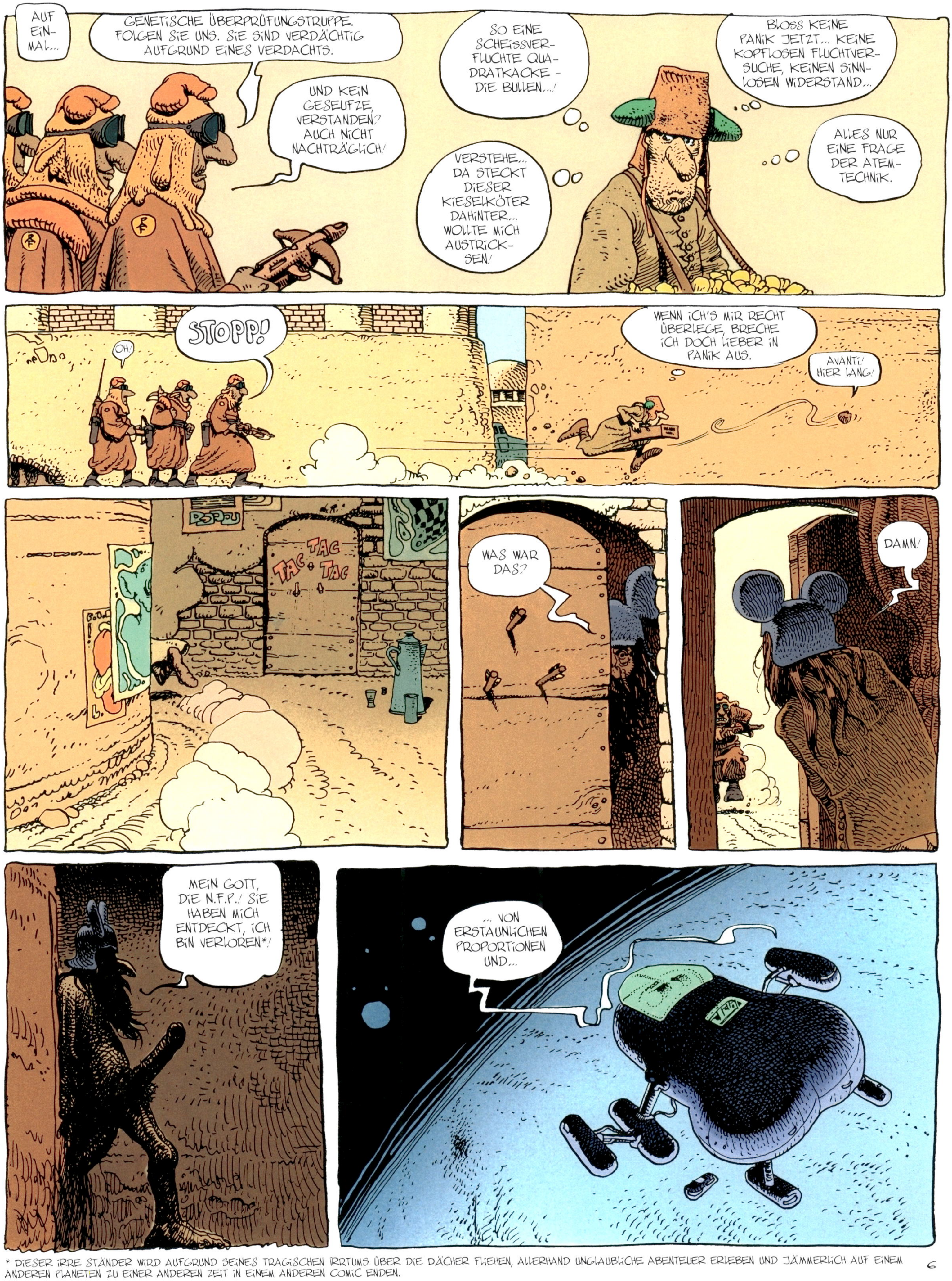

* DIESER IRRE STÄNDER WIRD AUFGRUND SEINES TRAGISCHEN IRRTUMS ÜBER DIE DÄCHER FLIEHEN, ALLERHAND UNGLAUBLICHE ABENTEUER ERLEBEN UND JÄMMERLICH AUF EINEM ANDEREN PLANETEN ZU EINER ANDEREN ZEIT IN EINEM ANDEREN COMIC ENDEN. 6

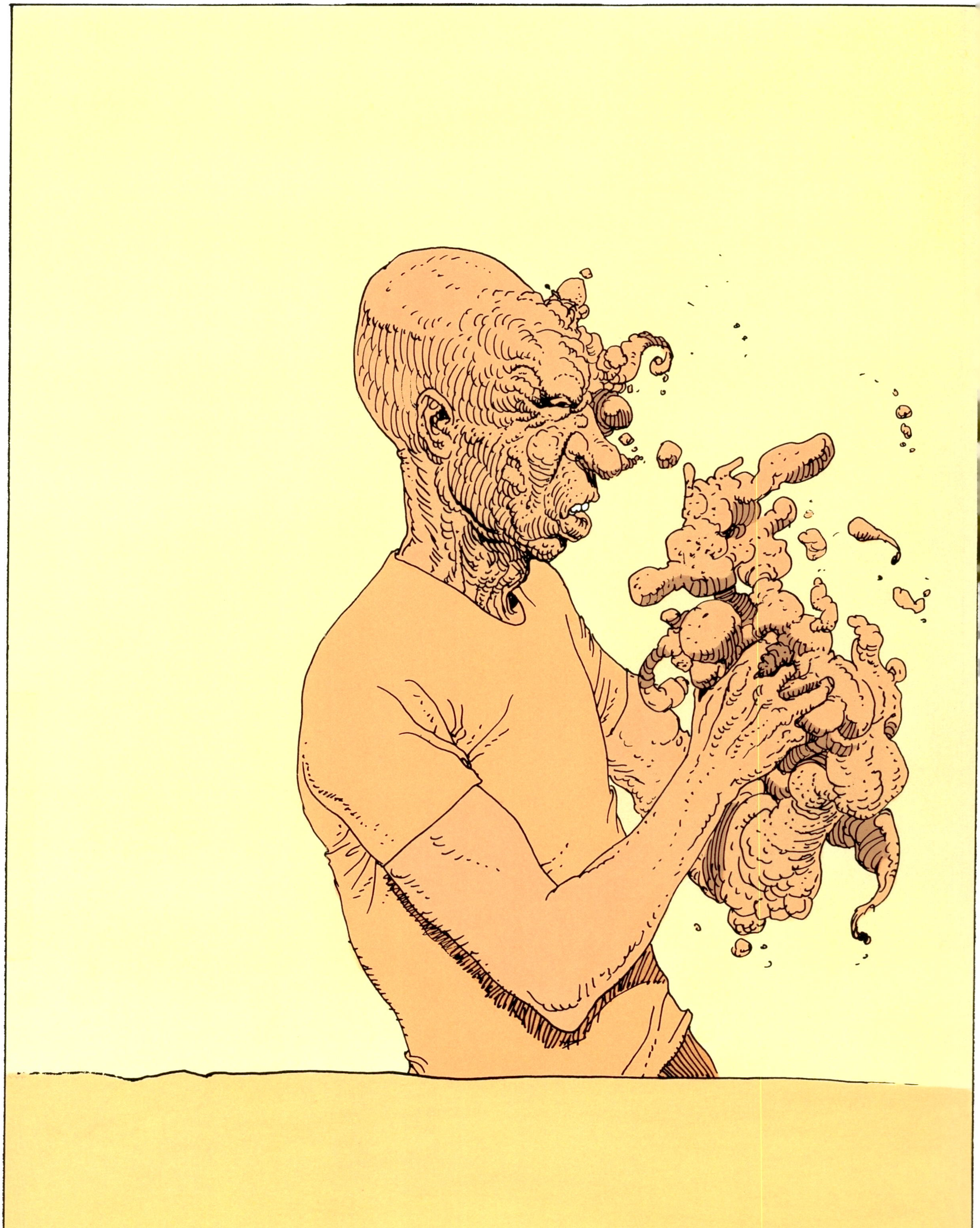

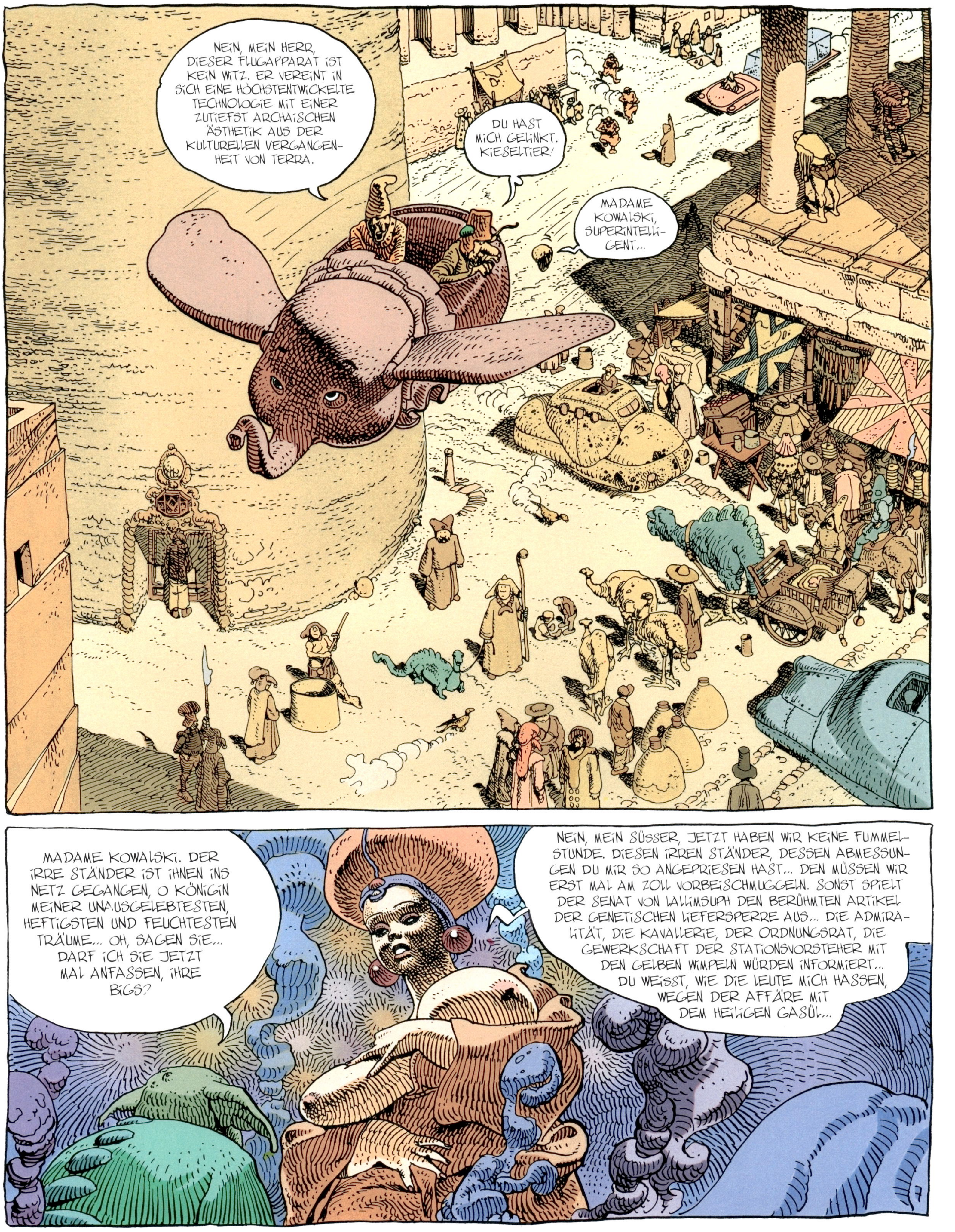
NEIN, MEIN HERR, DIESER FLUGAPPARAT IST KEIN WITZ. ER VEREINT IN SICH EINE HÖCHSTENTWICKELTE TECHNOLOGIE MIT EINER ZUTIEFST ARCHAISCHEN ÄSTHETIK AUS DER KULTURELLEN VERGANGENHEIT VON TERRA.
DU HAST MICH GELINKT, KIESELTIER!
MADAME KOWALSKI, SUPERINTELLIGENT...
MADAME KOWALSKI. DER IRRE STÄNDER IST IHNEN INS NETZ GEGANGEN, O KÖNIGIN MEINER UNAUSGELEBTESTEN, HEFTIGSTEN UND FEUCHTESTEN TRÄUME... OH, SAGEN SIE... DARF ICH SIE JETZT MAL ANFASSEN, IHRE BIGS?
NEIN, MEIN SÜSSER, JETZT HABEN WIR KEINE FUMMELSTUNDE. DIESEN IRREN STÄNDER, DESSEN ABMESSUNGEN DU MIR SO ANGEPRIESEN HAST... DEN MÜSSEN WIR ERST MAL AM ZOLL VORBEISCHMUGGELN. SONST SPIELT DER SENAT VON LALLIMSUPH DEN BERÜHMTEN ARTIKEL DER GENETISCHEN LIEFERSPERRE AUS... DIE ADMIRALITÄT, DIE KAVALLERIE, DER ORDNUNGSRAT, DIE GEWERKSCHAFT DER STATIONSVORSTEHER MIT DEN GELBEN WIMPELN WÜRDEN INFORMIERT... DU WEISST, WIE DIE LEUTE MICH HASSEN, WEGEN DER AFFÄRE MIT DEM HEILIGEN GASÜL...

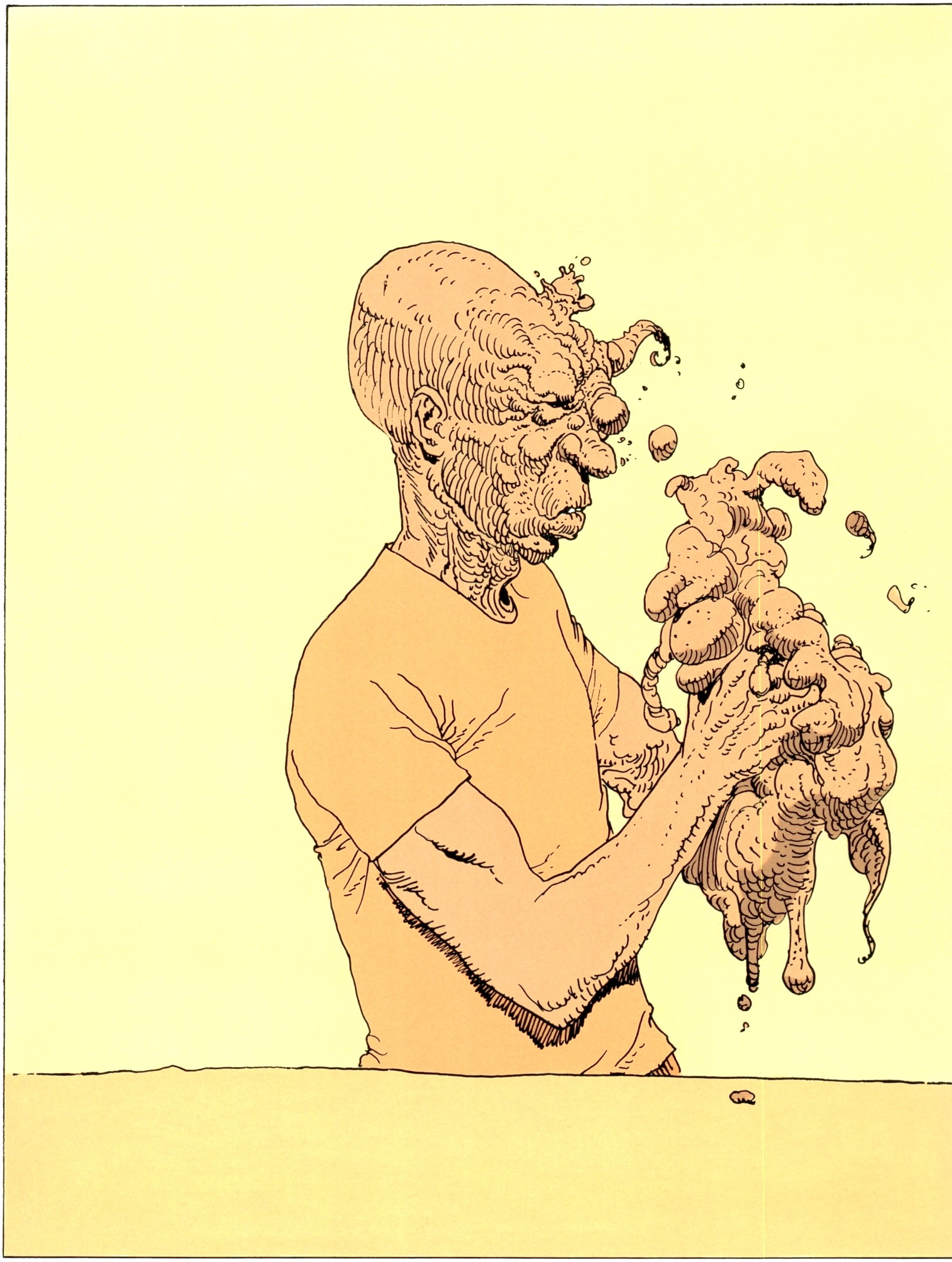

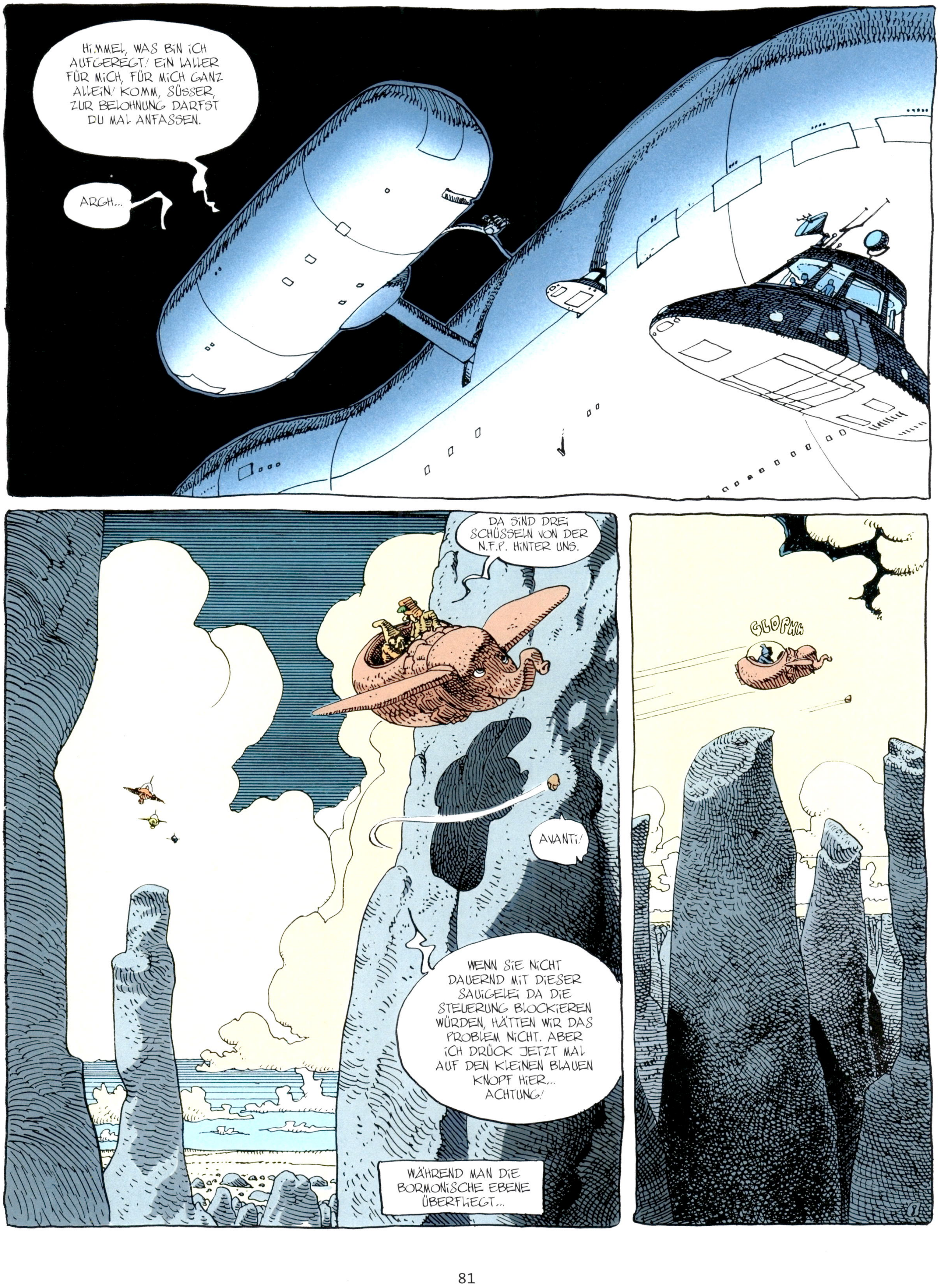
HIMMEL, WAS BIN ICH AUFGEREGT! EIN LALLER FÜR MICH, FÜR MICH GANZ ALLEIN! KOMM, SÜSSER, ZUR BELOHNUNG DARFST DU MAL ANFASSEN.
ARGH...
DA SIND DREI SCHÜSSELN VON DER N.F.P. HINTER UNS.
AVANTI!
WENN SIE NICHT DAUERND MIT DIESER SAUIGELEI DA DIE STEUERUNG BLOCKIEREN WÜRDEN, HÄTTEN WIR DAS PROBLEM NICHT. ABER ICH DRÜCK JETZT MAL AUF DEN KLEINEN BLAUEN KNOPF HIER... ACHTUNG!
WÄHREND MAN DIE BORMONISCHE EBENE ÜBERFLIEGT...
GLOPHH

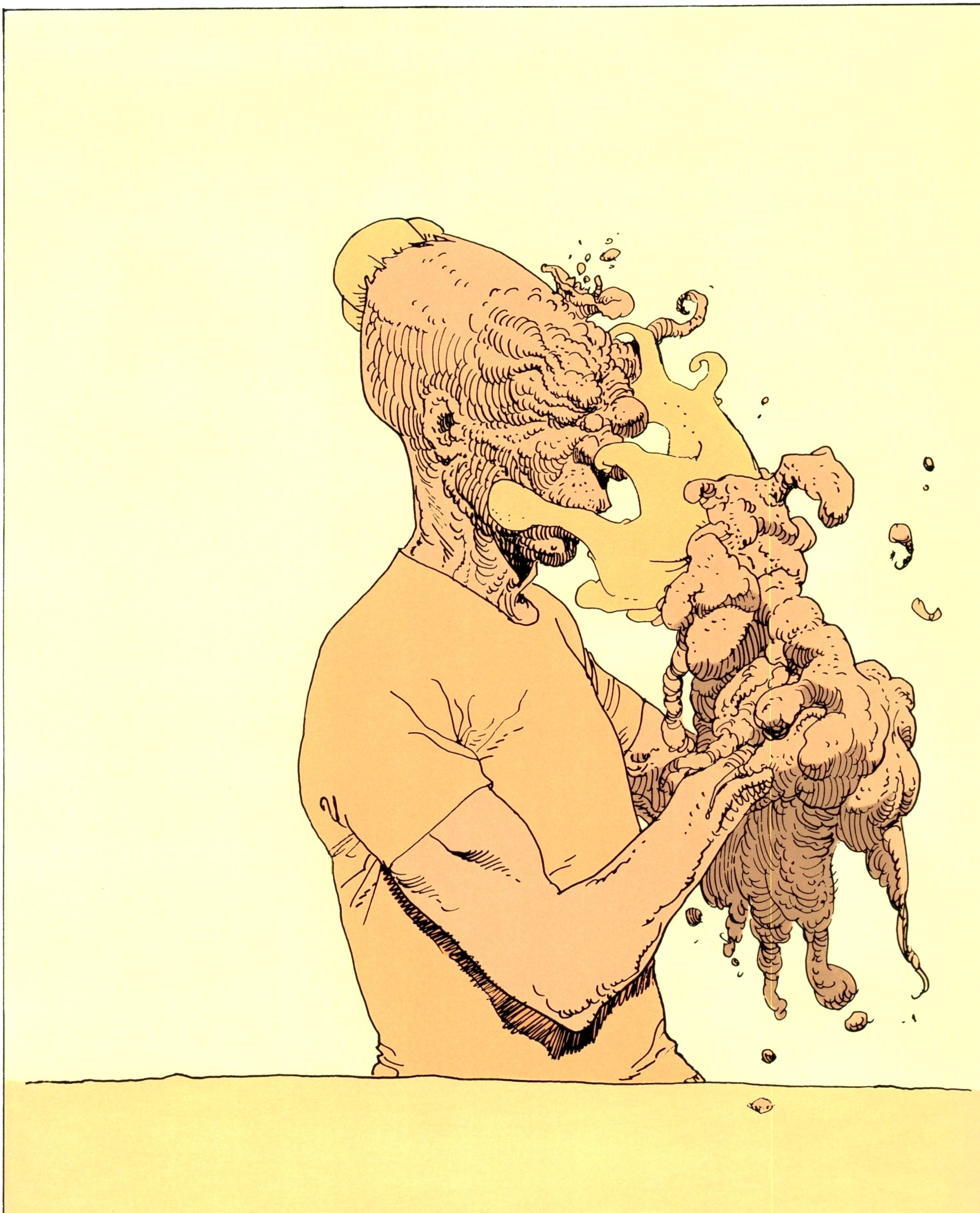

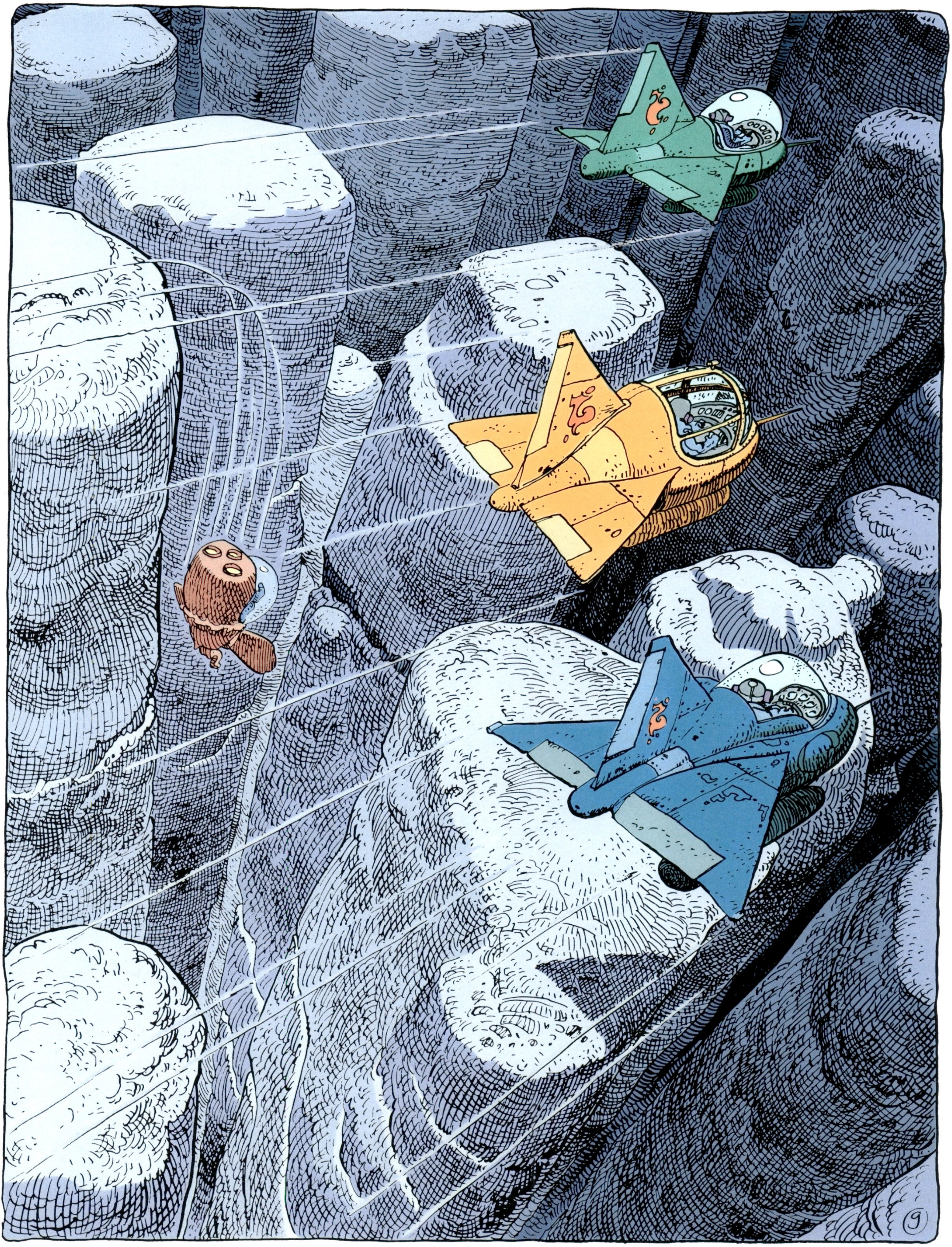

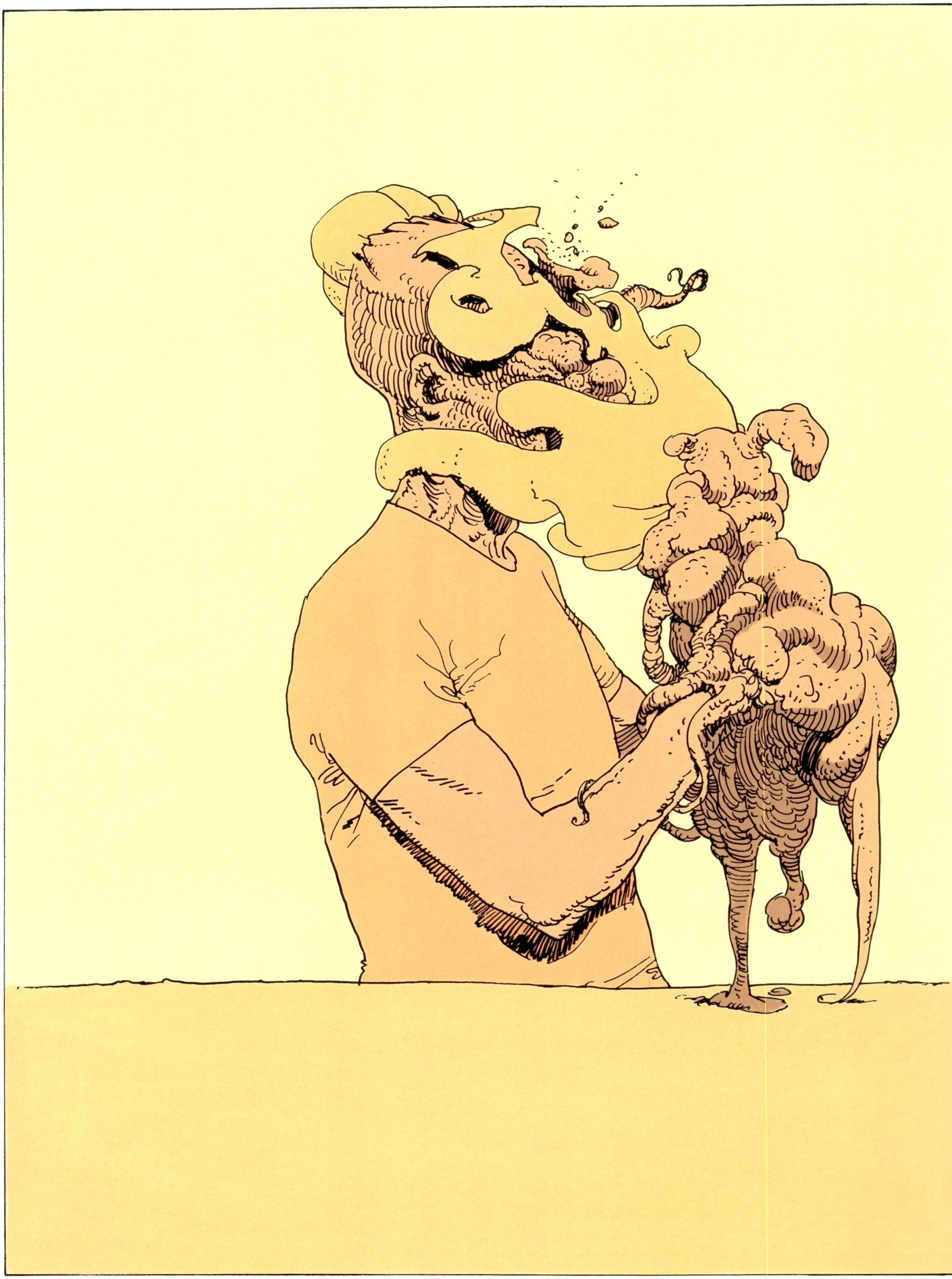

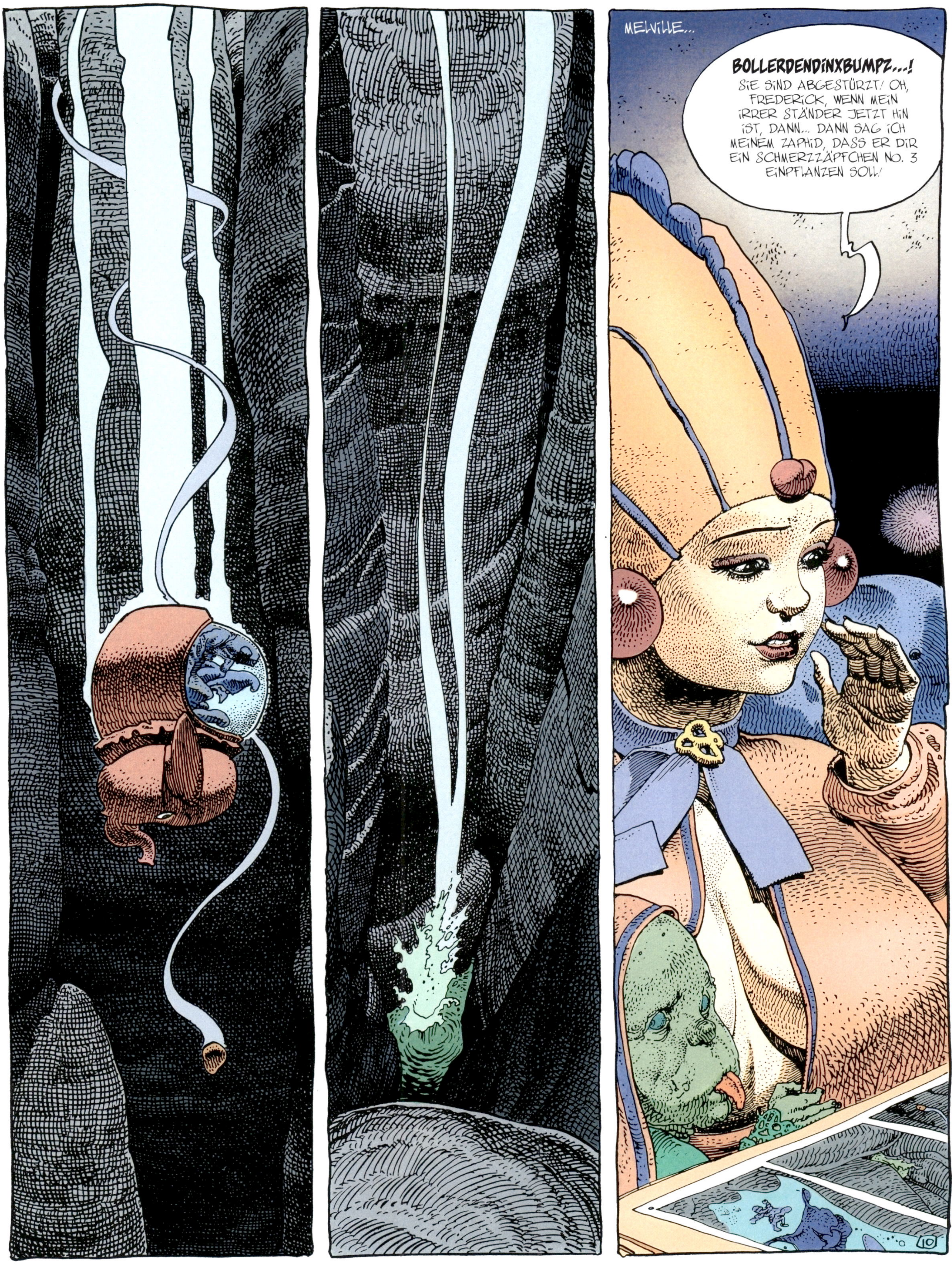
MELVILLE...
BOLLERDENDINXBUMPZ...!
SIE SIND ABGESTÜRZT! OH, FREDERICK, WENN MEIN IRRER STÄNDER JETZT HIN IST, DANN... DANN SAG ICH MEINEM ZAPHID, DASS ER DIR EIN SCHMERZZÄPFCHEN NO. 3 EINPFLANZEN SOLL!

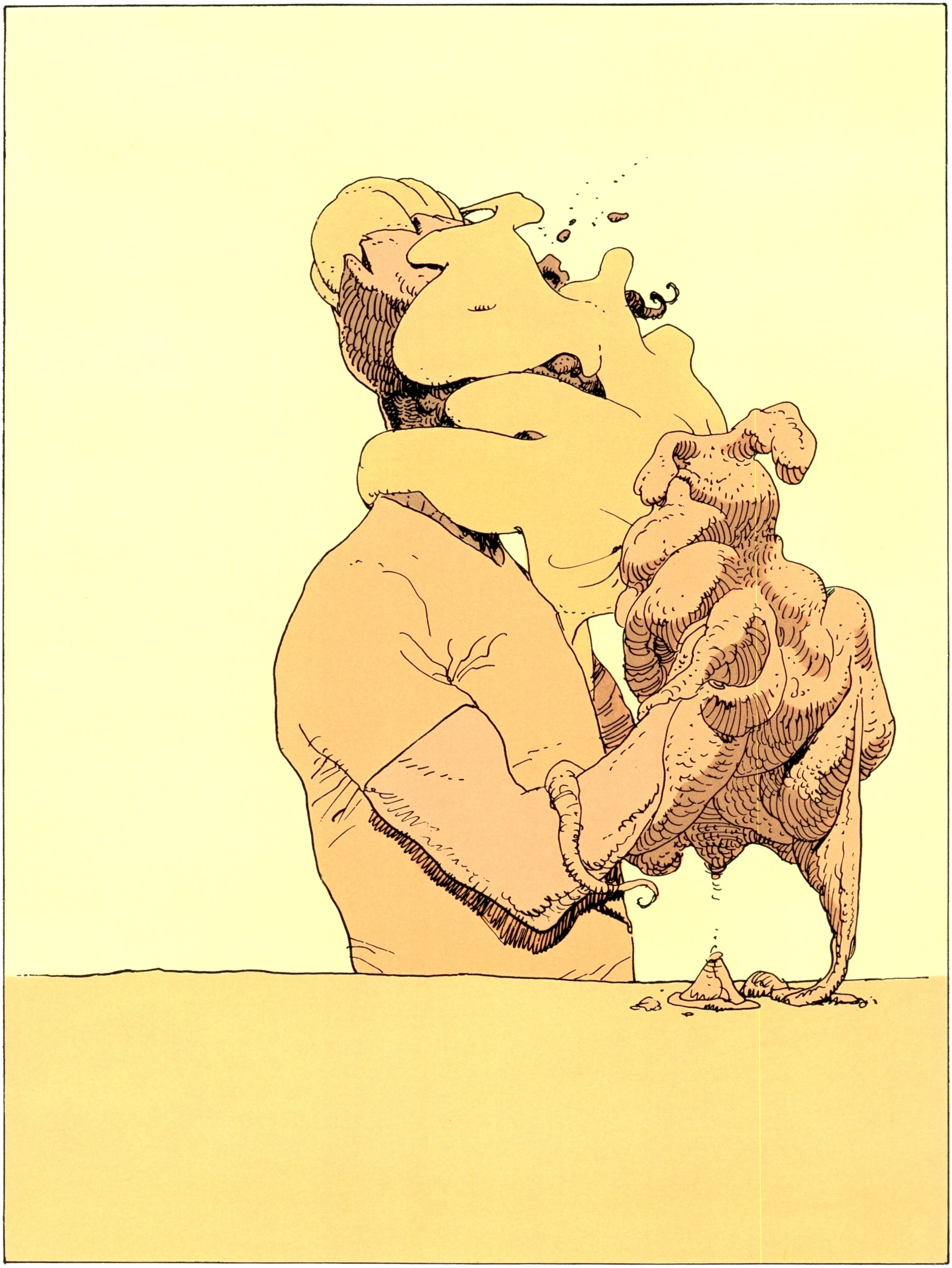

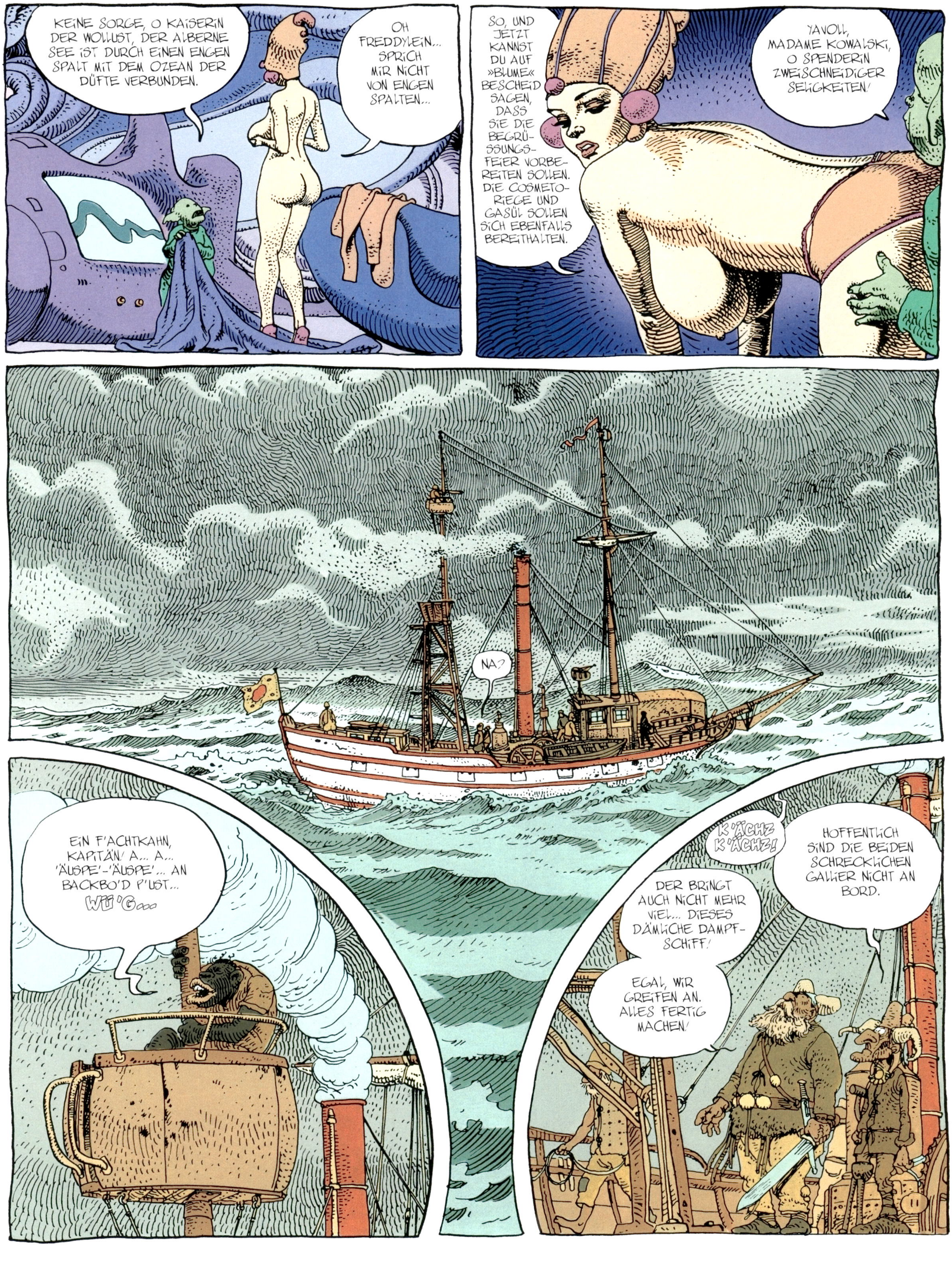
KEINE SORGE, O KAISERIN DER WOLLUST, DER ALBERNE SEE IST DURCH EINEN ENGEN SPALT MIT DEM OZEAN DER DÜFTE VERBUNDEN.
OH FREDDYLEIN... SPRICH MIR NICHT VON ENGEN SPALTEN...
SO, UND JETZT KANNST DU AUF »BLUME« BESCHEID SAGEN, DASS SIE DIE BEGRÜSSUNGSFEIER VORBEREITEN SOLLEN. DIE COSMETORIEGE UND GASÜL SOLLEN SICH EBENFALLS BEREITHALTEN.
YAVOLL, MADAME KOWALSKI, O SPENDERIN ZWEISCHNEIDIGER SELIGKEITEN!
NA?
EIN F'ACHTKAHN, KAPITÄN! A... A... 'ÄUSPE'-'ÄUSPE'... AN BACKBO'D P'UST...
WÜ'G...
K'ÄCHZ K'ÄCHZ!
HOFFENTLICH SIND DIE BEIDEN SCHRECKLICHEN GALLIER NICHT AN BORD.
DER BRINGT AUCH NICHT MEHR VIEL... DIESES DÄMLICHE DAMPFSCHIFF!
EGAL, WIR GREIFEN AN. ALLES FERTIG MACHEN!

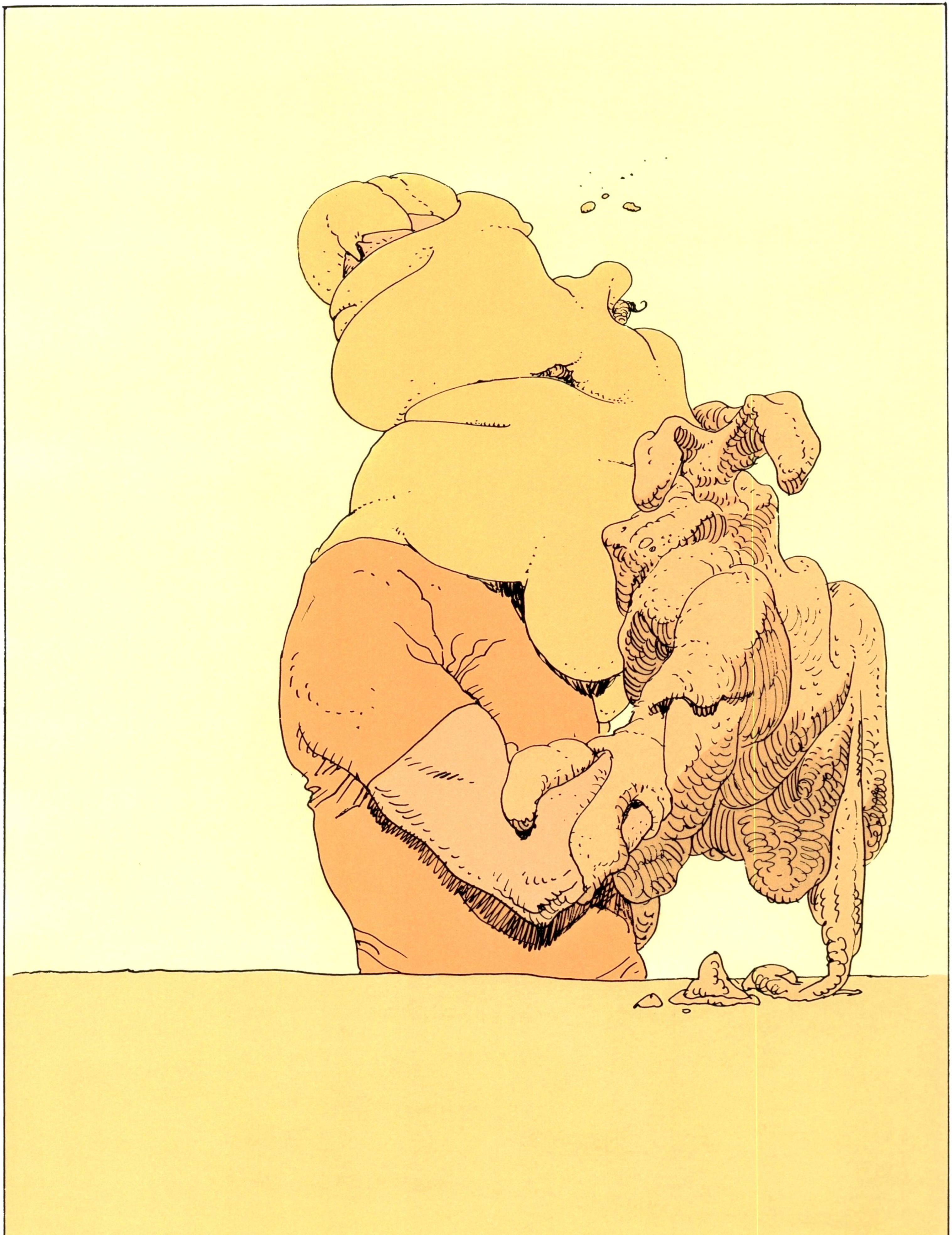

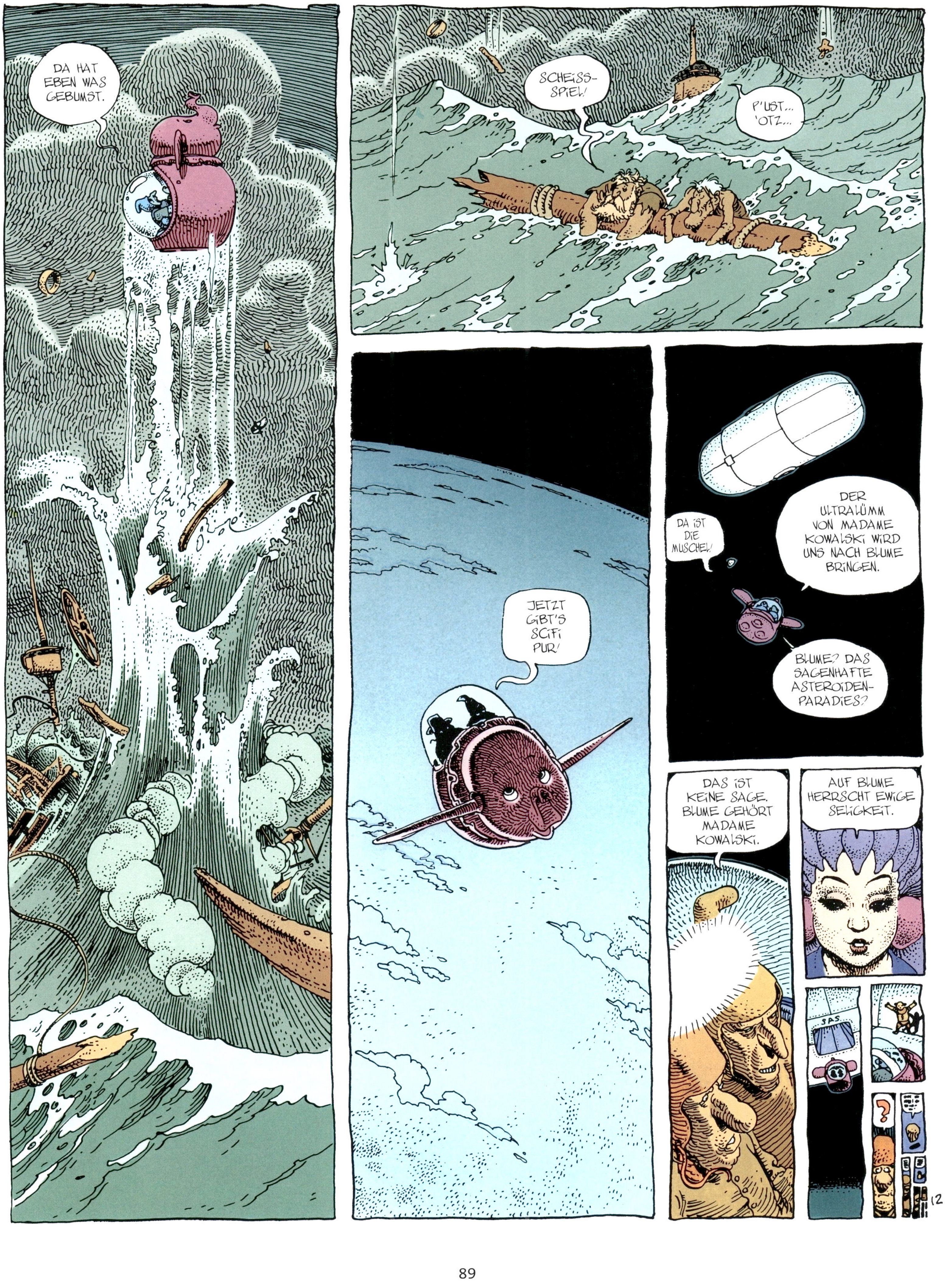
DA HAT EBEN WAS GEBUMST.
SCHEISS-SPIEL!
P'UST... 'OTZ...
JETZT GIBT'S SCIFI PUR!
DA IST DIE MUSCHEL!
DER ULTRALÜMM VON MADAME KOWALSKI WIRD UNS NACH BLUME BRINGEN.
BLUME? DAS SAGENHAFTE ASTEROIDEN-PARADIES?
DAS IST KEINE SAGE. BLUME GEHÖRT MADAME KOWALSKI.
AUF BLUME HERRSCHT EWIGE SELIGKEIT.
SAS
12

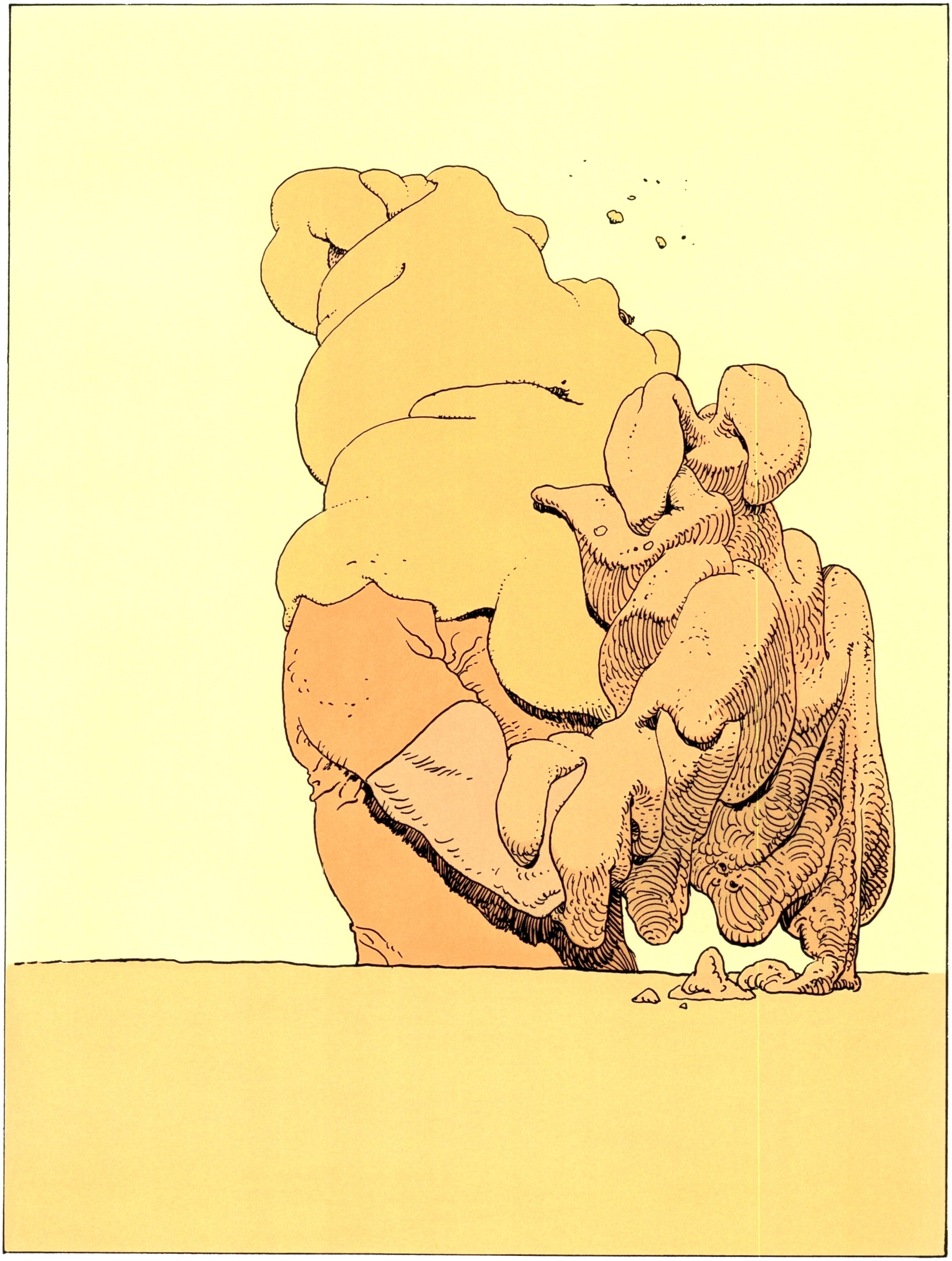

INZWISCHEN AN BORD DES SATELLITEN SHELTON-STADT, DER DEN LAUSCHIGEN LALLIMSUPH UMKREIST... IN DEN RÄUMEN VON GOUVERNEUR AMBROS JANO RAVEN IV...

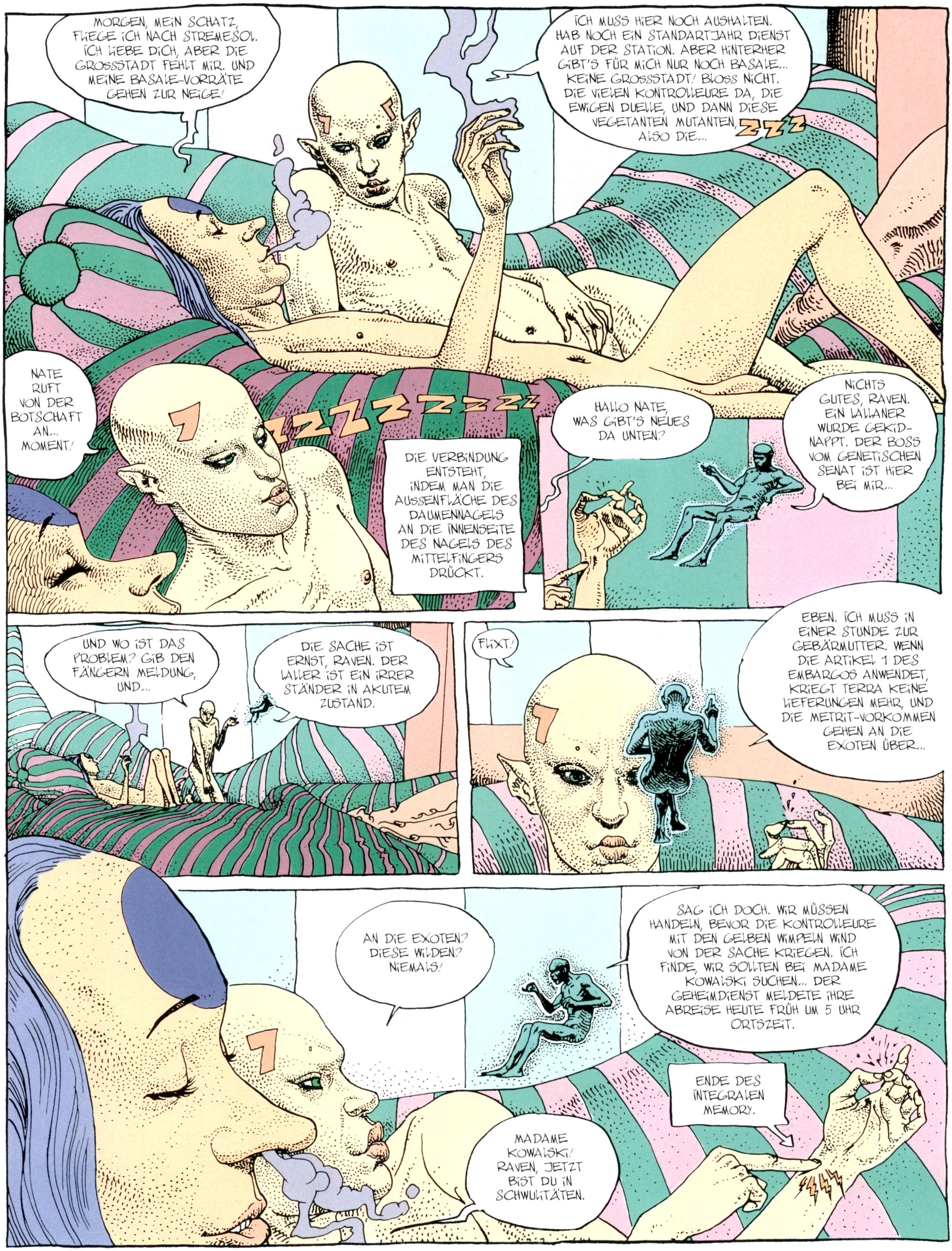

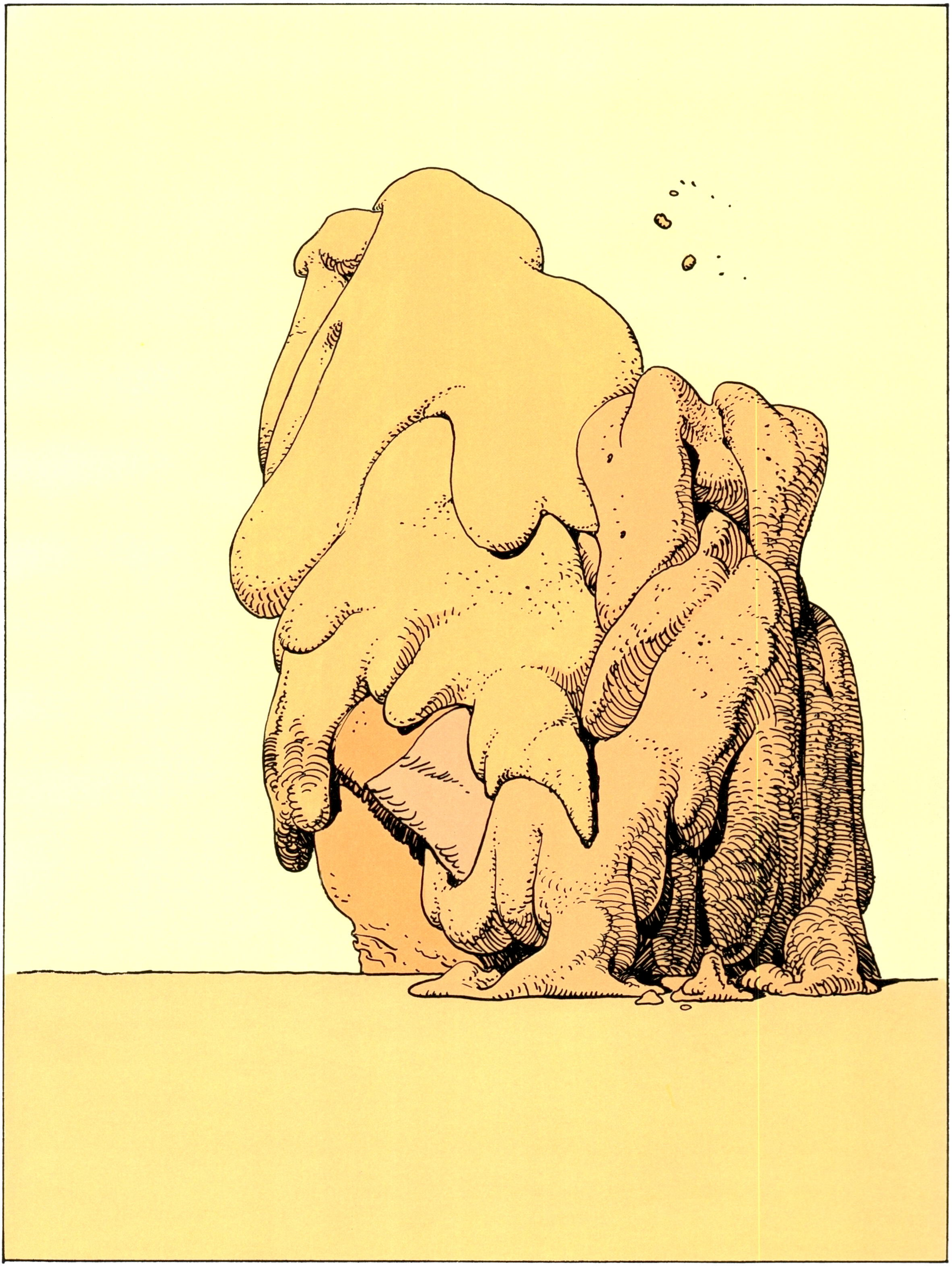

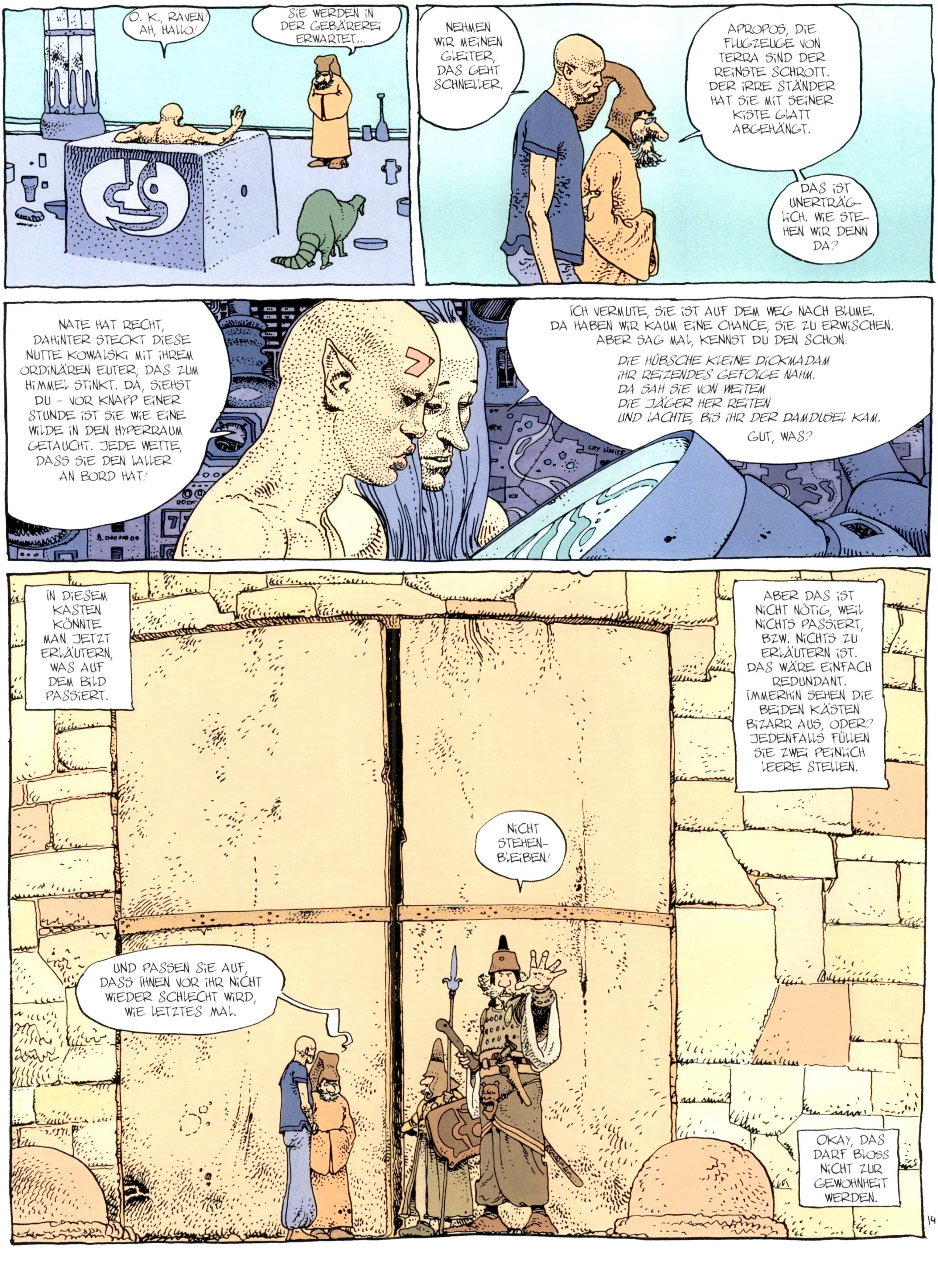
O. K., RAVEN! AH, HALLO!
SIE WERDEN IN DER GEBÄREREI ERWARTET...
NEHMEN WIR MEINEN GLEITER, DAS GEHT SCHNELLER.
APROPOS, DIE FLUGZEUGE VON TERRA SIND DER REINSTE SCHROTT. DER IRRE STÄNDER HAT SIE MIT SEINER KISTE GLATT ABGEHÄNGT.
DAS IST UNERTRÄGLICH. WIE STEHEN WIR DENN DA?
NATE HAT RECHT, DAHINTER STECKT DIESE NUTTE KOWALSKI MIT IHREM ORDINÄREN EUTER, DAS ZUM HIMMEL STINKT. DA, SIEHST DU – VOR KNAPP EINER STUNDE IST SIE WIE EINE WILDE IN DEN HYPERRAUM GETAUCHT. JEDE WETTE, DASS SIE DEN LALLER AN BORD HAT!
ICH VERMUTE, SIE IST AUF DEM WEG NACH BLUME. DA HABEN WIR KAUM EINE CHANCE, SIE ZU ERWISCHEN. ABER SAG MAL, KENNST DU DEN SCHON:
DIE HÜBSCHE KLEINE DICKMADAM
IHR REIZENDES GEFOLGE NAHM.
DA SAH SIE VON WEITEM
DIE JÄGER HER REITEN
UND LACHTE, BIS IHR DER DAMDUSEL KAM.
GUT, WAS?
IN DIESEM KASTEN KÖNNTE MAN JETZT ERLÄUTERN, WAS AUF DEM BILD PASSIERT.
ABER DAS IST NICHT NÖTIG, WEIL NICHTS PASSIERT, BZW. NICHTS ZU ERLÄUTERN IST. DAS WÄRE EINFACH REDUNDANT. IMMERHIN SEHEN DIE BEIDEN KÄSTEN BIZARR AUS, ODER? JEDENFALLS FÜLLEN SIE ZWEI PEINLICH LEERE STELLEN.
NICHT STEHENBLEIBEN!
UND PASSEN SIE AUF, DASS IHNEN VOR IHR NICHT WIEDER SCHLECHT WIRD, WIE LETZTES MAL.
OKAY, DAS DARF BLOSS NICHT ZUR GEWOHNHEIT WERDEN.
14

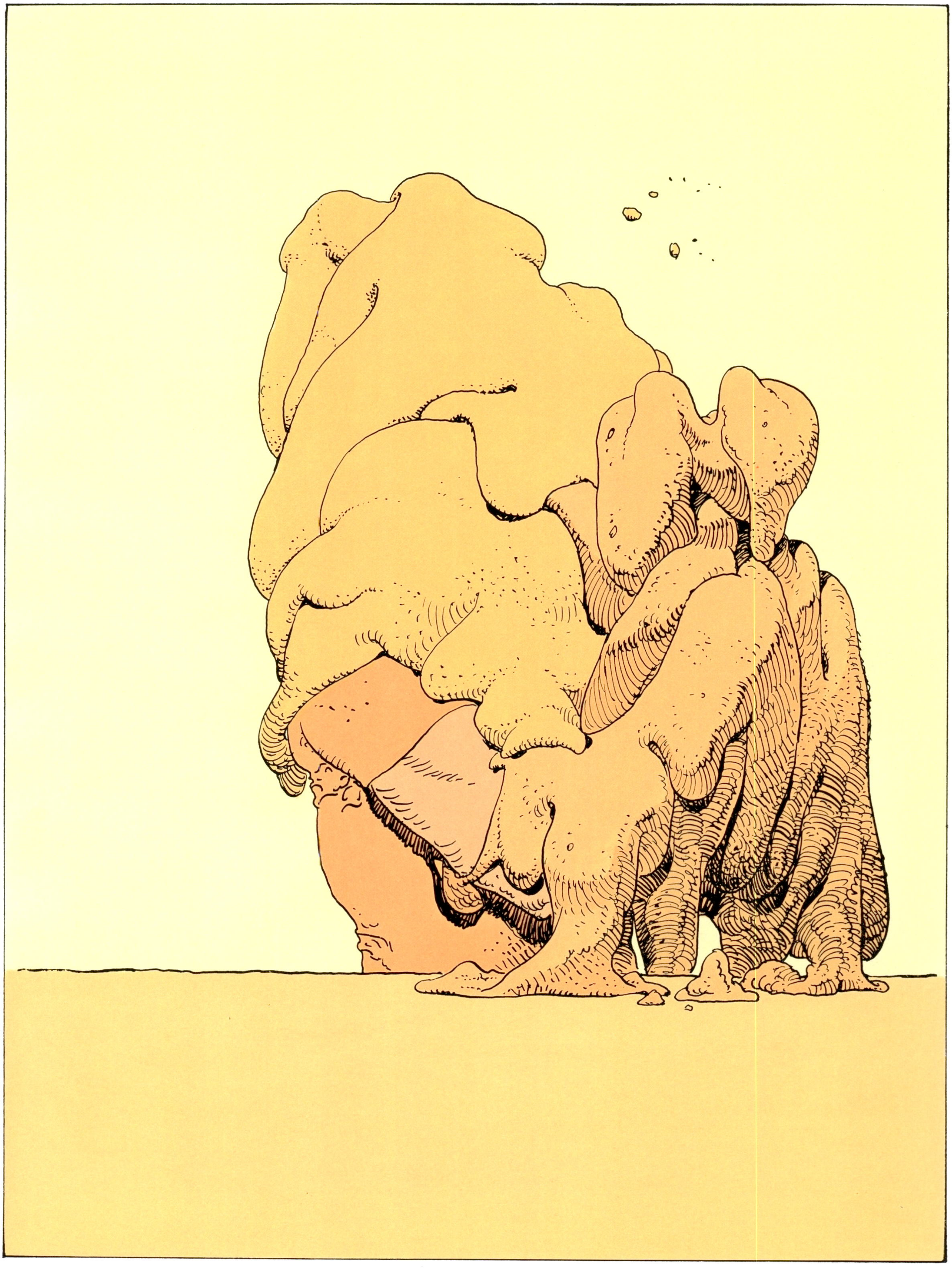

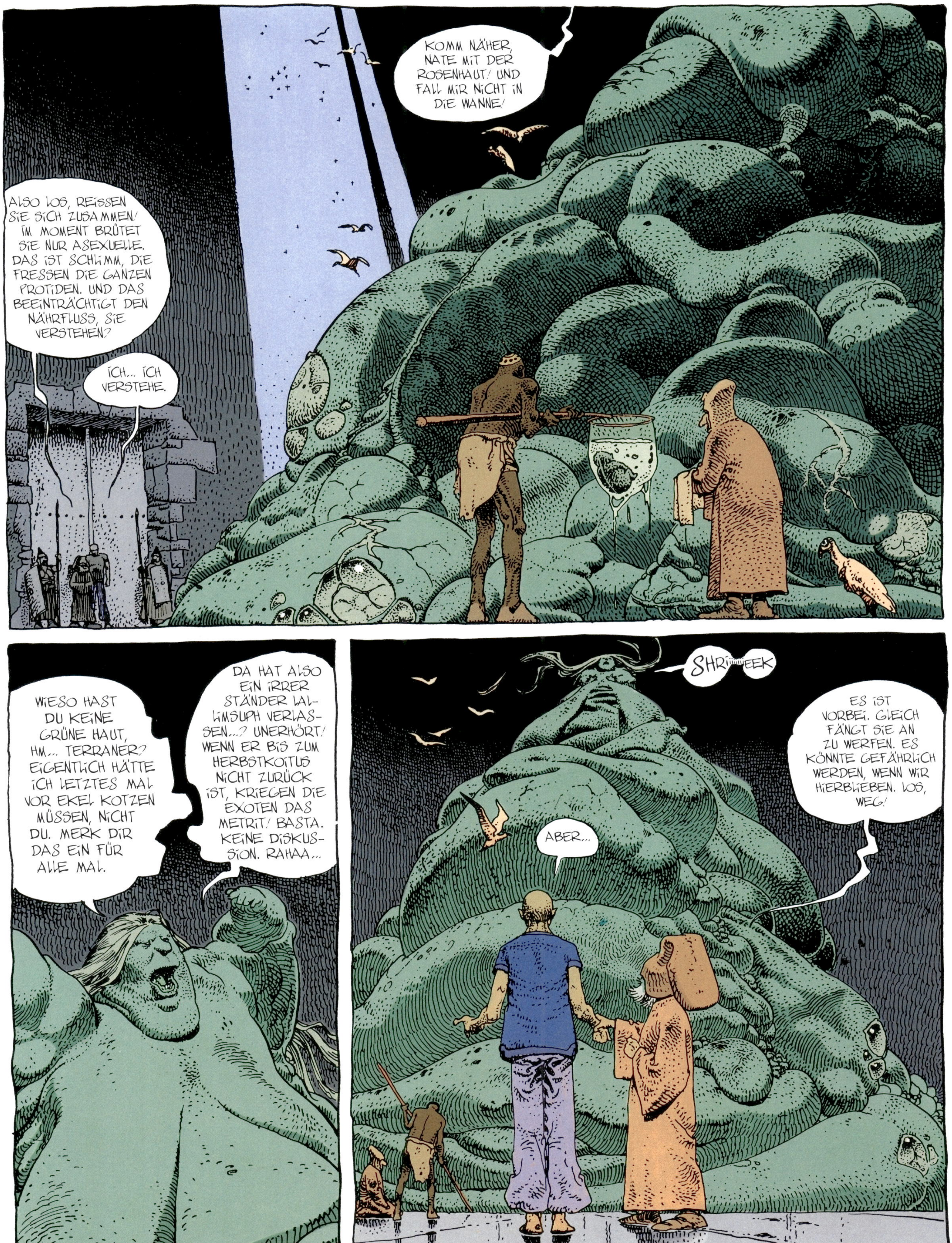
KOMM NÄHER, NATE MIT DER ROSENHAUT! UND FALL MIR NICHT IN DIE WANNE!
ALSO LOS, REISSEN SIE SICH ZUSAMMEN! IM MOMENT BRÜTET SIE NUR ASEXUELLE. DAS IST SCHLIMM, DIE FRESSEN DIE GANZEN PROTIDEN. UND DAS BEEINTRÄCHTIGT DEN NÄHRFLUSS, SIE VERSTEHEN?
ICH... ICH VERSTEHE.
WIESO HAST DU KEINE GRÜNE HAUT, HM... TERRANER? EIGENTLICH HÄTTE ICH LETZTES MAL VOR EKEL KOTZEN MÜSSEN, NICHT DU. MERK DIR DAS EIN FÜR ALLE MAL.
DA HAT ALSO EIN IRRER STÄNDER LALIMSUPH VERLASSEN...? UNERHÖRT! WENN ER BIS ZUM HERBSTKOITUS NICHT ZURÜCK IST, KRIEGEN DIE EXOTEN DAS METRIT! BASTA. KEINE DISKUSSION. RAHAA...
SHRIIIIIIIEEK
ES IST VORBEI. GLEICH FÄNGT SIE AN ZU WERFEN. ES KÖNNTE GEFÄHRLICH WERDEN, WENN WIR HIERBLIEBEN. LOS, WEG!
ABER...
15

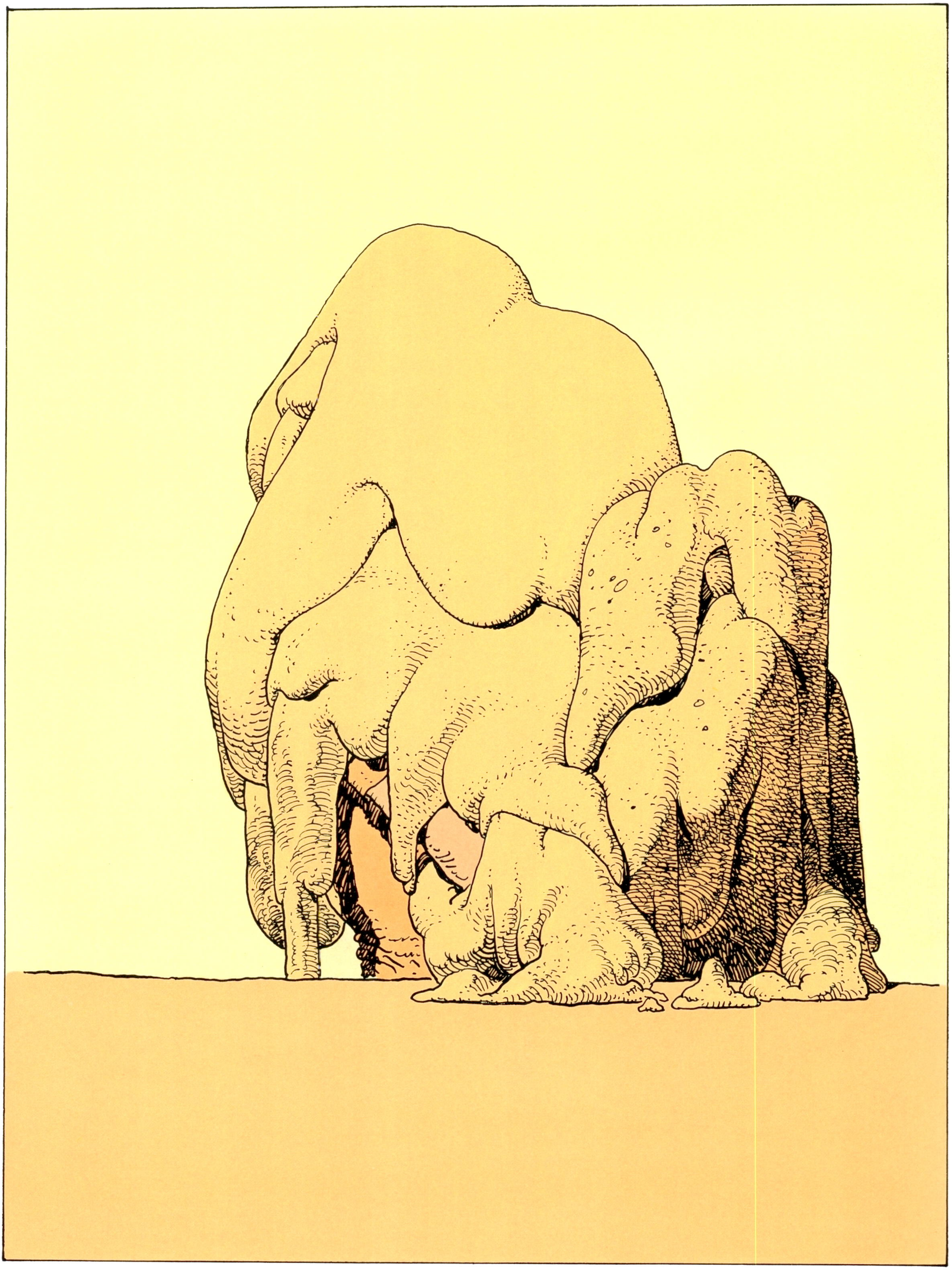

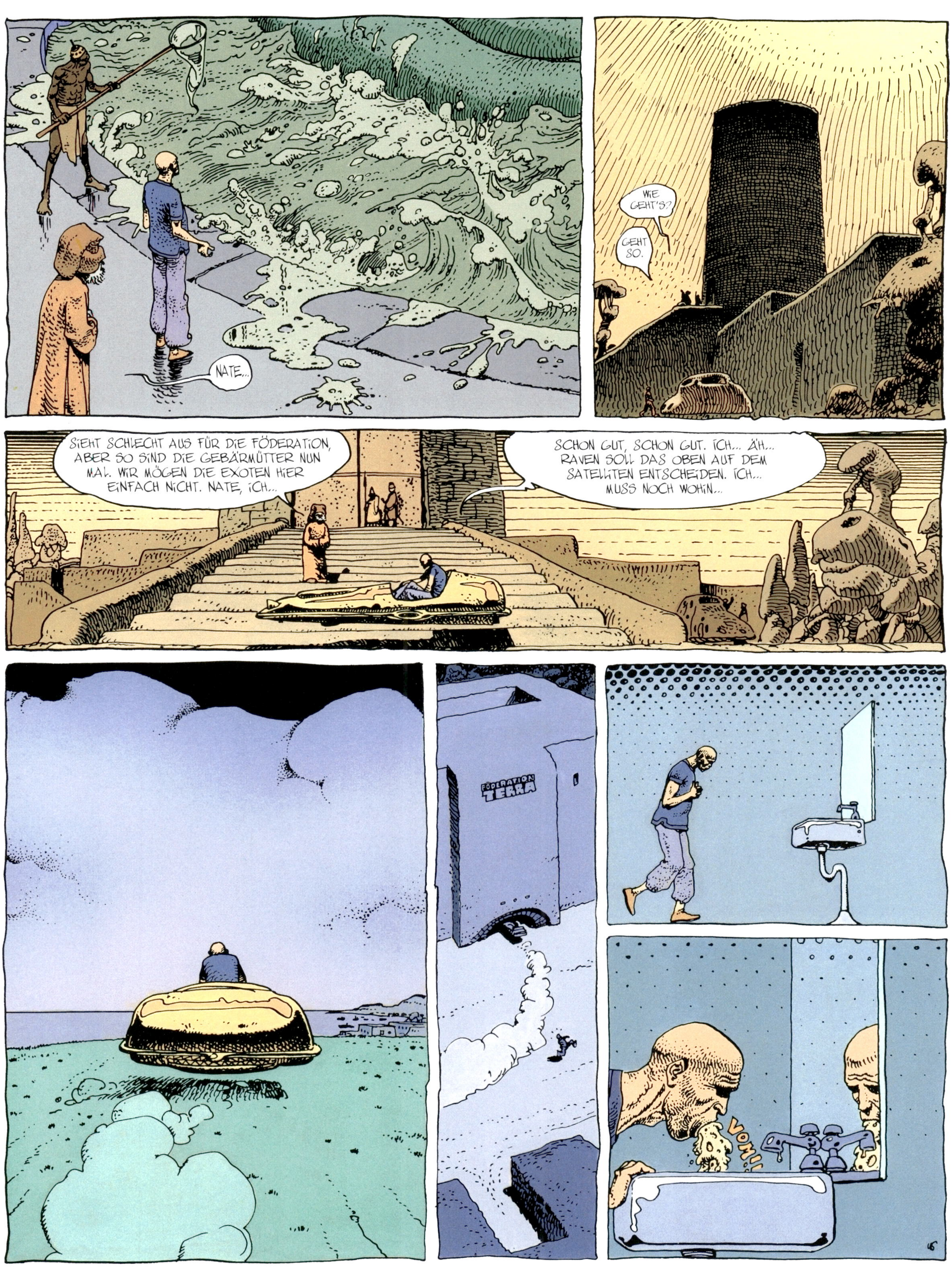
NATE...
WIE GEHT'S?
GEHT SO.
SIEHT SCHLECHT AUS FÜR DIE FÖDERATION, ABER SO SIND DIE GEBÄRMÜTTER NUN MAL. WIR MÖGEN DIE EXOTEN HIER EINFACH NICHT. NATE, ICH...
SCHON GUT, SCHON GUT. ICH... ÄH... RAVEN SOLL DAS OBEN AUF DEM SATELLITEN ENTSCHEIDEN. ICH... MUSS NOCH WOHIN...
FÖDERATION TERRA

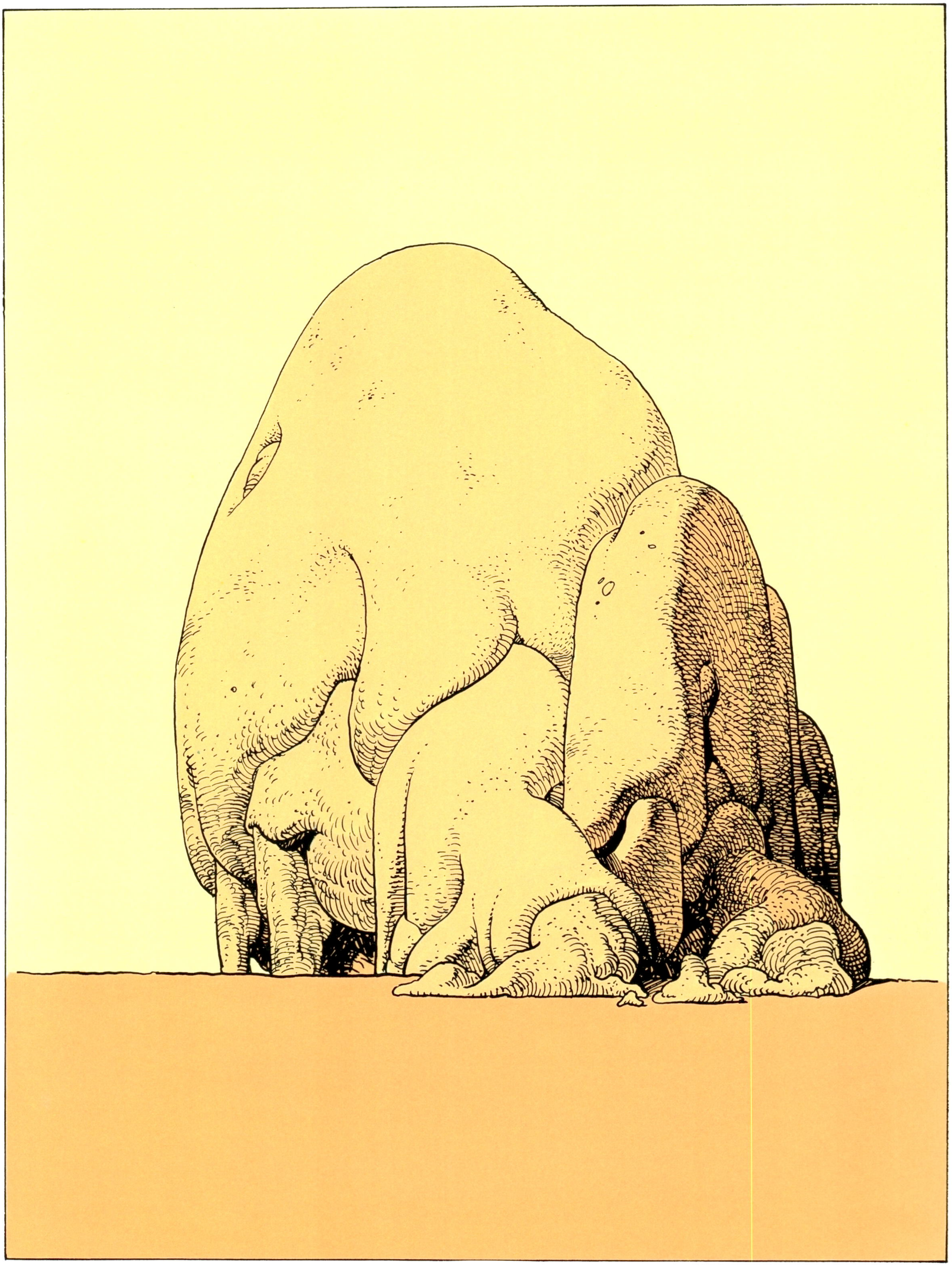

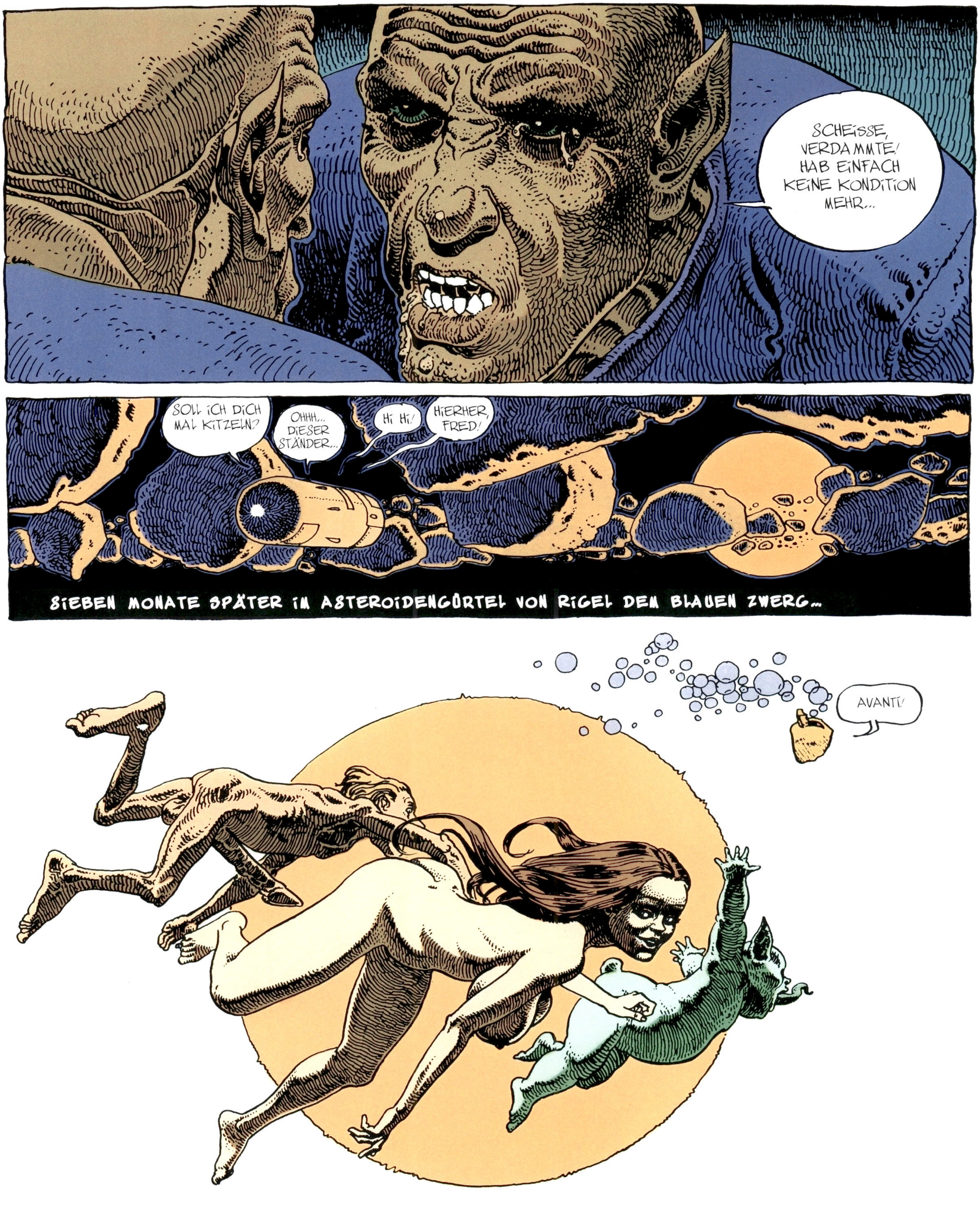
SCHEISSE, VERDAMMTE! HAB EINFACH KEINE KONDITION MEHR...
SOLL ICH DICH MAL KITZELN?
OHHH.. DIESER STÄNDER...
HI HI!
HIERHER, FRED!
SIEBEN MONATE SPÄTER IM ASTEROIDENGÜRTEL VON RIGEL DEM BLAUEN ZWERG...
AVANTI!

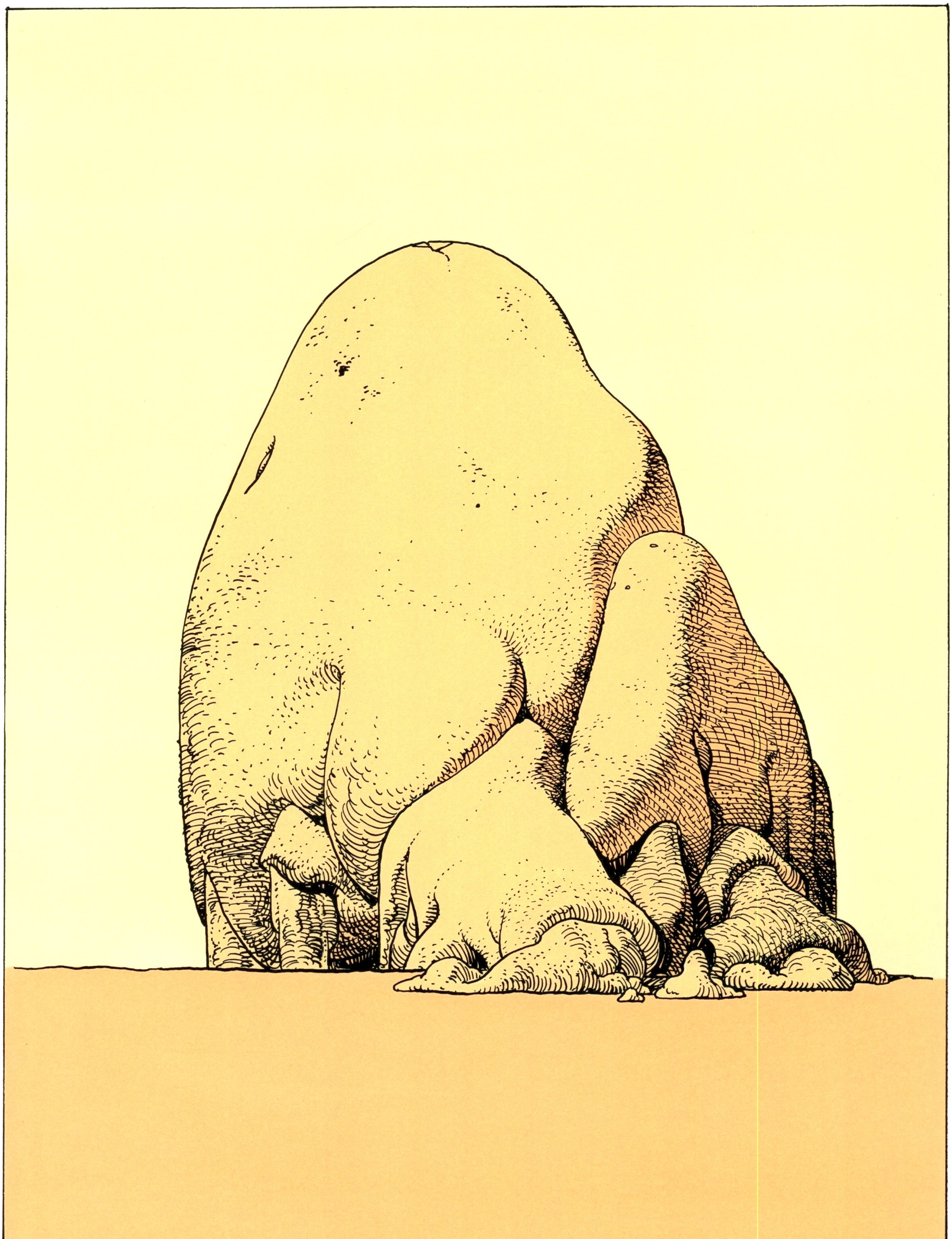

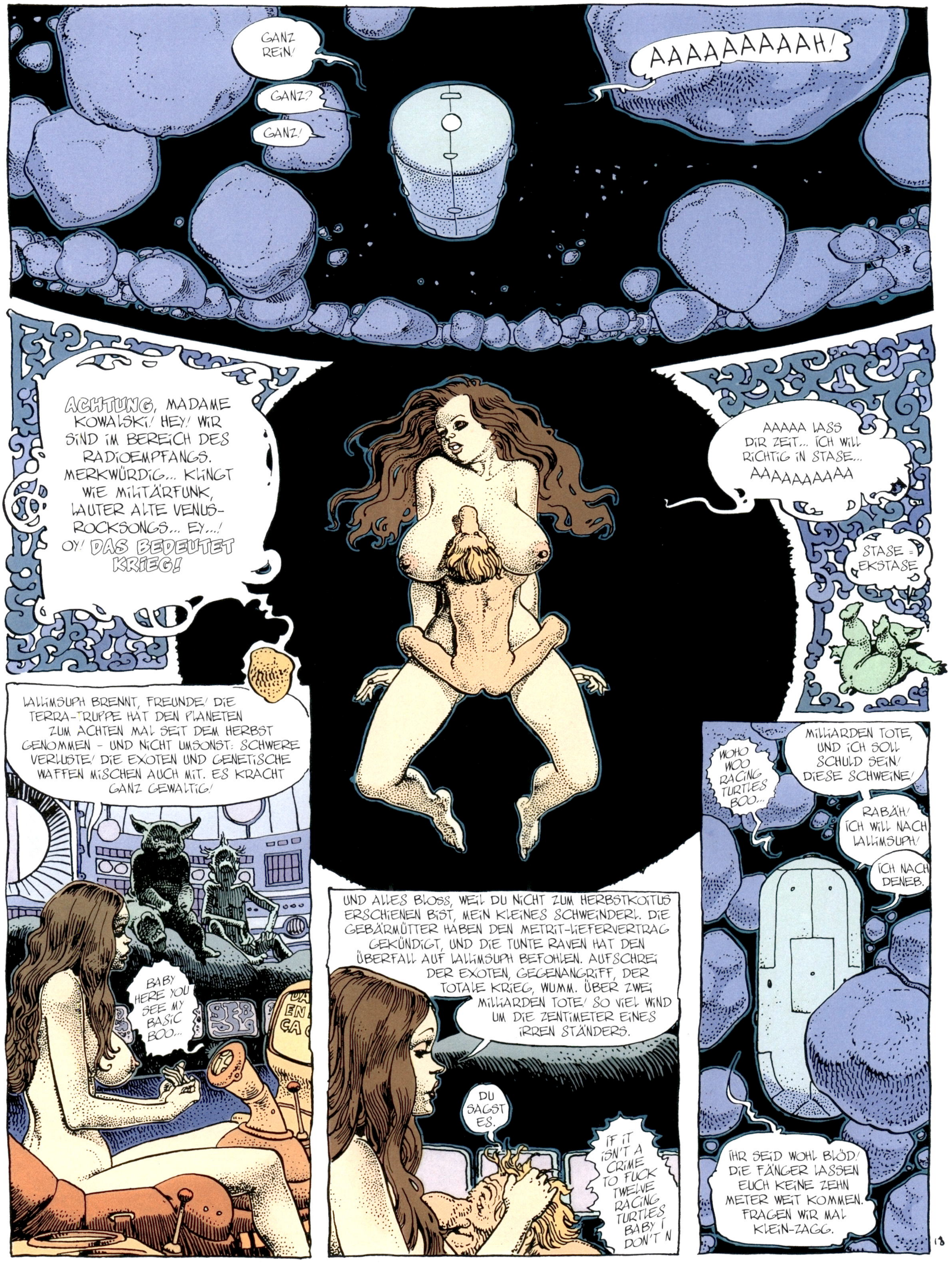
GANZ REIN!
GANZ?
GANZ!
AAAAAAAAAH!
ACHTUNG, MADAME KOWALSKI! HEY! WIR SIND IM BEREICH DES RADIOEMPFANGS. MERKWÜRDIG... KLINGT WIE MILITÄRFUNK, LAUTER ALTE VENUS-ROCKSONGS... EY...! OY! DAS BEDEUTET KRIEG!
AAAAA LASS DIR ZEIT... ICH WILL RICHTIG IN STASE... AAAAAAAAA
STASE = EKSTASE
LALLIMSUPH BRENNT, FREUNDE! DIE TERRA-TRUPPE HAT DEN PLANETEN ZUM ACHTEN MAL SEIT DEM HERBST GENOMMEN - UND NICHT UMSONST: SCHWERE VERLUSTE! DIE EXOTEN UND GENETISCHE WAFFEN MISCHEN AUCH MIT. ES KRACHT GANZ GEWALTIG!
BABY HERE YOU SEE MY BASIC BOO...
UND ALLES BLOSS, WEIL DU NICHT ZUM HERBSTKOITUS ERSCHIENEN BIST, MEIN KLEINES SCHWEINDERL. DIE GEBÄRMÜTTER HABEN DEN METRIT-LIEFERVERTRAG GEKÜNDIGT, UND DIE TUNTE RAVEN HAT DEN ÜBERFALL AUF LALLIMSUPH BEFOHLEN. AUFSCHREI DER EXOTEN, GEGENANGRIFF, DER TOTALE KRIEG, WUMM. ÜBER ZWEI MILLIARDEN TOTE! SO VIEL WIND UM DIE ZENTIMETER EINES IRREN STÄNDERS.
DU SAGST ES.
IF IT ISN'T A CRIME TO FUCK TWELVE RACING TURTLES BABY I DON'T N
WOHO WOO RACING TURTLES BOO...
MILLIARDEN TOTE, UND ICH SOLL SCHULD SEIN! DIESE SCHWEINE!
RABÄH! ICH WILL NACH LALLIMSUPH!
ICH NACH DENEB.
IHR SEID WOHL BLÖD! DIE FÄNGER LASSEN EUCH KEINE ZEHN METER WEIT KOMMEN. FRAGEN WIR MAL KLEIN-ZAGG.

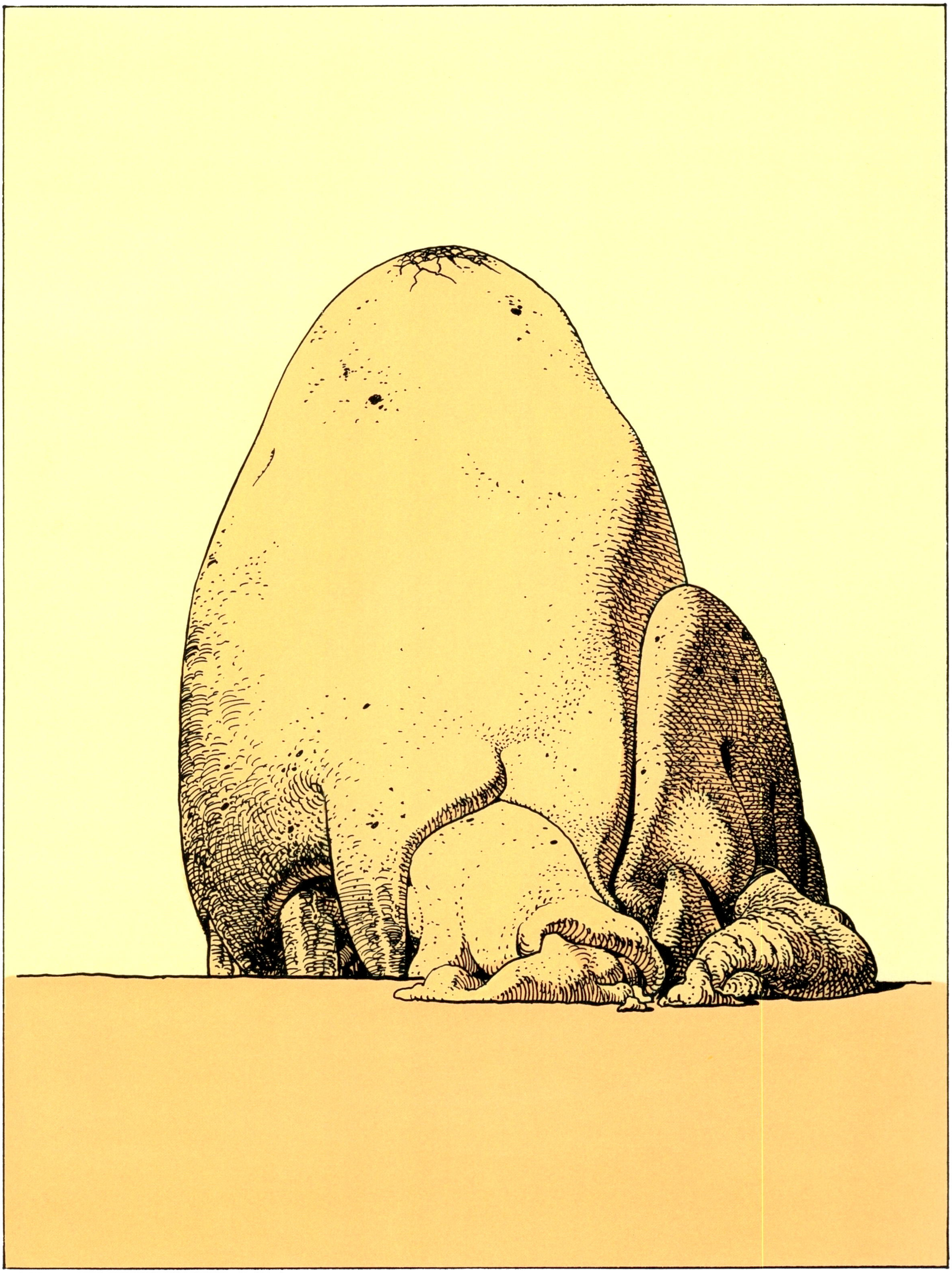

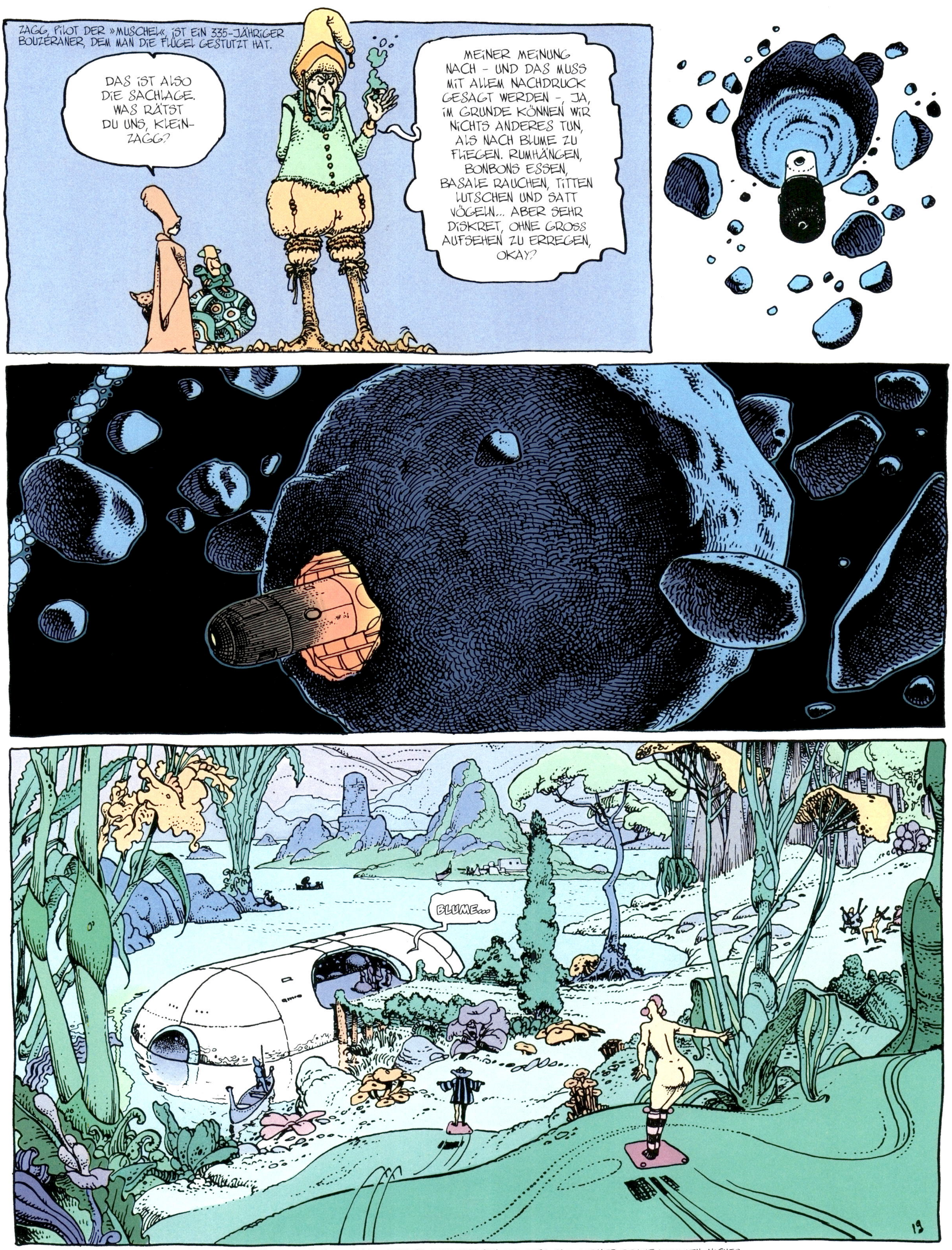

23 GRUBER-EFFEKT-GENERATOREN HABEN DAS INNERE VON BLUME GANZ EINFACH AUFGEBLASEN. DA MUSS BLOSS EINER DRAUF KOMMEN, NICHT?

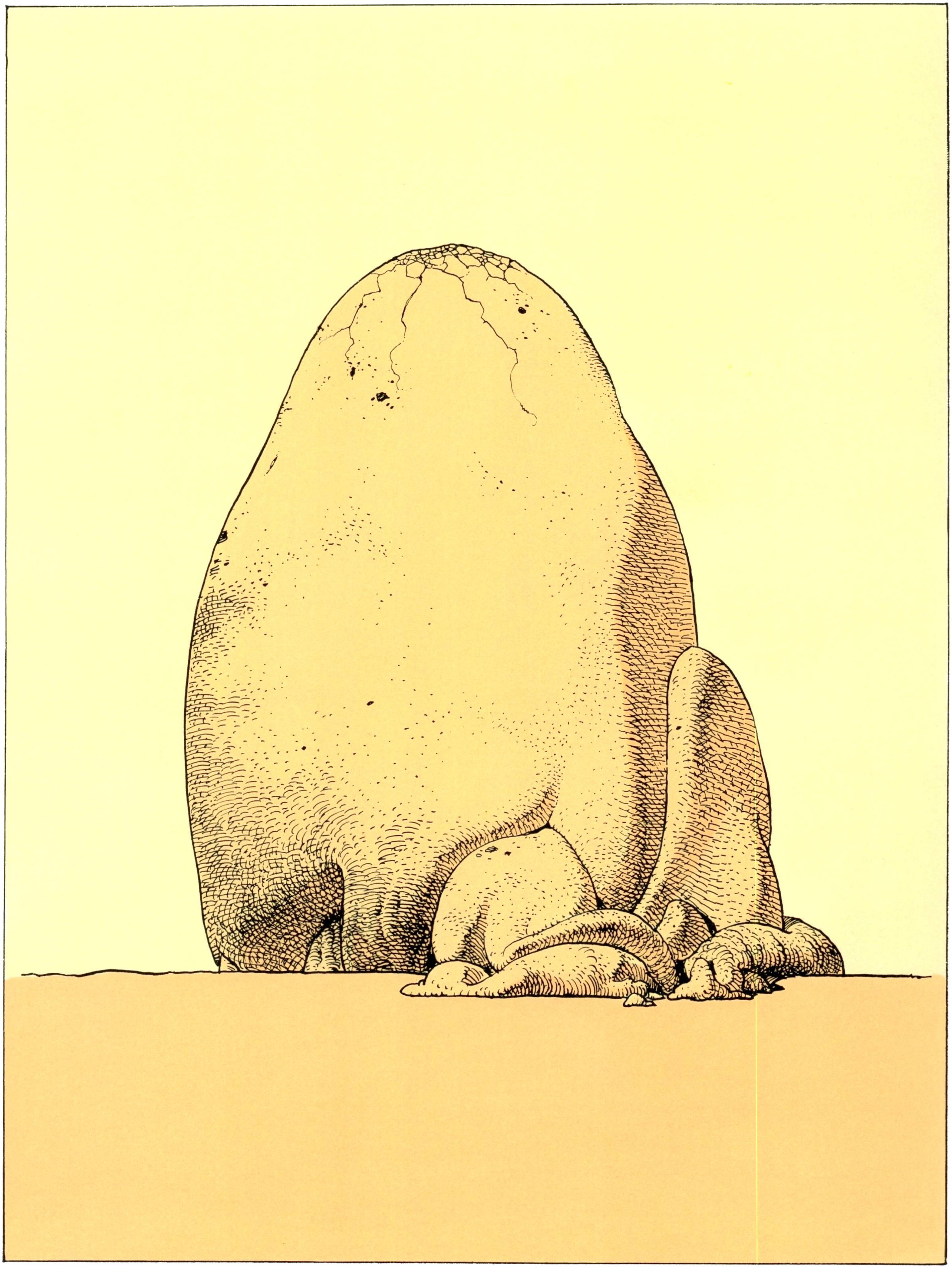

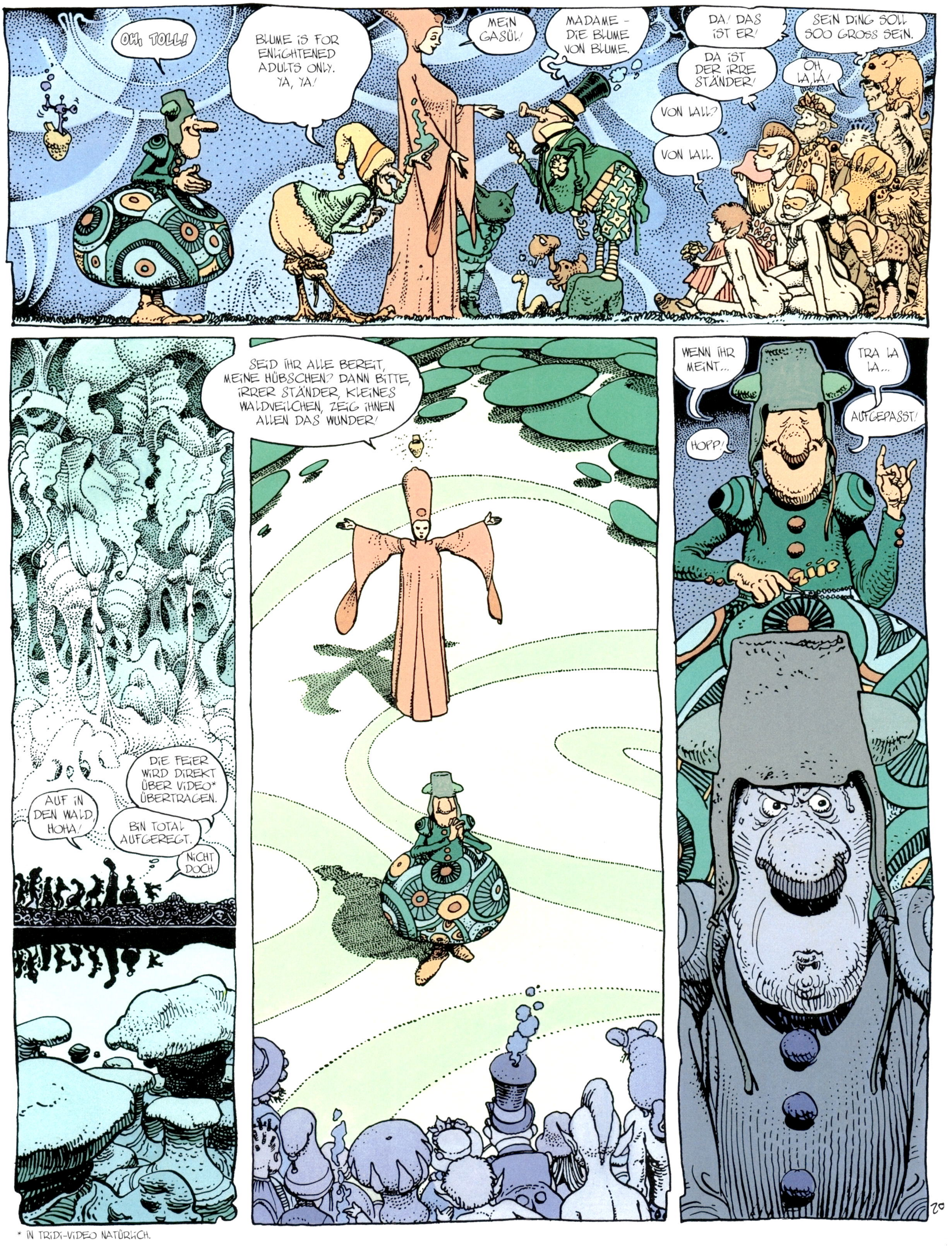

* IN TRIDI-VIDEO NATÜRLICH.

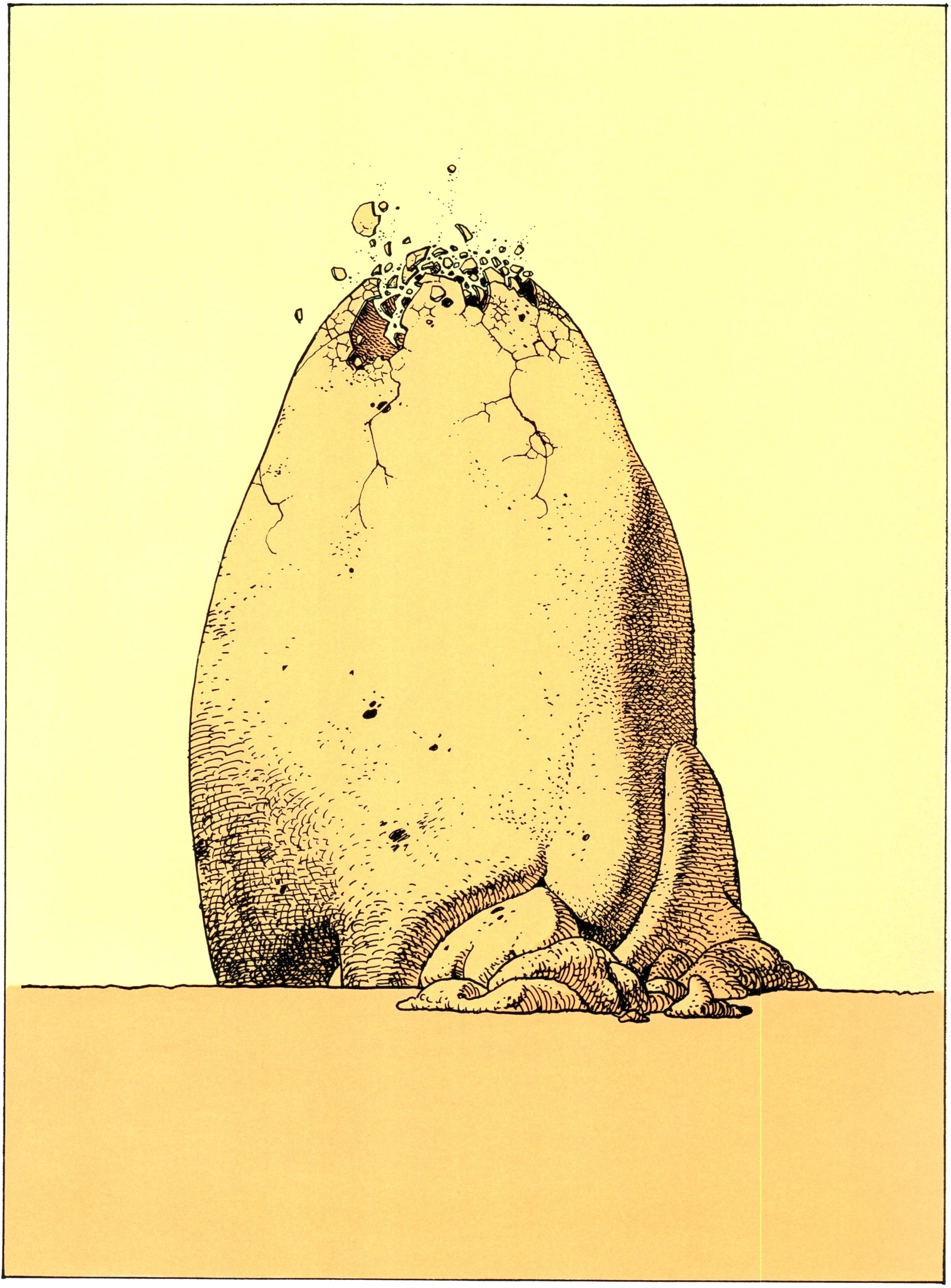

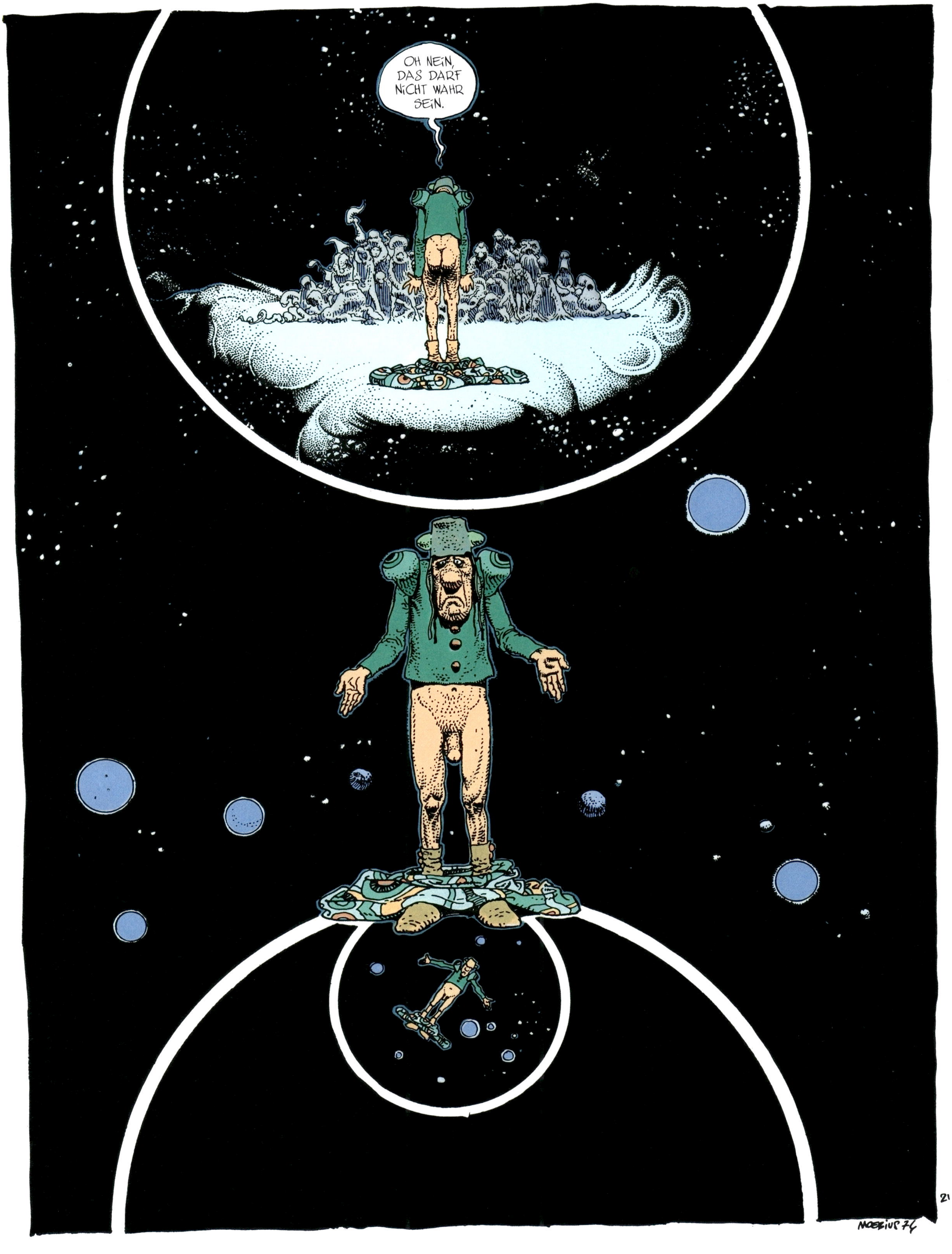
OH NEIN, DAS DARF NICHT WAHR SEIN.
21
MOEBIUS 74

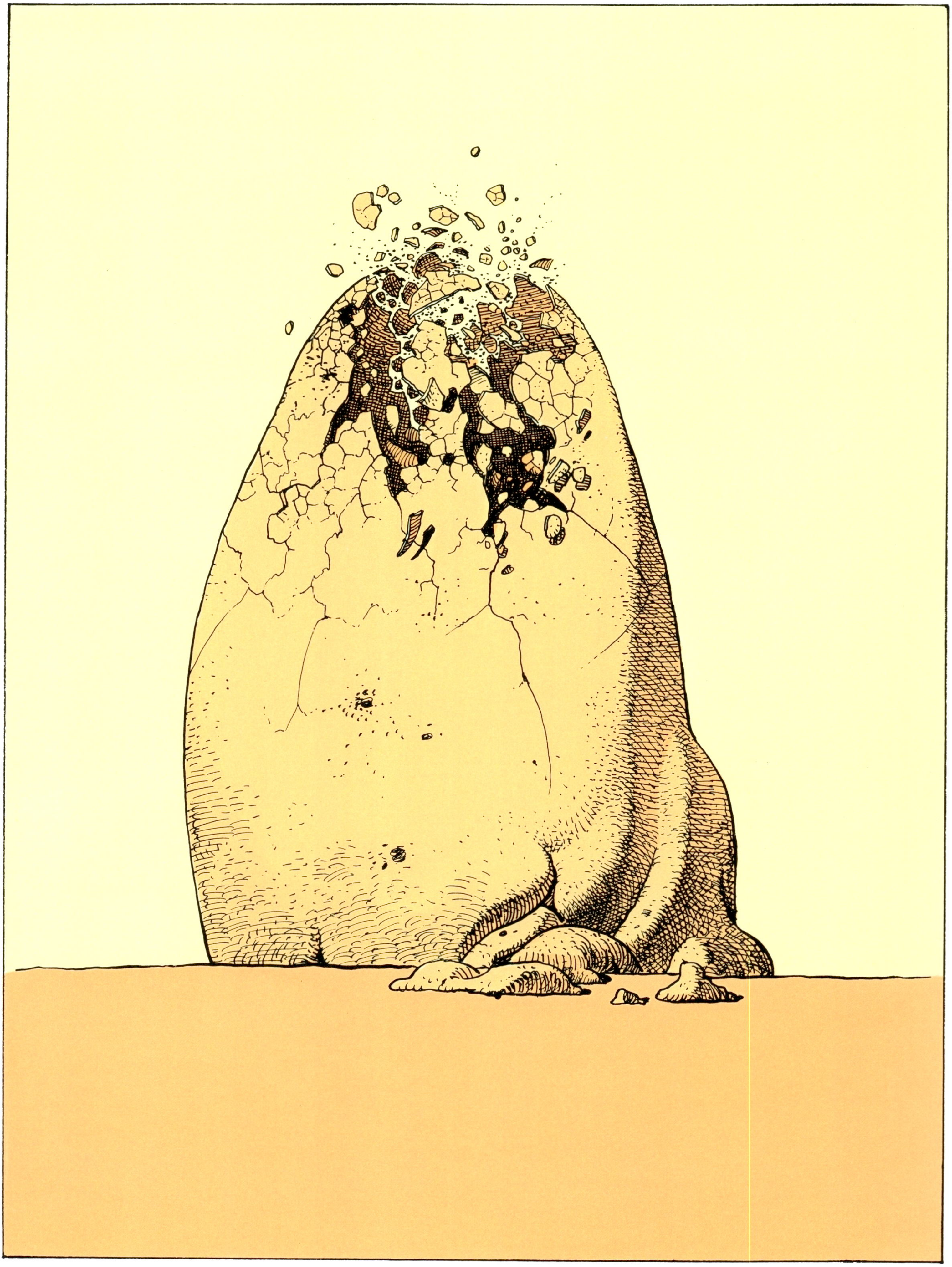

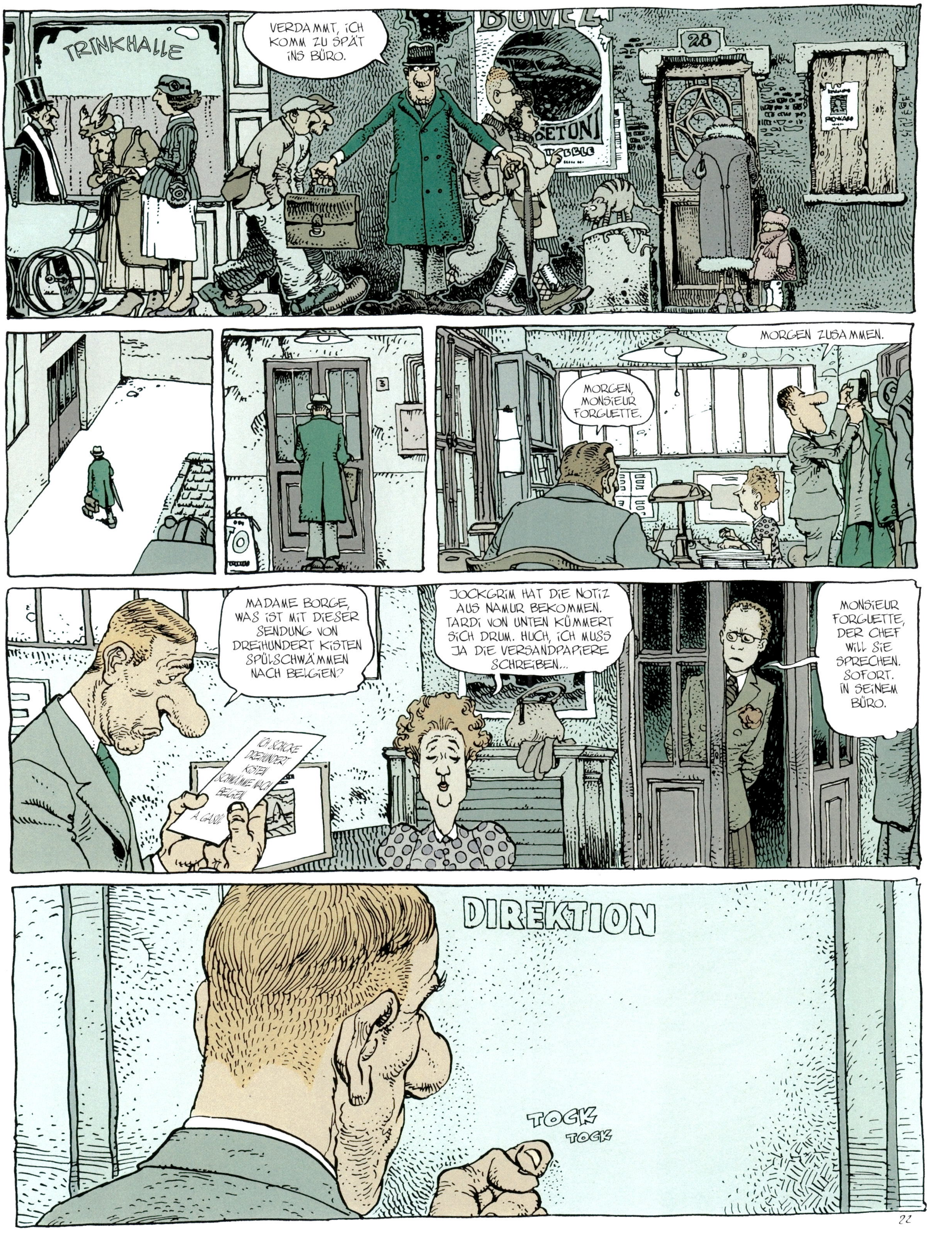
TRINKHALLE
VERDAMMT, ICH KOMM ZU SPÄT INS BÜRO.
BETON
28
MORGEN ZUSAMMEN.
MORGEN, MONSIEUR FORGUETTE.
MADAME BORGE, WAS IST MIT DIESER SENDUNG VON DREIHUNDERT KISTEN SPÜLSCHWÄMMEN NACH BELGIEN?
ICH SCHICKE DREIHUNDERT KISTEN SCHWÄMME NACH BELGIEN. A. GAND
JOCKGRIM HAT DIE NOTIZ AUS NAMUR BEKOMMEN. TARDI VON UNTEN KÜMMERT SICH DRUM. HUCH, ICH MUSS JA DIE VERSANDPAPIERE SCHREIBEN...
MONSIEUR FORGUETTE, DER CHEF WILL SIE SPRECHEN. SOFORT. IN SEINEM BÜRO.
DIREKTION
TOCK
TOCK
22

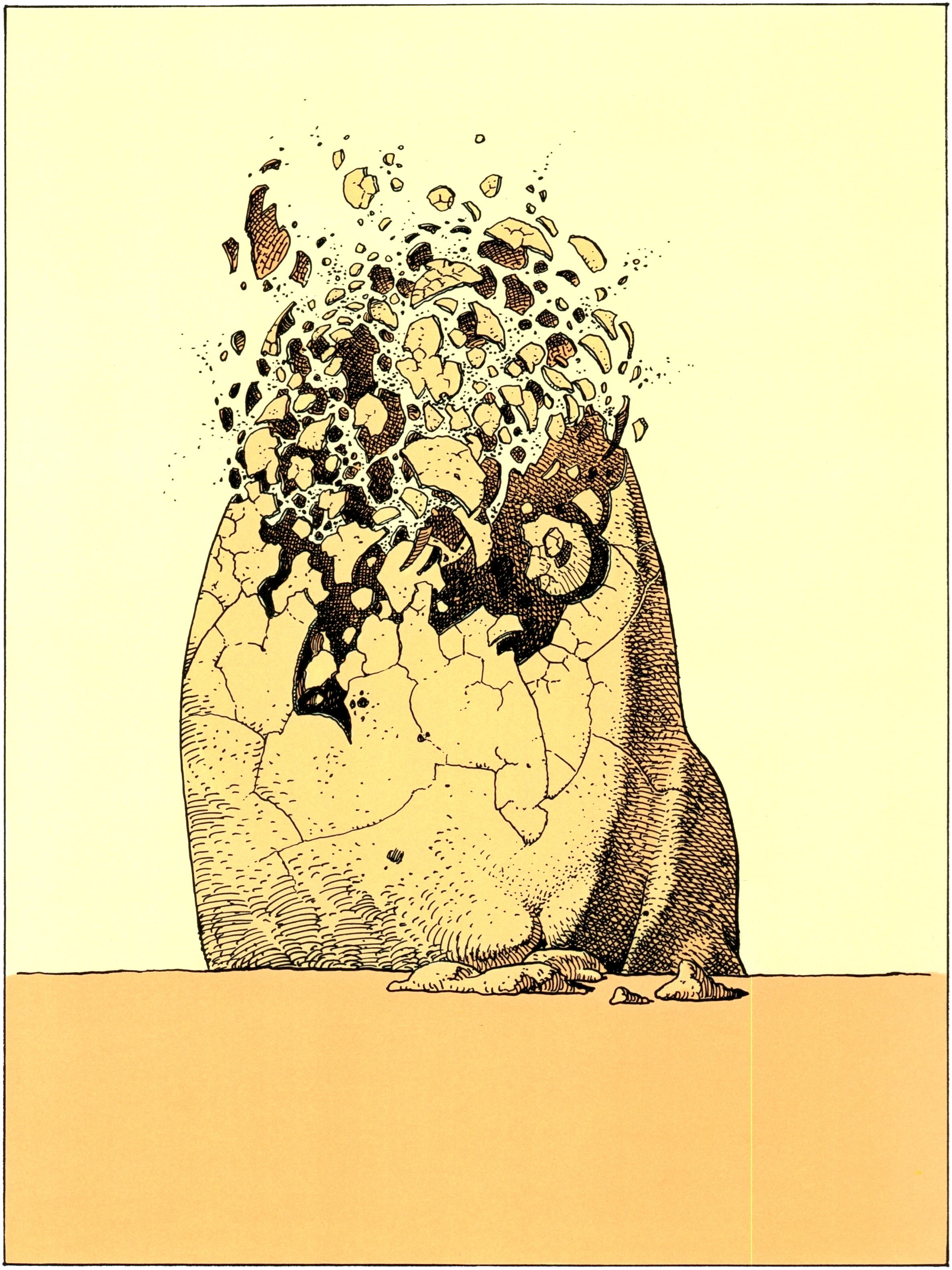

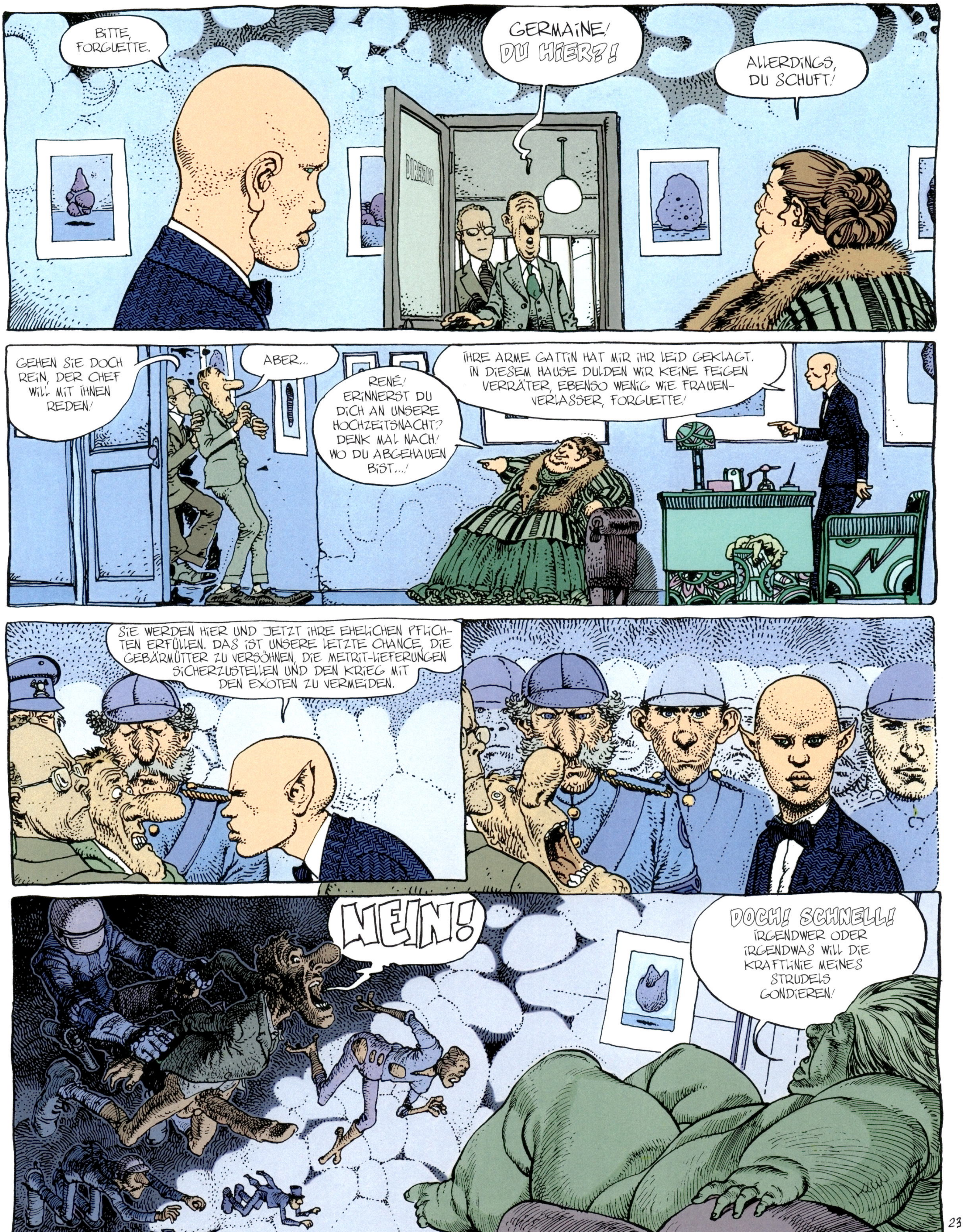
BITTE, FORGUETTE.
GERMAINE! DU HIER?!
DIREKTION
ALLERDINGS, DU SCHUFT!
GEHEN SIE DOCH REIN, DER CHEF WILL MIT IHNEN REDEN!
ABER...
RENÉ! ERINNERST DU DICH AN UNSERE HOCHZEITSNACHT? DENK MAL NACH! WO DU ABGEHAUEN BIST...!
IHRE ARME GATTIN HAT MIR IHR LEID GEKLAGT. IN DIESEM HAUSE DULDEN WIR KEINE FEIGEN VERRÄTER, EBENSO WENIG WIE FRAUEN-VERLASSER, FORGUETTE!
SIE WERDEN HIER UND JETZT IHRE EHELICHEN PFLICHTEN ERFÜLLEN. DAS IST UNSERE LETZTE CHANCE, DIE GEBÄRMÜTTER ZU VERSÖHNEN, DIE METRIT-LIEFERUNGEN SICHERZUSTELLEN UND DEN KRIEG MIT DEN EXOTEN ZU VERMEIDEN.
NEIN!
DOCH! SCHNELL! IRGENDWER ODER IRGENDWAS WILL DIE KRAFTLINIE MEINES STRUDELS GONDIEREN!
23

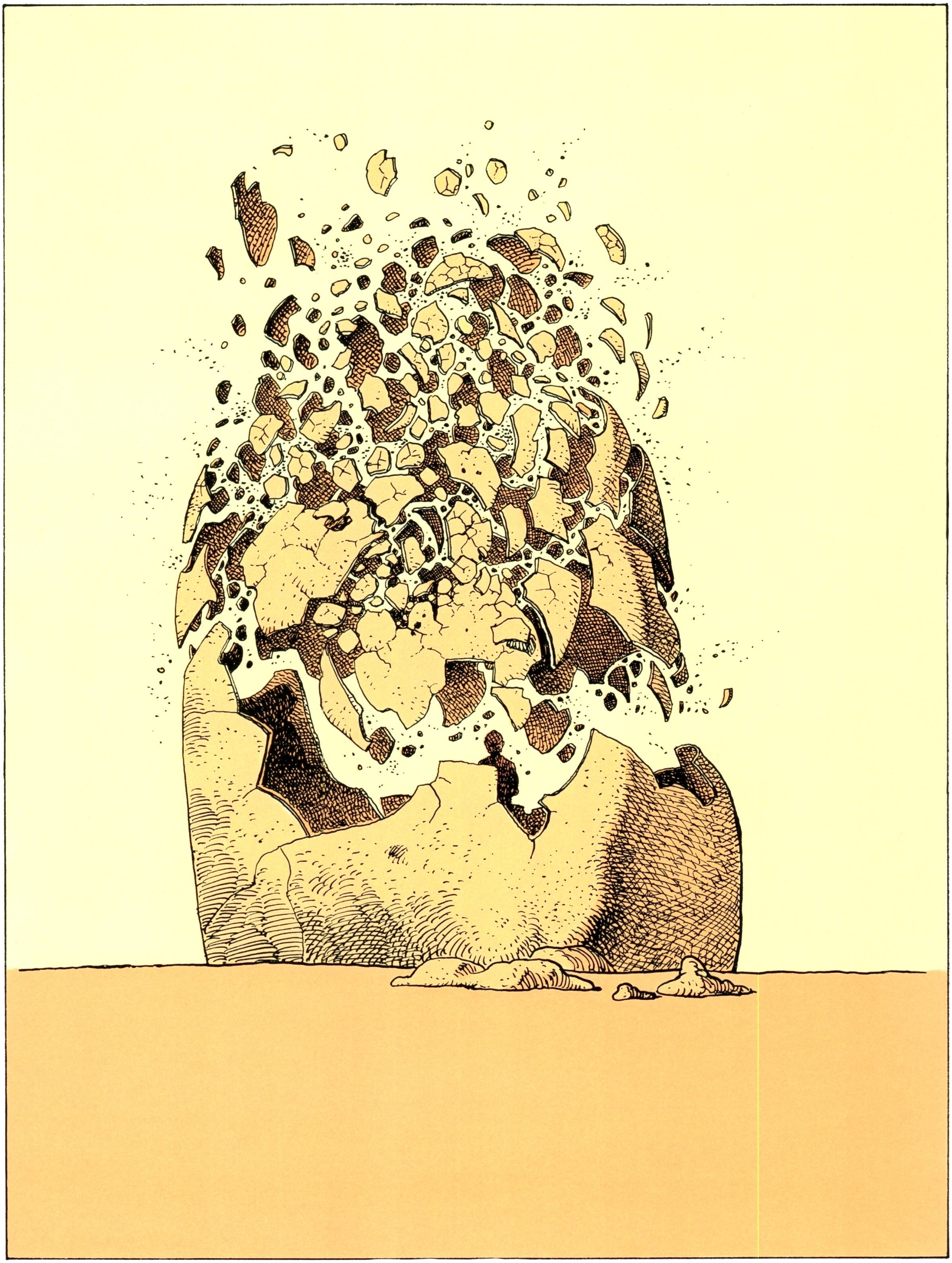

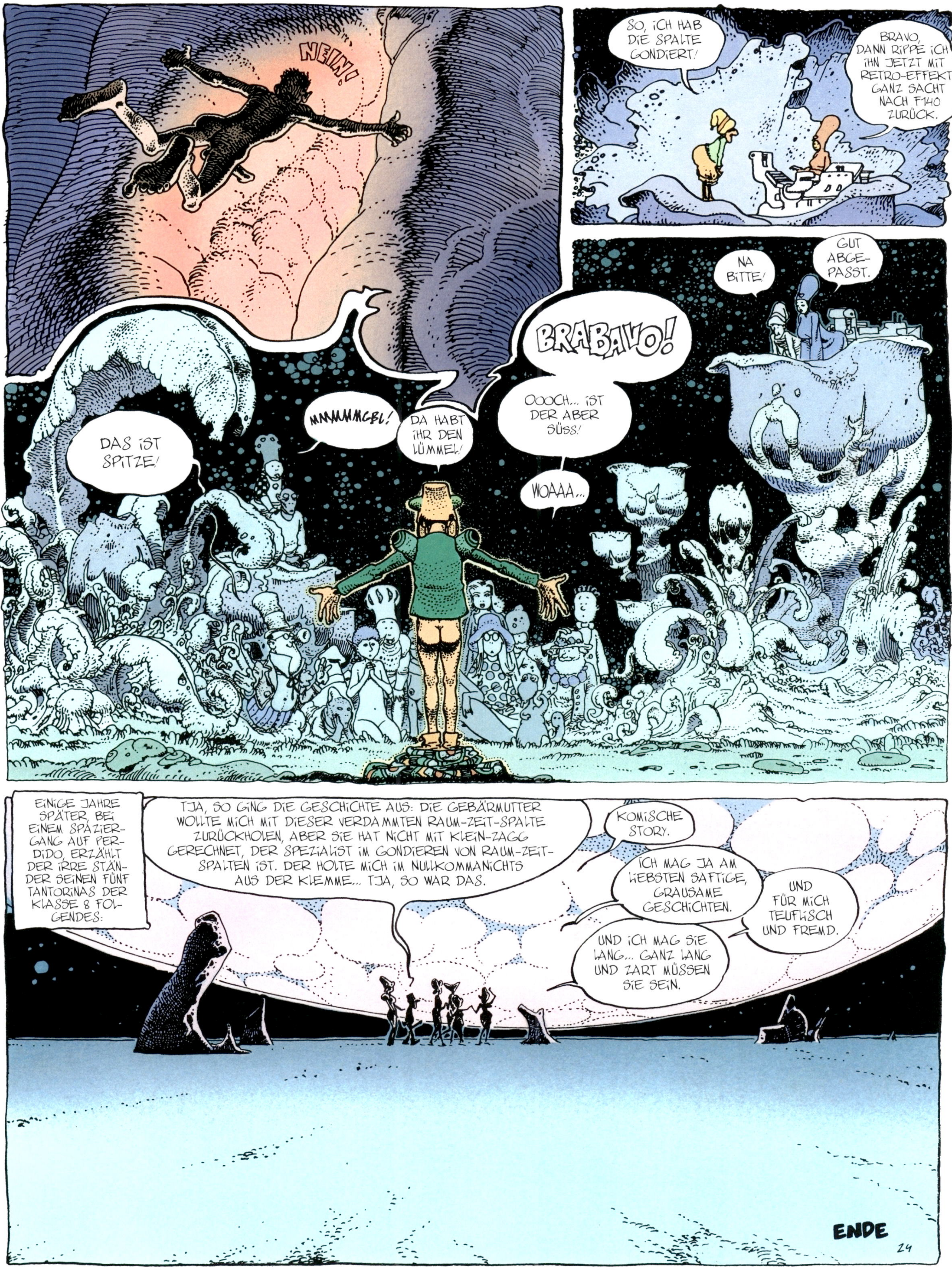
NEIN!
SO, ICH HAB DIE SPALTE GONDIERT!
BRAVO, DANN RIPPE ICH IHN JETZT MIT RETRO-EFFEKT GANZ SACHT NACH F140 ZURÜCK.
NA BITTE!
GUT ABGE-PASST.
DAS IST SPITZE!
MMMMMMGBL!
DA HABT IHR DEN LÜMMEL!
BRABAVO!
OOOCH... IST DER ABER SÜSS!
WOAAA...
EINIGE JAHRE SPÄTER, BEI EINEM SPAZIER-GANG AUF PER-DIDO, ERZÄHLT DER IRRE STÄN-DER SEINEN FÜNF TANTORINAS DER KLASSE 8 FOL-GENDES:
TJA, SO GING DIE GESCHICHTE AUS: DIE GEBÄRMUTTER WOLLTE MICH MIT DIESER VERDAMMTEN RAUM-ZEIT-SPALTE ZURÜCKHOLEN, ABER SIE HAT NICHT MIT KLEIN-ZAGG GERECHNET, DER SPEZIALIST IM GONDIEREN VON RAUM-ZEIT-SPALTEN IST. DER HOLTE MICH IM NULLKOMMANICHTS AUS DER KLEMME... TJA, SO WAR DAS.
KOMISCHE STORY.
ICH MAG JA AM LIEBSTEN SAFTIGE, GRAUSAME GESCHICHTEN.
UND FÜR MICH TEUFLISCH UND FREMD.
UND ICH MAG SIE LANG... GANZ LANG UND ZART MÜSSEN SIE SEIN.
ENDE
24

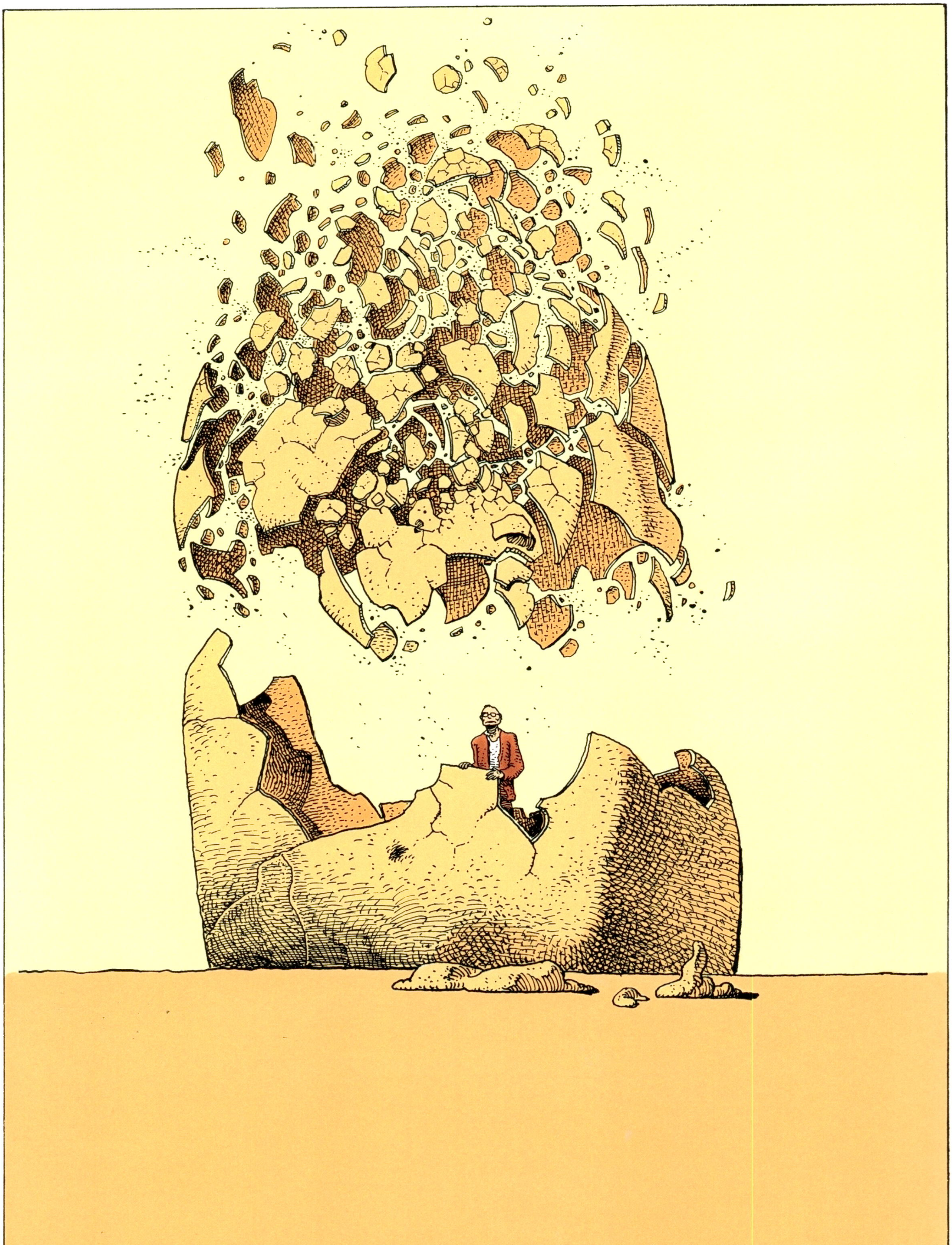

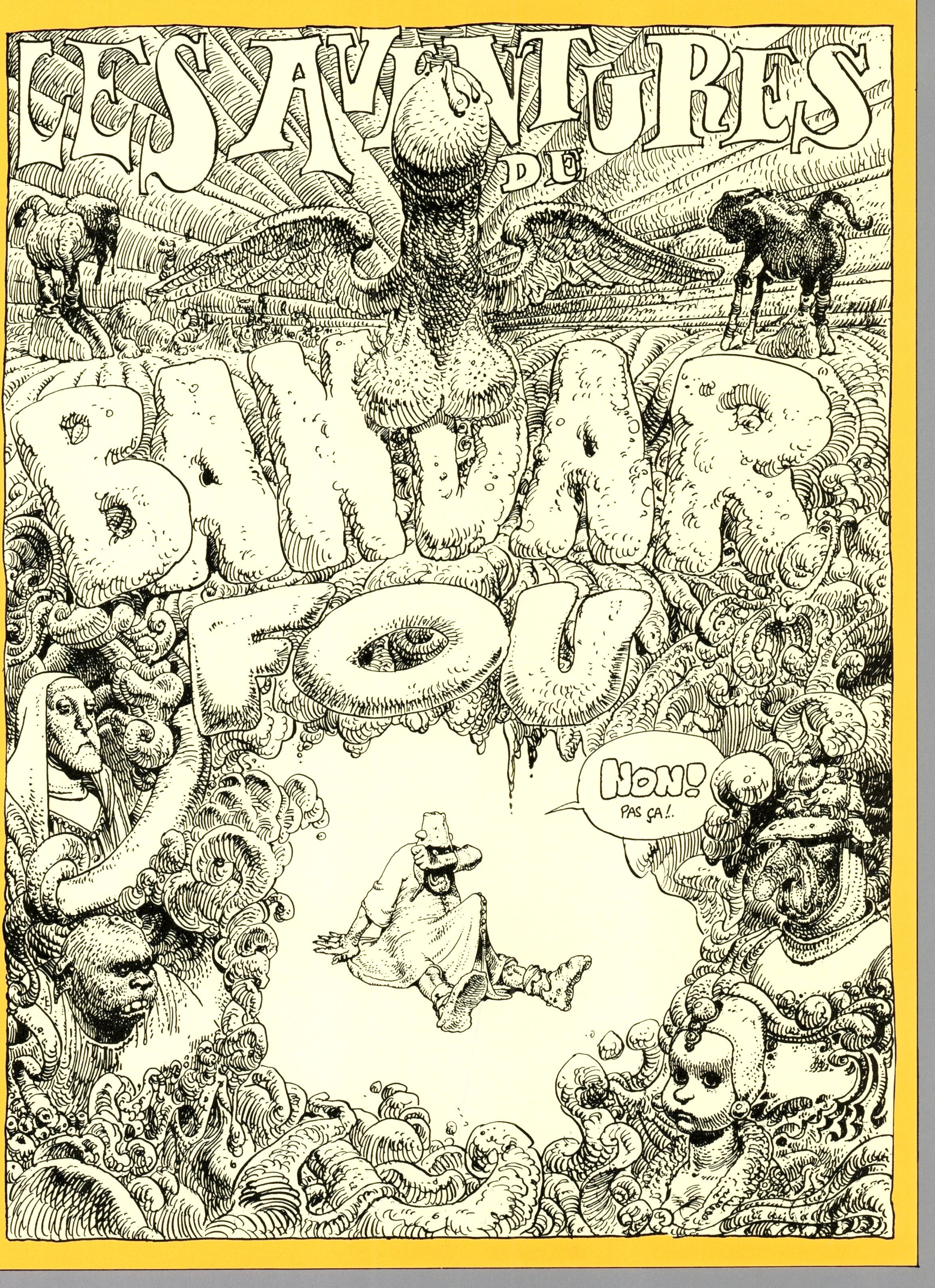
LES AVENTURES DU
BANDAR FOU
NON! PAS ÇA!.

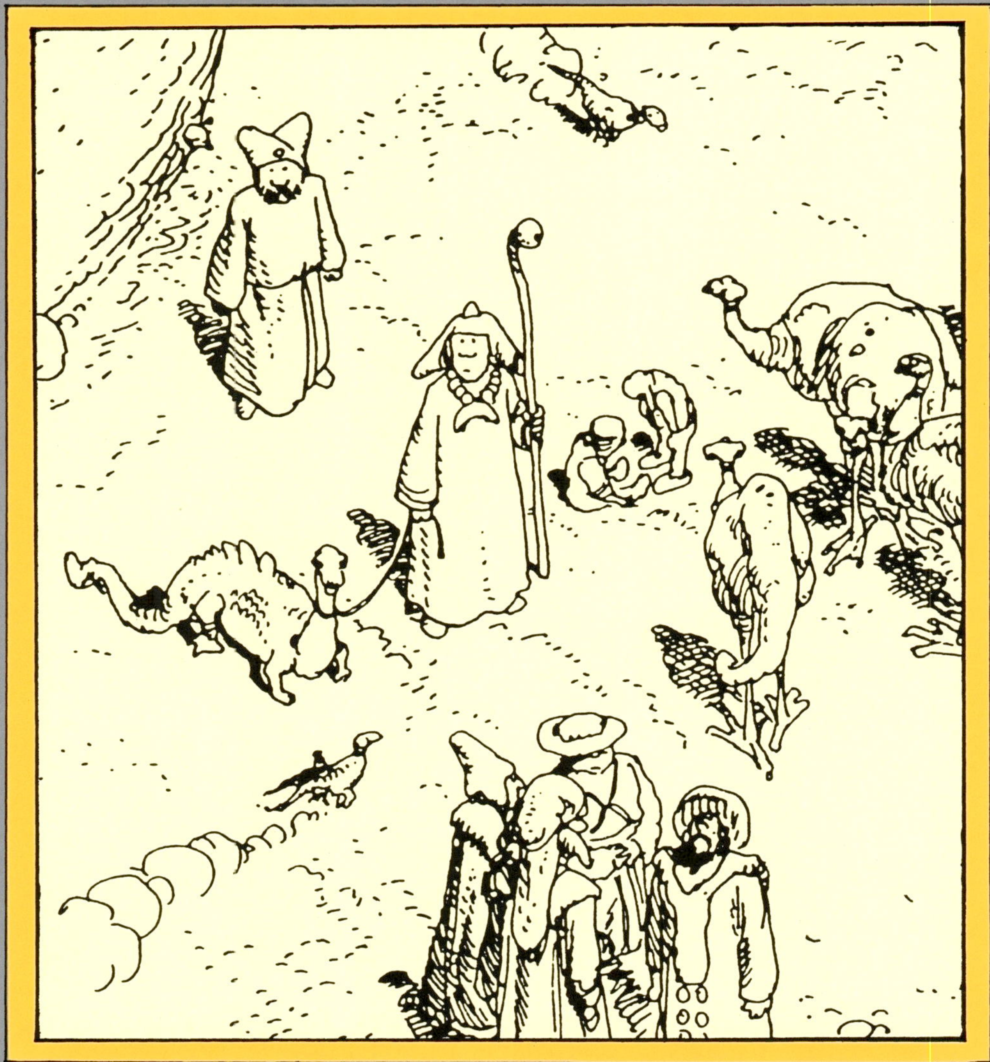

moebius collection

mœbius und die erotik

Eine Anekdote, die Künstler, die ihn kannten, gerne erzählen: Manchmal hinterließ Jean Giraud alias Mœbius kleine, versaute Zeichnungen auf öffentlichen Bänken und versteckte sich dann, um die Reaktionen der Passanten zu beobachten. Vielleicht kommt hier das Thema der Erotik in seinem Œuvre am besten zur Geltung.

Sex ist, mehr oder weniger explizit, mehr oder weniger diskret, seit den 1970er Jahren ein konstantes Motiv des Autors – das heißt, von dem Moment an, als er sich das Pseudonym Mœbius zulegt, unter dem er Kurzgeschichten erst in ***L'Écho des savannes*** und dann in ***Métal Hurlant*** veröffentlicht, an dessen Gründung er mitbeteiligt war. Wobei Jean Giraud diese rätselhafte Signatur eigentlich schon 1963 verwendet hatte, um in ***Hara-Kiri*** eine Science-Fiction-Story unter dem Titel »Der Mensch des 21. Jahrhunderts« unterzubringen.

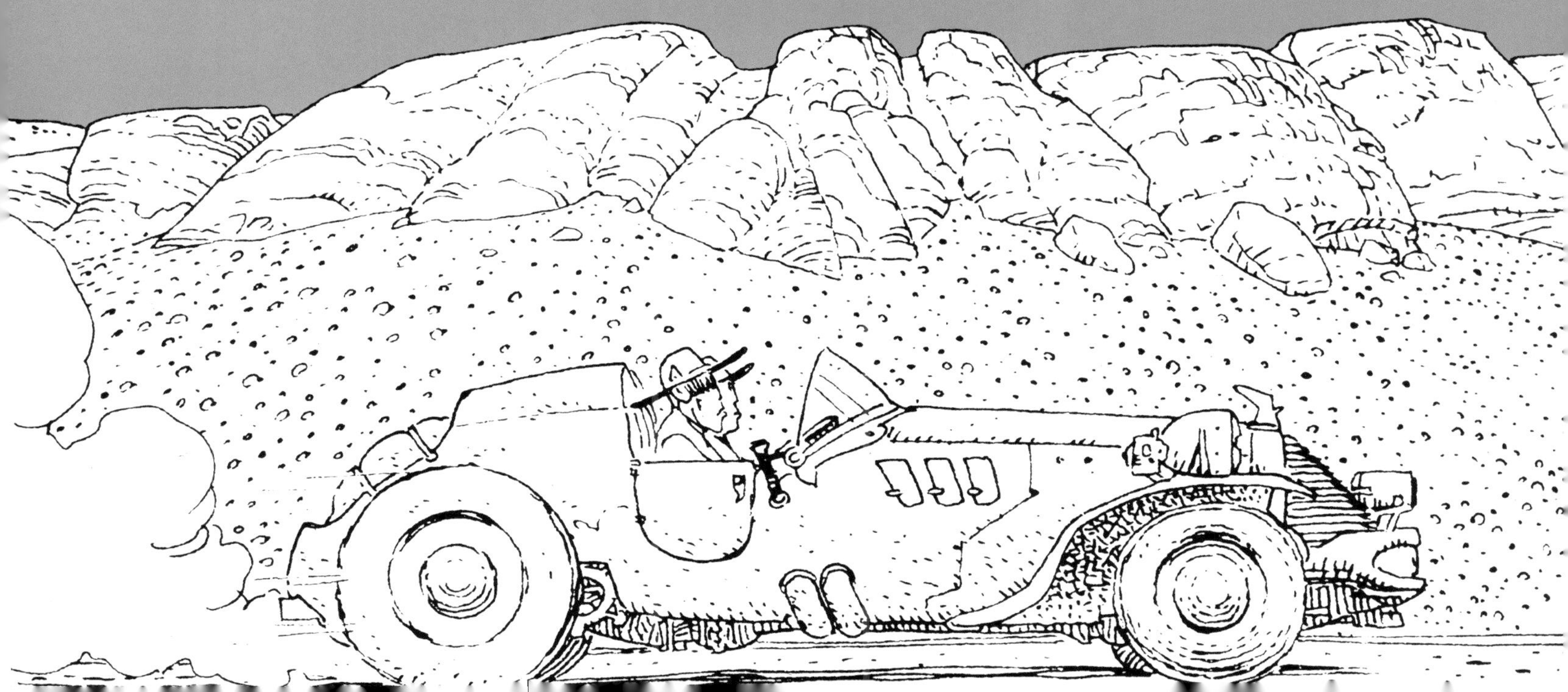

Demzufolge (und auch wenn es allgemein bekannt ist, kann es nicht schaden, noch einmal daran zu erinnern) stellte sich Jean Giraud in eine klassische frankobelgische Comic-Tradition, wenn er für das Magazin ***Pilote*** nach den Szenarios von Jean-Michel Charlier die Serie ***Blueberry*** zeichnete, während sein Pseudonym Mœbius zum Banner eines Strebens nach mehr Freiheit, Modernität und Subversion wird – ganz so, wie es die erwähnten Publikationen mit ihrer klar gegenkulturellen Ausrichtung andeuten.

Im Gefolge des US-amerikanischen Underground, der in den 1960er Jahren Normen und Tabus einstürzen ließ, ermöglichte die kulturelle Revolution in Frankreich nach dem Mai 1968 eine Öffnung zu radikaleren künstlerischen Ansätzen, die dem gesellschaftlichen Wandel angemessener erscheinen. Von dieser Grundwelle mitgetragen, wurden die Comics »erwachsen«, so der Schlüsselbegriff zu jener Zeit, und überwanden die Zensur, wie sie für Jugendliteratur vorgeschrieben war, um sich ungehindert mit sozialen, politischen und sexuellen Fragen auseinanderzusetzen. Über Sex zu sprechen und Sex zu zeigen wird somit zu einem gesellschaftlichen Thema, zum schlagenden Beweis einer neuen künstlerischen Ordnung, die endlich von normativen Zwängen und heuchlerischen Repressionen befreit ist.

Ursprünglich 1974 bei den Éditions du Fromage erschienen, kann ***Der irre Ständer*** als eine Allegorie auf diese Kulturrevolution gelesen werden. Die Geschichte ist ein absolutes Science-Fiction-Delirium nach Art des ***MAD Magazine*** und stellt einen eher durchschnittlichen Bewohner eines weit entfernten Planeten in den Mittelpunkt. Zu seinem größten Leidwesen wird er von einer überdimensionierten, unkontrollierbaren Erektion befallen. Im Rahmen dieser puritanischen Dystopie steht ihm solch ein Ständer nur einmal im Jahr zu, um dem gesellschaftlichen Bedürfnis nach Reproduktion durch eine Vereinigung mit der (monströsen) »Gebärmutter« zu entsprechen.

Als seine Erregung jedoch außer Kontrolle gerät und ihr äußerliches Attribut jenseits dieses legitimierten Rahmens in Erscheinung tritt, verstößt er gegen die Regeln des Anstands und muss sich verbergen, um zu überleben. Das übergroße Zeugungsorgan ist unübersehbar, eine Provokation der sozialen Ordnung, und der irre Ständer damit eine Beute der NFP (»No-Fuck-Police«). »Ich kann euch sagen, ich hasse meinen Schwanz«, gesteht der Held zu Beginn der Geschichte. Er befindet sich in der Wüste, vor den Toren der Stadt, verlassen (und verraten) von denen, die seine Freunde waren, ausgestoßen von der Gesellschaft, weil er »eine Latte zur Unzeit« hat. Haarsträubend komisch sieht man ihn auf den ersten Seiten auf und ab rennen und mit einem Knüppel auf seinen erigierten Penis einprügeln – als ob er ihm nachjagen würde und sein Schwanz ein Ding unabhängig von ihm selbst wäre (trotz seiner heftigen Schläge scheint er keine Schmerzen zu verspüren). In dieser Phase bleibt der Ständer, auch wenn er von seinen eigenen Impulsen übermannt wird, ein Opfer der sozialen Entfremdung.

Er hält sich selbst für eine Anomalie, ein Monster, einen Irrtum. Später wird er von der genießerischen und lustvollen Madame Kowalski gerettet, die ihn nach einigen Irrungen und Wirrungen zum Planeten Blume bringt, wo sein stolzes Organ Gegenstand allgemeiner Bewunderung wird. Der Ständer findet endlich seinen Platz in einer libertären Utopie, wo ein Übermaß an sexuellen Trieben nicht unterdrückt und noch nicht einmal nur akzeptiert wird, sondern erwünscht ist.

Im Vorwort zur Ausgabe von 1989 erklärt »der Künstler«, dass der Ständer in Wahrheit Major Grubert sein könnte, die andere von Mœbius zur gleichen Zeit erschaffene Kultfigur. In diesem Spiel der vertauschten Identitäten nimmt Mœbius eine zentrale Stelle ein. Der irre Ständer wie auch der Major sind lediglich Emanationen seiner selbst. In der Tat fällt es nicht allzu schwer, Giraud, den notorischen Pornophilen, mit dem Dauerständer

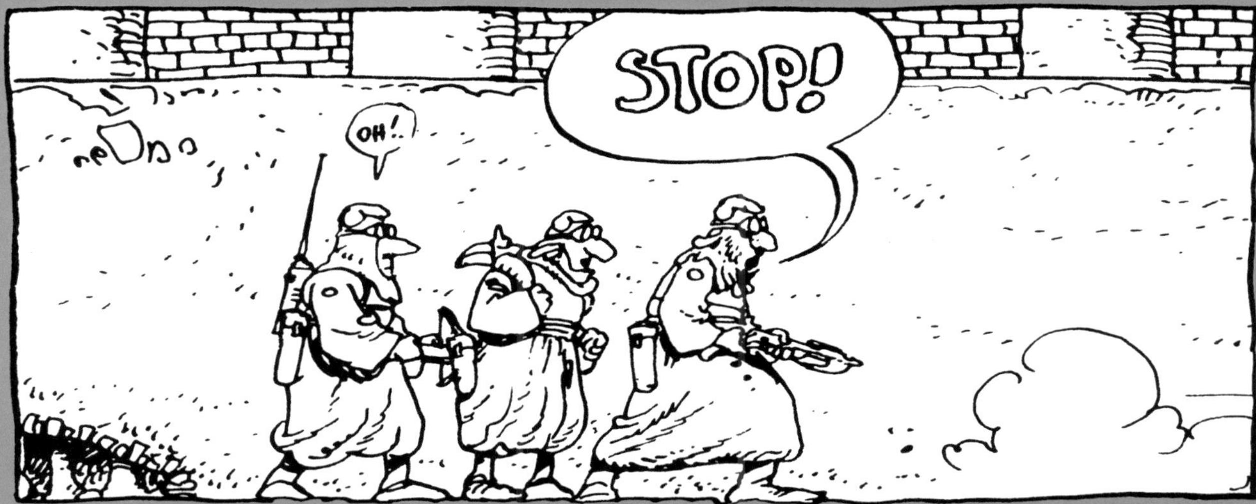

Die »No-Fuck-Police«, im Begriff, den irren Ständer zu verhaften. Seite 77, Panel 2 (Auszug).

zu identifizieren, der grotesken Karikatur eines Übermaßes an Trieben (und Frustrationen), das sich abrupt entfesselt, als eine neue, ungezügelte künstlerische Ära beginnt.

Die Verbindung zu Major Grubert mit seiner kolonialen Staffage ist diskreter: Seine Rolle als Forscher bestimmt ihn dazu, nicht nur ein bestimmtes geografisches Terrain zu sondieren, sondern auch die Psyche von Mœbius, dessen Unbewusstes und seine Träume, in die (unter anderem) seine sexuellen Phantasien eingeschrieben sind – deren leidenschaftlicher Ausdruck die Virtualität der Zeichnungen ist. Das heißt, dass Mœbius als Science-Fiction-Zeichner ein Forscher ist, der sich auf allen Ebenen der Wirklichkeit widmet, ob physisch, grafisch oder phantastisch. Die Alternativkulturen der 1970er Jahre ermöglichen es ihm, in diese undurchsichtigen Zonen, die die europäischen Comics zuvor schamhaft ausgespart hatten, einzutauchen und aus ihnen die nackte Wahrheit hervorzuholen. Dank des grafischen Stils von Mœbius scheint dieses Zwielicht, in dem die Blumen der Phantasie sprießen, selbst die Seiten zu erobern, wie ein gähnender Abgrund, der sich auf den unendlichen Raum öffnet, den das Schiff von Madame Kowalski (genannt »die Muschel«) durchkreuzt, der unergründliche Kosmos, dessen Sternbilder dem Verlangen zur Navigation dienen. Mit ihrem Flechtwerk aus Gekritzel und Schraffuren nach Art von Radierungen, ihrem vibrierenden und wimmelnden mineralischen Chaos erschaffen die Zeichnungen von Mœbius ein barockes Labyrinth, in dessen Mitte das »Es« lauert – der Minotaurus mit einer animalischen Erektion. Der weiße Raum wird durchzogen, neu konfiguriert, umdefiniert von einem Wald aus schwarzen Linien, der so undurchdringlich ist wie der Abgrund des Unbewussten. Anstatt diese rohe Libido zu verschweigen, bringt Mœbius sie zum Ausdruck. Anstatt sie zu unterdrücken, lässt er sie auf der Seite in einer leidenschaftlichen Eruption ausbrechen, aus der man jedoch stets einen Zweck, einen Sinn, den Geheimcode der unaussprechlichen Regungen herausarbeiten muss.

Dieser Code ist die Metamorphose. Da ein Bild mehr sagt als tausend Worte, erklärt eine Zeichnung mit dem Titel »Die Entstehung eines irren Ständers« das Leiden, mit dem sich die gleichnamige Figur herumschlägt. Die Logik ist die des »Vorher/Nachher«. Vorher steht der Protagonist nackt da, und sein Geschlecht baumelt ihm zwischen den Beinen. Nachher reckt sich sein Glied, nunmehr fast armstark, stolz der Welt entgegen. Wir wissen auch so schon genug über den physiologischen Mechanismus, der der Verrücktheit des Ständers innewohnt, aber die Zeichnung führt diese Verwandlung, die er durchmacht, klar vor Augen. Dabei wird deutlich:

Ob gewollt oder nicht, das sexuelle Verlangen verwandelt das Wesen, die Triebe transformieren das Individuum, die Phantasien verformen seine Physiognomie – und die beständig brodelnde Zeichnung umreißt all dessen Erscheinungen. Eine Szene in ***The Long Tomorrow***, acht Jahre später entstanden, verlängert und vertieft diese Faszination für die sexuelle Metamorphose. Hier sieht man den Helden, Privatdetektiv Pete Club, beim Beischlaf mit seiner Kundin, dem »Mädchen«, Dolly Vook zu Katterbar. Mitten im Koitus wird Pete von einem Telefonanruf unterbrochen. Abgelenkt durch das Gespräch, befummelt er gleichwohl die Brust seiner Partnerin, die weiter auf ihm reitet, zum Teil außerhalb des Bildes – bis sein Gesprächspartner ihm mitteilt, dass »das Mädchen« in Wahrheit ein bösartiger arkturischer Spion ist. In diesem Moment entdeckt der Detektiv, dass die Sexbombe sich in eine amorphe Fleischmasse verwandelt hat, deren monströse Tentakel seine erigierte Rute umklammern, als er sie von sich loszureißen versucht. Die Kreatur nimmt rasch wieder ihre menschliche Form an, doch das Unglück ist geschehen: Mit Abscheu hört sich Pete an, wie die Arkturianerin ihm ihre Liebe erklärt. Er legt bereits auf sie an, als sie zu ihm sagt: »Ich könnte jede Form annehmen, die du willst… sogar deine Gestalt, wenn du es möchtest…« Bei diesen Worten drückt der Privatdetektiv ab und beschimpft sie dabei als »Weltraumdämon«.

Was erzählt Mœbius hier, wenn nicht von der Zwiespältigkeit der Lust, der verstörenden Fremdheit desjenigen sich selbst gegenüber, der für jemand anders entflammt ist, dem unterschwelligen Ekel vor dem Begehren des sexuellen Körpers des Gegenübers, dem Entsetzen, sich seiner eigenen Libido stellen zu müssen, die sich dem Narzissmus anheimgibt? Am Ende all dieser Transformationen der Triebe und ihrer Erfüllung bleibt nichts als das unveränderte Bild des Begehrenden, der sich mit dem Schrecken seiner eigenen Begierde konfrontiert sieht – das heißt, mit dem Unbekannten.

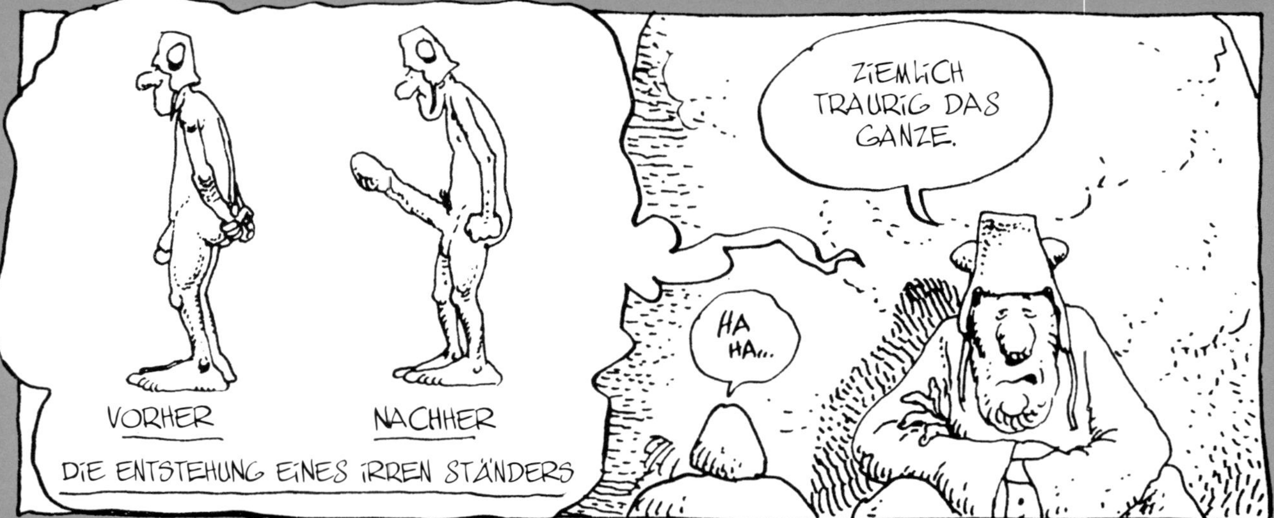

Schematische Darstellung vorher/nachher. Seite 73, Panel 3.

Die grafische Erotisierung perfekter Körper und Gesichter kann somit bei Mœbius jederzeit in namenlose Monstrosität umschlagen. Und umgekehrt. In der Instabilität und der Metamorphose offenbart das Verlangen seine wahre Natur: Es ist reversibel. Anziehung und Abstoßung, Zärtlichkeit und Gewalt, Erschaffen und Zerstören, Liebe und Hass – Sex ist all das, denn sämtliche Formen durchziehen und beeinflussen ihn. Auf die Frage »Was ist Ihrer Ansicht nach das schönste Schauspiel in der Natur?« antwortete Mœbius: »Die Verwandlung.« Schon im ***Irren Ständer*** ist diese Idee allgegenwärtig. Alle zwei Seiten wechselt sich die Erzählung mit der ganzseitig fortschreitenden Metamorphose einer Person ab, die von einer Gewebewucherung befallen und letztlich verschlungen wird. Im Endsta-

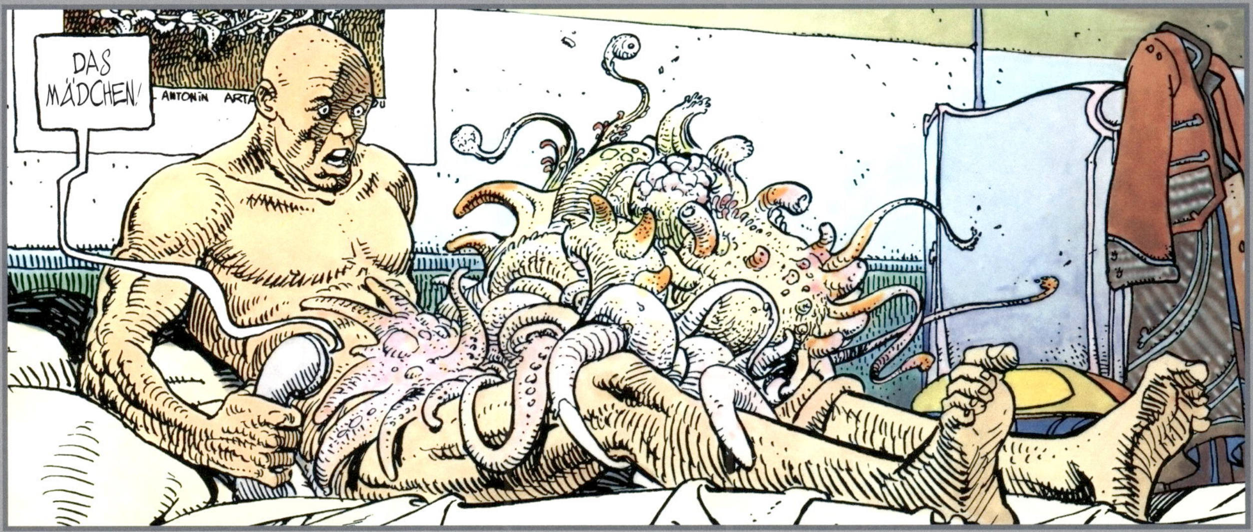

Die Partnerin von Pete Club verwandelt sich mitten im Liebesspiel in ein abstoßendes Monster. Auszug aus The Long Tomorrow, *Blatt 14, Panel 1.*

dium erstarrt dieser organische Berg und zerbricht wie die Schale eines außerirdischen Eis. Nun taucht ein winziger Mensch inmitten der Trümmer dieses überdimensionierten Kokons auf, ebenso verwirrt wie verloren. Aus der fleischlichen Einschmelzung, die das Sein durch seine unkontrollierte Selbstverschlingung erzeugt, ist eine Geburt hervorgegangen. Das ist in gewisser Hinsicht auch der Weg des irren Ständers. Und das wäre das Schicksal Pete Clubs, gäbe er der Versuchung nach. Am Ende dieser totalen Transformation durch das sexuelle Chaos sieht sich das Individuum auf sich selbst zurückgeworfen: ganz klein und unfähig zu verstehen, was ihm widerfahren ist.

Nach ***The Long Tomorrow*** 1983 und zweifellos beeinflusst durch den regelmäßigen Kontakt mit Alejandro Jodorowsky, mit dem er eine langanhaltende Zusammenarbeit beginnt (***Die Augen der Katze***, ***Der Incal***, ***Lust und Glaube***, ***Des Engels Kralle*** etc.), versucht Mœbius, Ordnung in diesen triebhaften Zustand zu bringen, indem er in eine Periode eintritt, die man als »kristallin« bezeichnen könnte. Der Autor unternimmt nun eine metaphysische und spirituelle Suche, die noch verstärkt wird durch seine Mitgliedschaft in einer New-Age-Gemeinschaft mit sektenhaften Zügen. Die organische Üppigkeit weicht nun geometrischer Klarheit, durchstrahlt von leuchtender Transparenz.

Nach seinem eigenen Bekunden ging es darum, seine Arbeit vom Durcheinander des Triebhaften zu reinigen. Gleichwohl gibt Mœbius das Gebiet des Sexuellen und seiner zwiespältigen Reize nicht auf. Der Autor erforscht weiterhin seine Phantasien in seinen Skizzenbüchern und Zeichnungen, die er anschließend vernichtet.

»Das sind eigentlich Phantasien, in die ich ohne Einschränkungen Provokationen und Perversitäten aller Art lege, um bestimmte Bilder aus meinem Kopf zu bekommen. Diese Delirien meiner Phantasie sind nicht wirklich von Belang, und deshalb möchte ich sie nicht aufheben. In zwei oder drei Fällen sind tatsächlich erotische Werke dabei herausgekommen, die ich gelegentlich genutzt habe. Im Nachhinein habe ich übrigens den Eindruck, dass sie das eher stärkt als schwächt«, erklärte er Charles-Louis Detourney[1]. Die Zeichnung lädt sich von Neuem mit einer ambivalenten Kraft auf: zugleich kathartisch, mit ihrem Ruf nach Läuterung, aber auch als Katalysator der Erregung, der ihre Kraft verstärkt. In allen Fällen findet sich die beständige Dopplung wieder. Nach der zu Beginn der 1970er Jahre vollzogenen Auftrennung in Giraud/Mœbius scheint sich im darauffolgenden Jahrzehnt der Zwiespalt in Mœbius selbst und seinem Verhältnis zur Sexualität abgespielt zu haben. Demnach gäbe es das sichtbare, »kristalline« Werk, der Spiritualität zugewandt,

1) *Gespräch mit Charles-Louis Detournay, in:* Jean Giraud – Mœbius (1/3): »Mes carnets sont l'improvisation d'une somme d'archétypes«, *ActuaBD [online], 14. Mai 2008*

und die verborgene, »triebhafte« Arbeit, die den Windungen der Phantasie nachgeht, um sich besser von ihnen zu befreien.

In Wahrheit sind die Verhältnisse komplexer und weniger schematisch. Auf dieselbe Art und Weise, wie er sich versteckte, um die Reaktion der Spaziergänger zu beobachten, die seine pornografischen Zeichnungen entdeckten, betrachtete Mœbius seine grafische Forschungsarbeit von den 1980er Jahren an als ein Labor, von dem aus er sein Selbst unter die Lupe nahm. Er setzt nicht so sehr seine Phantasien in Bilder um, sondern beobachtete sich selbst beim Phantasieren. Das wird besonders deutlich in der Reihe introspektiver Improvisationen namens ***Inside Mœbius***. Mehrmals inszeniert sich der Autor darin in einem Kinosaal, in dem alte und neuere erotische Illustrationen vorgeführt werden, wie ein innerer Film, der die Bilder seiner sexuellen Phantastereien abspult. Mœbius ist der Betrachter seiner eigenen libidinösen Phantasien. In seinen Zeichnungen seit den 1980er Jahren wird Sex repräsentiert, auf Distanz gehalten, als Gegenstand der Spekulation und Instrument einer transzendentaleren Verwirklichung des Seins. Darüber hinaus ist Sex weiterhin im sichtbaren Werk präsent, insbesondere in der Zusammenarbeit mit Jodorowsky.

In ***Lust und Glaube*** ist Sex die Triebkraft der Geschichte, durch die Alain Mangel wieder ins Leben zurückfindet und so die Verbindungen zwischen seinem Körper und seinem Geist rekonstruiert. Im Namen des Protagonisten ist im Übrigen auch die Kontraktion von »man« und »angel« erkennbar: der Mensch-Engel, Präfiguration des freizügigen Poems ***Des Engels Kralle***, Geschichte einer Verwirklichung von Weiblichkeit in Genuss und Vernichtung durch sexuelle Praktiken, wo sich Sadismus mit Metaphysik verbindet und das Orgasmische spirituell wird.

Mœbius erkennt sich vollkommen wieder in dieser Perspektive à la Baudelaire, die das Engelhafte mit dem Dämonischen, Schönheit mit Hässlichkeit, Genuss mit Schmerz, Ideal mit Spleen verbindet. Er findet dort den Schlüssel zu einer Spiritualität, die durch fleischliche Ekstase und Selbstenteignung erreichbar ist. In ***Des Engels Kralle*** lässt Jodorowsky seine Erzählerin im Übrigen sagen: »Der Sklavenanteil meiner selbst kniete zu meinen Füßen, meine beengte Vergangenheit als Opfergabe auf den Rücken tätowiert. Aus seinem Nacken löste ich den Kern des Bewusstseins heraus, in dem sich alle Verbote ansammeln: einen Schlüssel in der Form des Unendlichen.« Mit anderen Worten, das Möbius-Band, dem Giraud die Idee zu seinem Pseudonym verdankt. In seiner Zeichnung hält die Heldin diesen Schlüssel in die Höhe, der das Symbol von Mœbius selbst ist, »die unermessliche Blüte der Gegenwart sollte sich nun öffnen.« Der Himmel ist hier und jetzt zugänglich, am Rande des Abgrunds der materiellen Welt, und Sex ist der Pfad des Zugangs.

Jodorowsky wie Mœbius reihen sich damit ein in die Nachfolge des lateinamerikanischen Okkultisten Samael Aun Weor (1917-1977), Anhänger des Gnostizismus und des magischen Denkens sowie Autor unter anderem von ***Die perfekte Ehe*** (1950) und der ***Abhandlung über sexuelle Alchemie*** (1954). In Ersterem vertritt der Esoteriker die Idee, dass die sexuelle Energie die Basis jeglicher Wirklichkeit ist, ohne sie würde die Welt nicht existieren. Darum hat ihm zufolge alle Mystik mit Sex zu tun. »Sexualmagie gibt es im esoterischen Christentum, im Zen-Buddhismus, Sexualmagie praktizieren die eingeweihten Yogis und die mohammedanischen Sufis. Sexualmagie wurde in den Einweihungsschulen von Troya, Ägypten, Rom, Karthago und Eleusis praktiziert. Es gab sie genauso in den Mysterien der Mayas, der Azteken, Inkas, der Druiden usw.«

Weor ergänzt: »Wenn sich der Leser der Mühe unterzieht, alle Religionen der Welt zu studieren, wird er den Phallus und den Uterus als die Synthese aller Mysterien entdecken. Uns ist keine Religion oder Mysterienschule bekannt, in der der Kosmische Christus und die Mysterien der Sexualität nicht zu finden sind.« Von seinen gegenkulturellen Provokationen bis zu seiner spirituellen Suche hat Mœbius

Sex niemals anders betrachtet als einen Weg, der zur völligen Befreiung des Seins führt, das einzige Gesetz, mit dem sich alle anderen stürzen lassen, illegitime oder auch nicht, denn es ist seine eigene Notwendigkeit und seine Erfüllung. Die Sexualität ist Selbstverwirklichung, das alchemistische Große Werk der Menschheit, denn sie initiiert deren Transformation ebenso wie den Übergang zu einer anderen Bewusstseinsebene.

In seiner alchemistischen ***Abhandlung*** schreibt Weor: »Mit Sexualmagie verwandeln wir unseren Schwarzen Raben in einen weißen und werden zu allmächtigen Göttern des Universums.« Symbolisch zielt die erste Phase des alchemistischen Prozesses auf die Enthauptung des Raben ab, das heißt auf das schwarze Werk (das Jung'sche Nigredo), das den Tod der Gewissheiten und der Bequemlichkeit des Egoismus darstellt. Tatsächlich besteht die Kunst darin, das in der Dunkelheit des Fleisches verborgene spirituelle Licht zu extrahieren, das die zweite alchemistische Stufe manifestiert, das weiße Werk, das die Vergeistigung des Körpers zur Folge hat. Der Kritiker Pierre Sterckx schrieb, dass bei Mœbius »Metamorphose nur möglich ist, wenn man das Verschwinden (von Form und Blick) in [das] Weiß [des Papiers] akzeptiert.«[2] In den 1970er Jahren, als sich Mœbius der instinktiven Entfesselung widmete, überzog er die Seiten mit schwarzen Strukturen – das war der Rabe, der über einem dichten und virtuosen Werk schwebte, das alle seine Nachahmer (einschließlich später brillanter und einzigartiger Autoren) nicht zu reproduzieren vermochten.

Ohne auf Schraffuren und die Komplexität der Komposition zu verzichten, orientierte sich Mœbius dann zunehmend an der Reinheit und ließ ein Weiß zum Ausdruck kommen, das nicht nur das einer Modernität im Sinne Mallarmé'scher Abstraktion ist, noch des traditionellen alchemistischen Prozesses, sondern von dem, was Weor den »Samen« nennt: des Spermas. Die Zeichnung von Mœbius war zuerst ejakulierend, dann wurde sie reine Ejakulation, Ausdruck einer Schöpfung, die in die leuchtenden Tiefen des Seins hinabsteigt, zu den Quellen des Lebens und des Unendlichen der Möglichkeiten.

So sagte Mœbius: »Kunst und insbesondere Comics sind stark mit Sexualität verbunden: Kreativität ist Sex, der in den Geist des Publikums eindringt, ihm befruchtend Ideen und Bilder schickt, wie eine Spermaflut! Mit zunehmendem Alter verliert die sexuelle Seite an Reiz, es sei denn, man bleibt hinter seiner Arbeit verborgen, ohne es zu wagen, sich zu offenbaren.«[3] War das der Grund, warum sich der Autor bei seinen Streichen versteckte, wenn er an öffentlichen Orten pornografische Zeichnungen hinterließ, um die Reaktion derjenigen besser beobachten zu

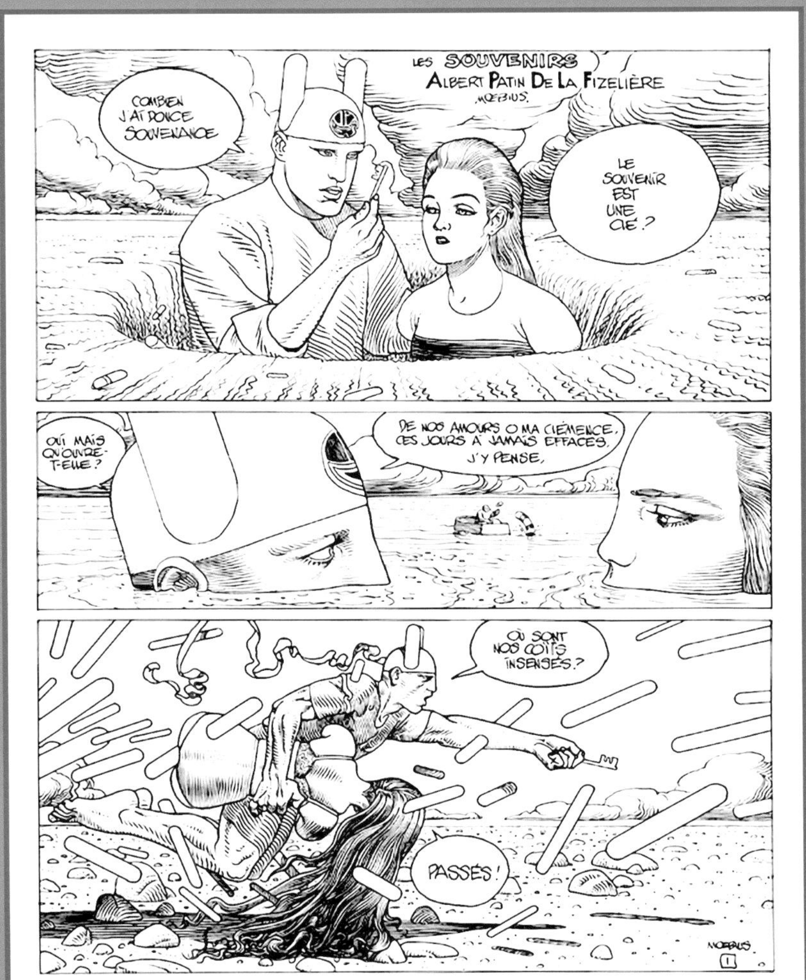

Moebius, »Les Souvenirs«, *aus: Ode à l'X, 1996*

2) *Pierre Sterckx, in:* Images d'un passeur, *Neuvième Art [online], Januar 2000*

3) *Gespräch mit Charles-Louis Detournay, in:* Jean Giraud – Mœbius (1/3): »Mes carnets sont l'improvisation d'une somme d'archétypes«, *ActuaBD [online], 8. September 2008*

können, die sie entdeckten? Vielleicht suchte er in ihren Gesichtern nach dem Ausdruck seines eigenen Erstaunens, als er auf seine inneren Geheimnisse stieß, diese Imagination, in der sich die Ekstase des Körpers und die des Geistes in einer einzigen Umarmung verflechten. Abgesehen von diesem speziellen Fall versteckt sich Mœbius auch sonst stets hinter seinen Figuren, wie dem irren Ständer, Major Grubert oder Privatdetektiv Pete Club.

In ***Les Souvenirs***, einer Comic-Adaption eines freizügigen Gedichts von Albert Patin de la Fizelière (Baudelaires Freund und Biograf), ergeht sich der Zeichner in einer grafischen Träumerei von üppiger Pracht. Eine Figur halb Pulcinella, halb Den (der Held von Richard Corben) führt ein pornografisches Zwiegespräch mit einer Frau ohne Arme und Beine (ein eminent jodorowskyeskes Symbol einer Sensibilität, die eher auf das Spirituelle als auf das Physische ausgerichtet ist). Der Text beschwört die Nostalgie erotischer Spiele mit einer (oder mehreren) Mätressen herauf. Auf der vierten Seite verleiht Mœbius der Hauptfigur seine eigenen verwitterten Züge, sein Gesicht ist von unterbrochenen Linien zerfurcht, die die Zeichnung derart verschatten, dass sie sich von der Reinheit der anderen Bilder abhebt. Als sie auf der letzten Seite eine Tür durchschreiten, springt das Paar in die Leere, einen weißen Abgrund, der mit noch weißeren Sternen übersät ist. Die Rumpffrau wird zu einem großen Vogel, der flügelschlagend mit einem Kuss die männliche Figur fortträgt – deren Gesicht, ohne den realistischen Stil aufzugeben, mit mondscheinheller Klarheit wiedergegeben wird. Wobei er auf seinem Kopf eine Tolle wie Tintin trägt. Die gegenwärtige Angst und die Nostalgie einer fleischlichen Vergangenheit, die das angespannte Gesicht von Mœbius auf Seite vier ganz nach Art des schwarzen Werks zum Ausdruck brachte, ist einer ätherischen und asexuellen Sexualität gewichen – einer Vergeistigung des Körpers, deren Inkarnation die Figur Hergés ist. Das Schlusswort des Textes drückt die Finalität eines Orgasmus aus, der nicht aufhört, auf anderen Ebenen als der bloßen körperlichen Realität genossen zu werden.

»Für immer.«

Dieses Wort bezieht sich auch auf die Signatur des Autors, den Namen, den er gewählt hat. Dieses »Mœbius«-Band, das nie aufhört, sich um sich selbst zu verdrehen, unendliche Sehnsucht nach dem Unendlichen, dessen Torsionen durch das Wesen außerhalb von Zeit und Raum verlaufen.

Nicolas Tellop
Oktober 2020

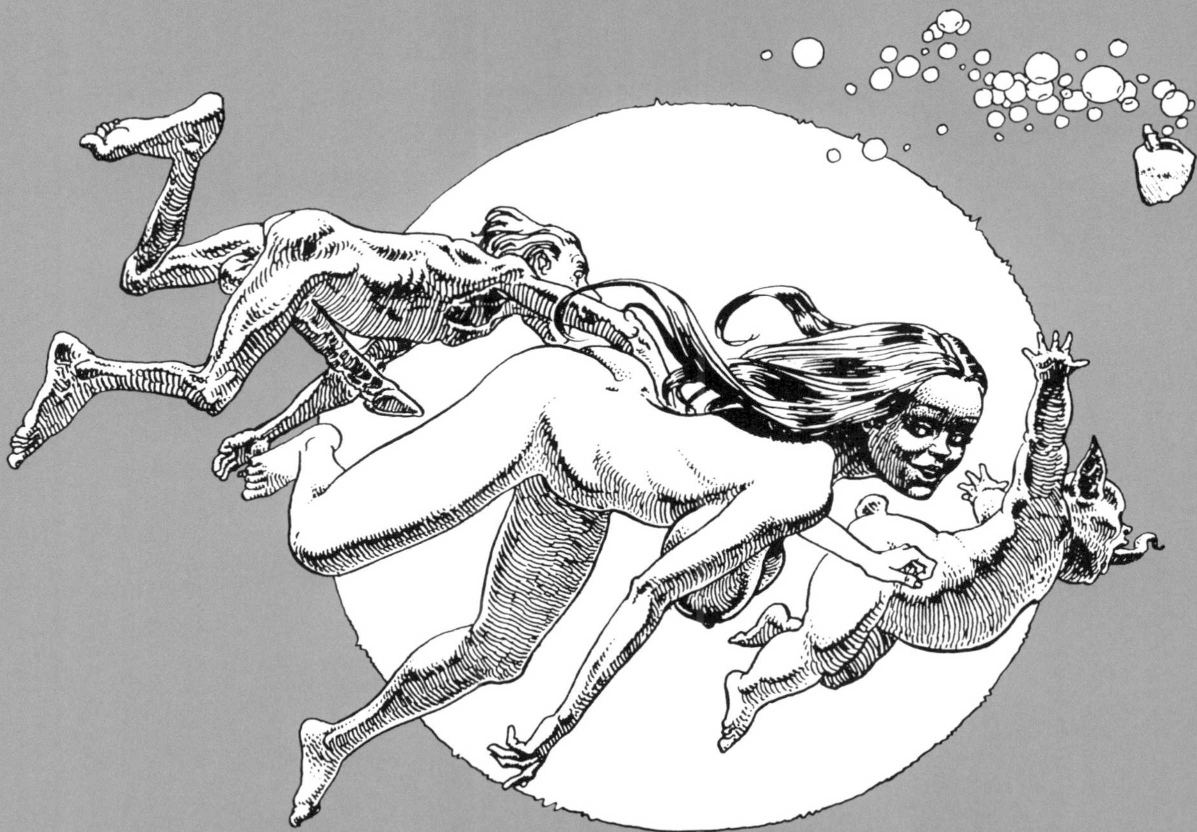

MŒBIUS

ESCALE SUR PHARAGONESCIA

Les Humanoïdes Associés

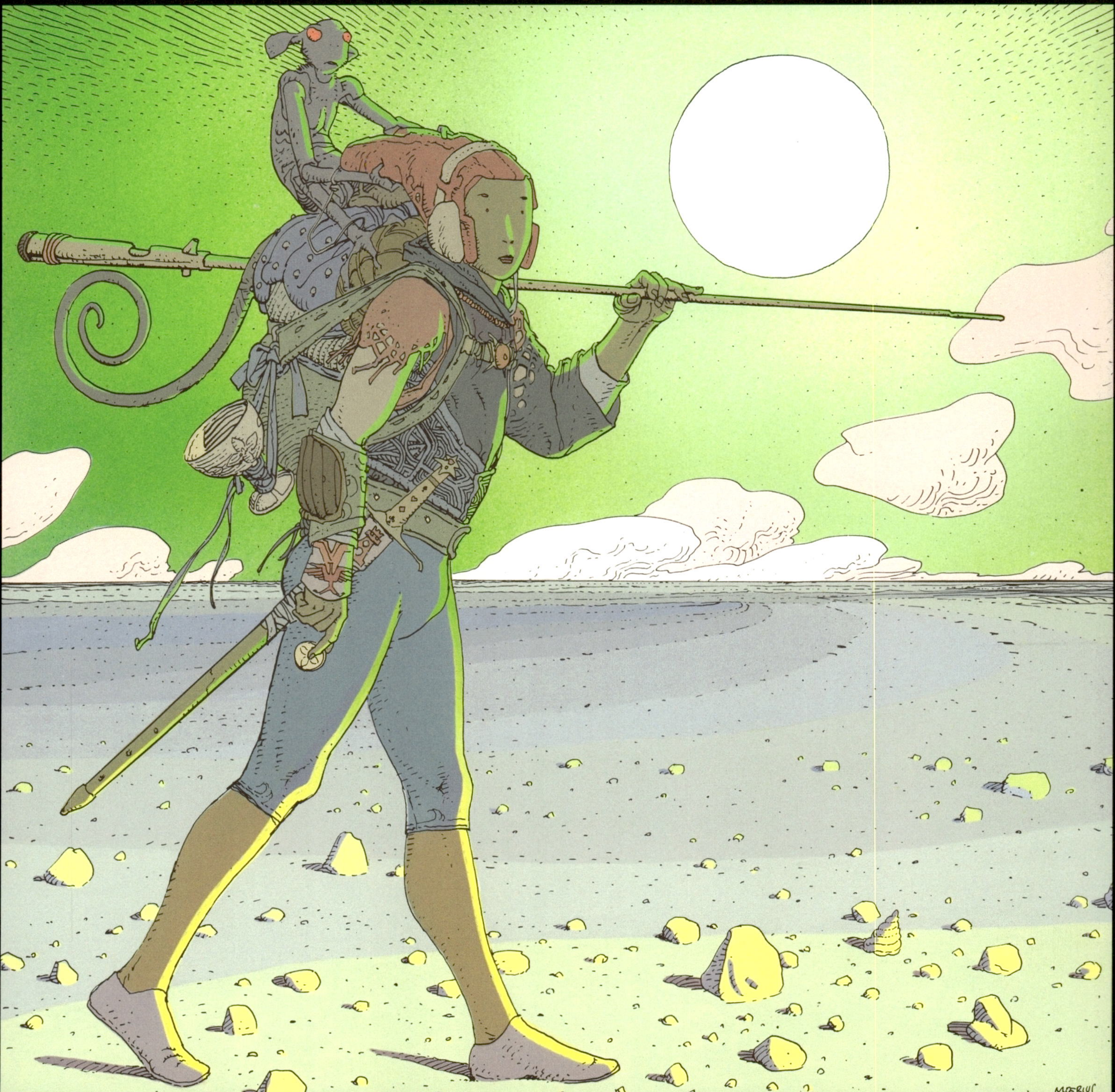

le bandard fou

mœbius

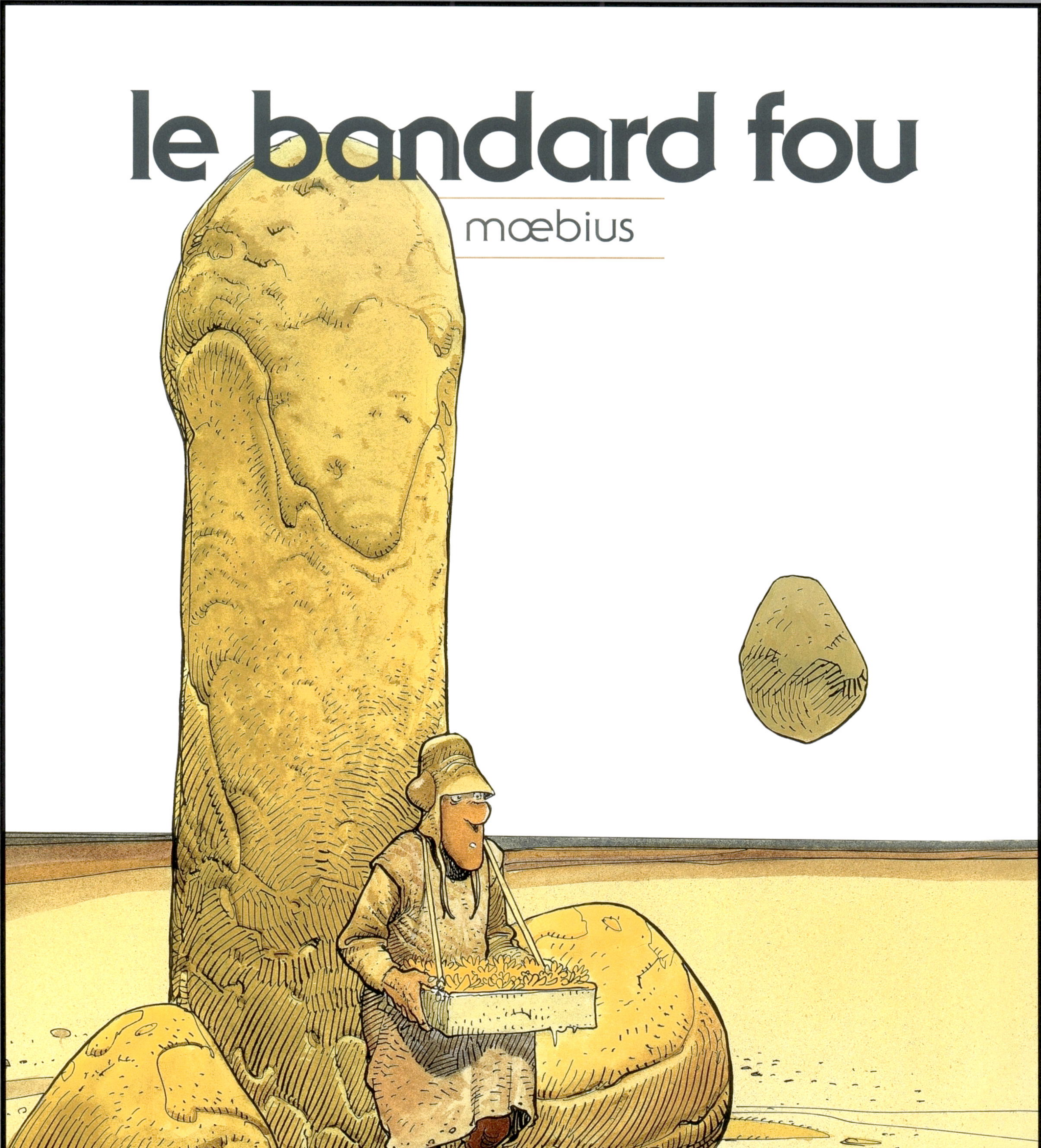

LES HUMANOÏDES ASSOCIÉS

In Erinnerung an
Jean Giraud / Mœbius
* 8. Mai 1938; †10. März 2012

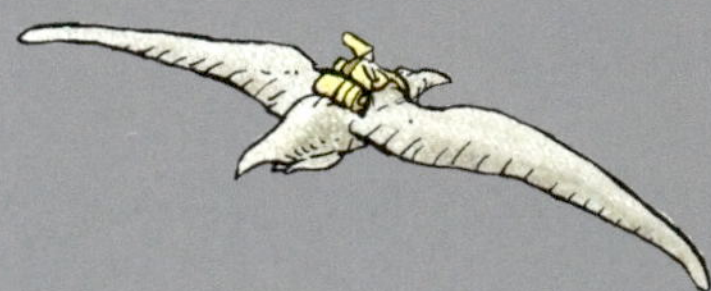

Weitere Veröffentlichungen:

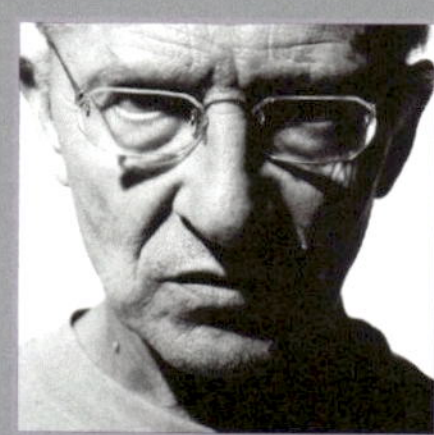

Mœbius

Mœbius (J. Giraud)

Leutnant Blueberry | Egmont
Marshal Blueberry | Egmont
Jim Cutlass | Splitter
Der Incal (John Difool) | Splitter
Mœbius Opus | Splitter
Der Mann von der Ciguri | Splitter
Von Gir zu Mœbius | Splitter
Die Sternenwanderer | Schreiber & Leser
Silver Surfer: Parabel | Panini
Arzak | Egmont
Lust und Glaube | Schreiber & Leser
Die Träume des Little Nemo | Carlsen

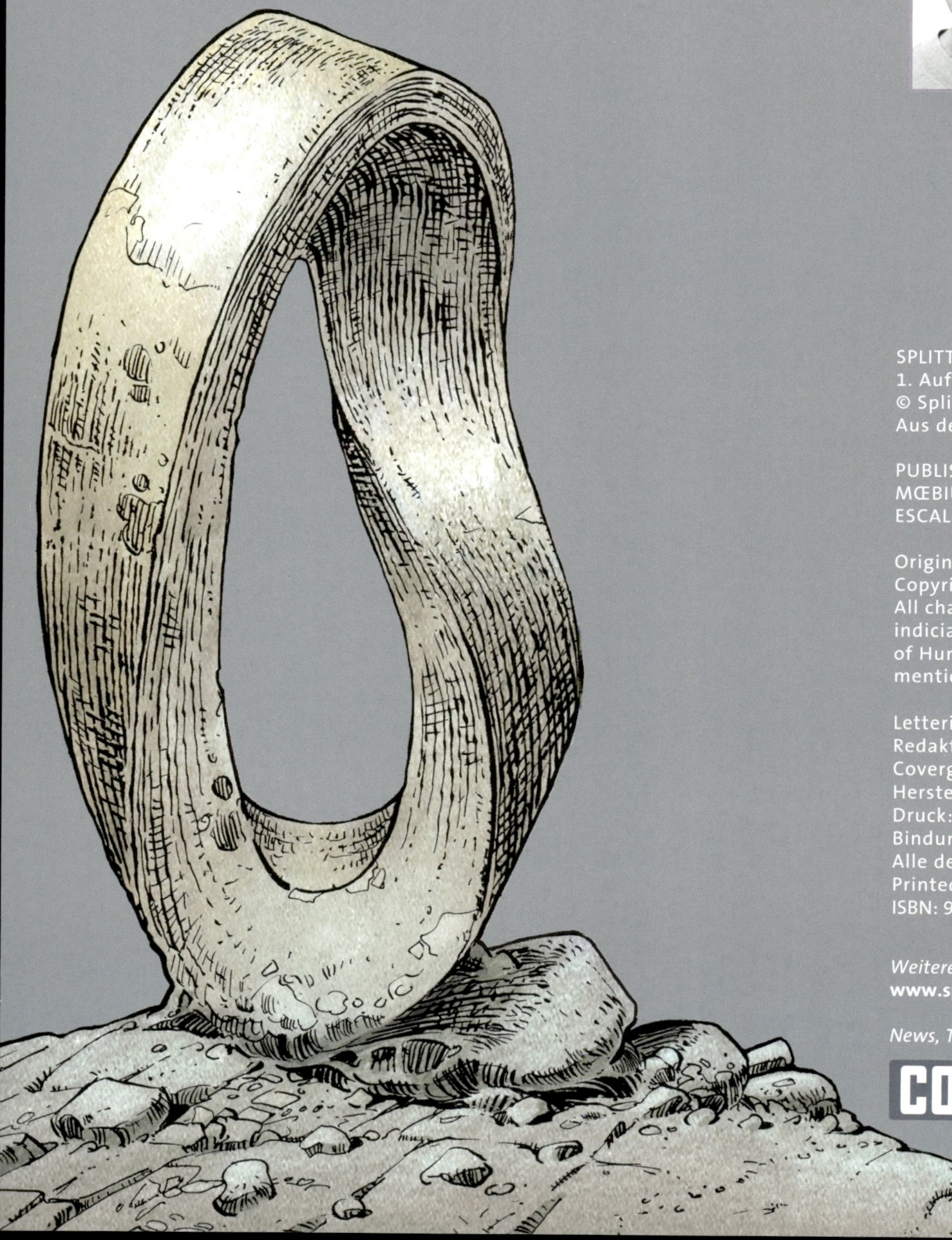

SPLITTER Verlag
1. Auflage 08/2022

Aus dem Französischen von Resel Rebiersch und Martin Budde

PUBLISHED UNDER LICENSE FROM HUMANOIDS
MŒBIUS ŒUVRES - DIPTYQUE:
ESCALE SUR PHARAGONESCIA - LE BANDARD FOU

Lettering: Horst Gotta
Redaktion: Sven Jachmann
Covergestaltung: Dirk Schulz
Herstellung: Horst Gotta
Druck: AUMÜLLER Druck
Bindung: CONZELLA Verlagsbuchbinderei

Printed in Germany
ISBN: 978-3-96792-978-3-96792-201-1

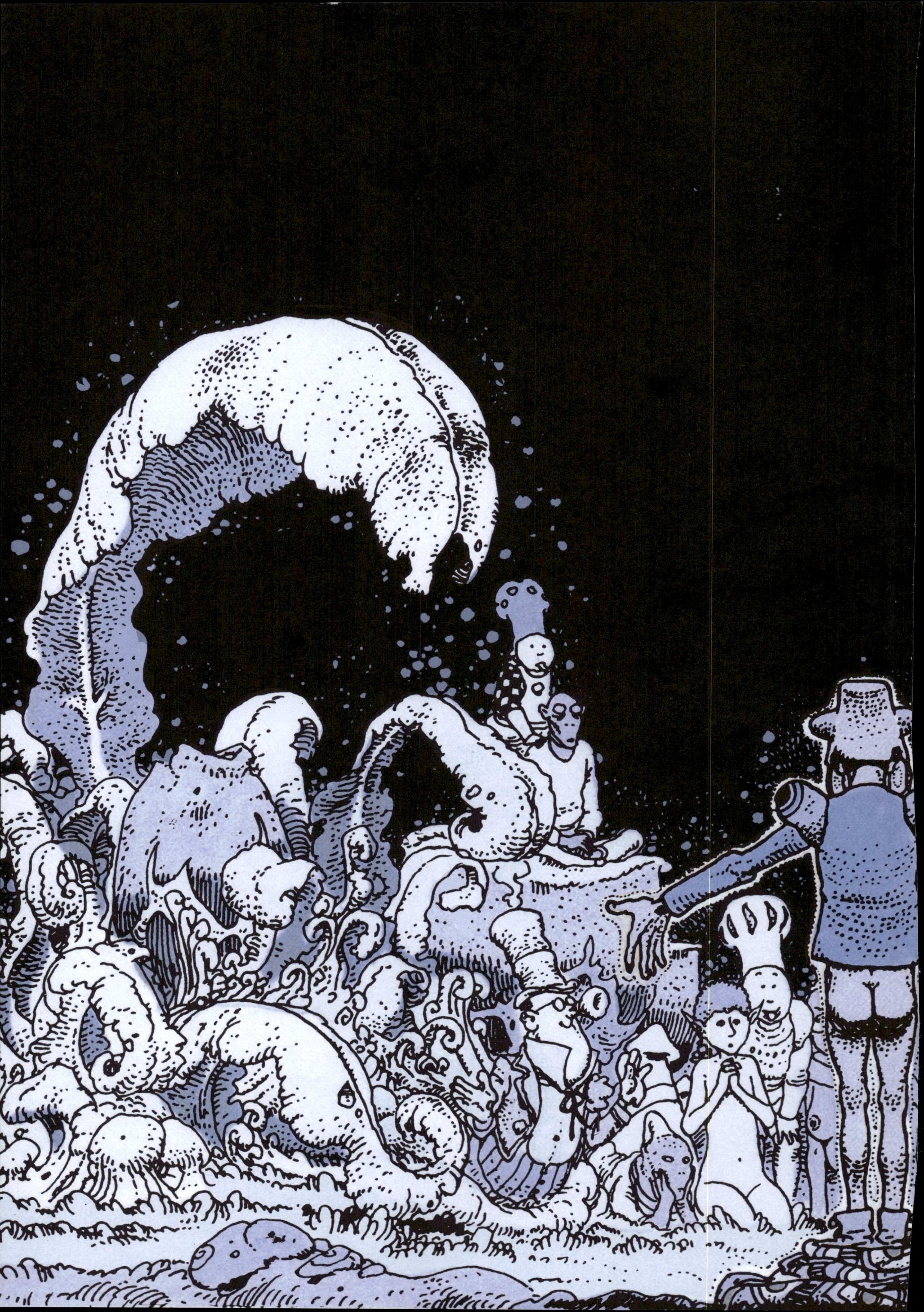